KB037081

도매상,
치열한 삶의 현장

도매상,
치열한 삶의 현장

김완배, 이혜민 **지음** / 모두출판협동조합(이사장 이재욱) **펴냄**
초판인쇄 2022년 1월 17일 / **초판발행** 2022년 1월 21일
디자인 김남호 / **ISBN** 979-11-89203-29-0(03300)

modoobooks(모두북스) 등록일 2017년 3월 28일/ **등록번호** 제 2013-3호/
주소 서울 도봉구 덕릉로 54가길 25(창동 557-85, 우 01473)/
전화 02)237-3316/ **팩스** 02)2237-3389/
이메일 ssbooks@chol.com

*[일러두기]
 ·진술하신 분들의 존칭은 모두 생략합니다.
 ·주석(註釋)의 처리는 통상적인 학술 연구의 경우에 준하는 각주(脚註)나 미주(尾註)의 방식이
  아니라 독자 편의의 입장에서 각 문단 단위로 구분하여 눈에 잘 띄는 원 안의 숫자로 위치를
  표시하고 문단 아래 바로 주석을 게재하는 방식을 채택하였습니다.

*책값은 뒤표지에 씌어 있습니다

도매상,
치열한 삶의 현장

김완배, 이혜민 지음

modoobooks
행동조합출판사

들어가며

"저녁 8시에 출근해 다음 날 오후가 되어서야 퇴근을 한다. 이런 생활을 30년 넘게 하면서 제 가정을 뒤돌아보면, 가족을 부양했을 뿐 가정에 충실하지 못했다는 후회가 남고, 집사람은 물론 애들과 시간을 함께하지 못한 아쉬움이 있다. 하지만 유통의 일선에 있다는 자부심과 밝은 미래에 대한 기대감을 버리지 않고 살아왔는데, 지금은 어려운 점들이 많이 생겨나고 있다."

농산물도매시장에서 영업하시는 도매상 한 분의 진솔한 고백이다.

우리 사회에는 낮에 활동하는 일반 시민들의 편의를 위해 야간에 움직여야만 하는 다양한 직업군이 있다.

특히 도매상은 소매상을 거쳐 소비자에게 우리의 삶에 꼭 필요한 먹거리를 전달하기 위해 오랜 세월 일반인과는 정반대로 생활할 수밖에 없었다.

이들 도매상이 활동하는 공간이 바로 농산물도매시장으로, 농산물 거래에 있어 산지와 소비지를 연결하는 허리에 해당하는 곳이다. 따라서 허리에서 가장 핵심적인 역할을 하는 도매상은 '유통의 꽃'이라고 하겠다.

정보의 홍수 시대라고 하는 요즈음 도매시장과 도매상에 대한 통계자료 등 일반적인 자료는 흘러넘칠 만큼 많은 것이 사실이다. 하지만 도매시장의 속살, 도매상의 애환 등은 도매상의 머릿속에만 있을 뿐 기록으로 정리되어 전해지지 않고 있다.

더욱이 이 같은 역사를 생생한 경험으로만 간직하고 있는 도매상들이 상행위의 현장에서 은퇴와 더불어 세상을 등짐에 따라 이분들의 시각으로 바라본 도매시장 관련 기록은 거의 모두 훼손될 위기에 직면하고 있다.

이와 같은 자료가 필요한 이유는 자명하다. 도매시장이라는 겉모습의 현상만을 바라보기보다는, 도매상의 본질과 기능이라는 밑바탕을 제대로 이해해야만 도매시장의 참된 모습을 알 수 있을 뿐만 아니라 이를 통해 얽히고설킨 문제의 실타래를 풀 수 있기 때문에 특히 중요한 셈이다.

따라서 현직에서 은퇴하셨거나, 현재 상행위를 하고 계신 분들에 대한 면담조사 등을 기록으로 남김으로써 도매시장의 생동감 있는 역사를 보존해야 한다는 절박감을 바탕으로 이 책은 이미 6년 전에 시작되었다.

당시 다소 급한 마음에 조선조 이후 1980년대 초까지의 시장, 특히 도매시장의 변화와 도매상 예순세 분에 대한 인터뷰 내용을 묶어 『유통의 꽃-서울시 농산물 도매상의 발자취』라는 제목의 비매품 도서로 출간한 바 있다.

하지만 34년간의 교수 생활을 정리한 후 책을 찬찬히 음미해보니 부족한 것이 너무 많았다.

특히 1980년대 이후 현재까지의 도매시장과 도매상에 대한 언급이 빠진 점, 축산과 수산 분야의 누락, 중복 또는 미진한 부분 등으로 아쉽고 부끄럽다는 말밖에 할 수 없었다.

보완 수준이 아니라 새로 쓸 정도의 작업이 필요하다는 생각에 이르자 처음엔 엄두가 나지 않았다. 주위 분들의 격려와 응원에 힘입어 단전에 힘을 모아 재도전에 나선 지 거의 1년, 이제 조그만 결실을 세상에 선보이게 되었다.

이 책은 모두 4부로 구성되었다.

제1부에서는 조선조가 한양에 도읍을 정한 이후 일제 강점기까지 서울의 시장, 상인, 상관습 등의 변천 과정을 농산물에 초점을 맞춰 기존의 사료와 문헌을 토대로 재정리하였다.

제2부는 해방 이후 1980년대 초까지 서울의 도매시장이 변화해 온 과정을 기존 자료를 이용해 정리한 다음, 서울지역에서 오랜 기간 농산물의 도매행위를 해온 전·현직 도매상 예순세(63) 분에 대한 인터뷰를 통해 당시 시장의 상황, 상관습 등과 관련한 생생한 목소리를 채록하여 남대문, 염천교, 청량리, 영등포, 용산시장 등 활동하신 시장별로 구분하여 담았다.

제1부와 2부의 과거가 서막이라면 제3부와 4부는 오늘의 관심사라 하겠다. 제3부는 1985년 개장한 우리나라 최초의 공영도매시장인 가락동 농수산물도매시장을 포함해 서울시 양곡·수산·축산도매시장의 변화와 현재 상황을 개관하고, 필자가 관여했던 도매시장 정책의 속 이야기를 '못다 한 이야기'에 담아 보았다.

제4부에서는 도매상의 유형 변화와 유형별 도매상 서른일곱

(37) 분의 생생한 목소리를 통해 도매시장의 속살인 속사정과 애로사항 등을 살펴보았다.

많은 분의 도움이 없었다면, 이 책은 세상에 나오기 어려웠을 것이다. 가장 큰 감사는 영업이 끝난 후 쉬셔야 하는데도 불구하고 잠시 틈을 내 인터뷰에 응해주신 100여 분의 도매상들에게 드리고 싶다. 자료 협조는 물론 인터뷰 대상자를 물색해 주신 서울시 농수산물공사의 김승로, 손봉희 팀장 외 직원 여러분, 한국중도매인연합회 이신우 사무총장, 상장예외품목조합 나용훈 사무국장, 시장도매인협회 정희정 사무총장께 다시 한 번 감사의 말씀을 올린다.

수산 부문에 대한 자료 제공과 함께 필자의 이해도를 높여주신 (주)수협노량진수산의 직원 여러분과 강서 수협공판장 이성희 장장께도 감사의 마음을 전한다.
특히 공저자인 이혜민 씨는 2015년과 2021년 두 차례에 걸친 인터뷰를 함께 하면서 도매상 한 분 한 분에 대한 녹취록을 깔끔하게 정리해 주었을 뿐만 아니라 관련된 사진 자료를 제공해 주는 수고까지 해주었음을 밝힌다.
마지막으로 어려운 출간 여건에도 불구하고 책이 나오기까지 세심한 부분까지 신경 써주신 협동조합출판사 '모두북스'의 이재욱 사장께 고마움을 전한다.

조사의 범위를 서울시의 시장과 도매상에 한정한 점이 못내 아쉬운 것이 사실이나, 이에 대한 보완은 후학들의 몫으로 남기도록 하겠다. 이 책이 낮과 밤을 뒤바꾸어 치열하게 생활해 오신 도매상의 치열한 삶에 대한 일반 시민의 이해 폭을 다소나마 넓히고, 도매상 여러분은 자신의 업(業)에 대한 자긍심을 되찾는 계기가 되었으면 좋겠다.

이 책을 치열하게 살아가는 우리나라 도매상에게 바친다.

2021년 12월
서재에서
저자 대표 김완배

차례

제3부 최근 농수산물도매시장의 변화 (1985년~2021년)

제4부 도매상의 분화와 유형별 도매상의 목소리

제1부
서울의 시장과 상인

조선시대

장(場, 시장)은 사람들이 많이 모여드는 곳이면 자연스럽게 자리하게 된다. 태조 이성계가 1394년 개경에서 한양으로 천도함에 따라 도시기반시설이 건설되기 시작하였고, 1399년 정종이 개경으로 환도하면서 잠시 공사가 중단되었으나, 태종 5년(1405) 한양으로 재천도(再遷都)함으로써 도성 건설은 활기를 띠게 되었다.

수도 서울의 건설은 많은 사람을 모여들게 하는 것이므로 서울에도 자연스레 장시(시장)가 개장되었다. 지방에서 주로 5일마다 개장되는 향시(鄕市)와는 달리 매일 개장하였으며, 운종가(雲從街, 현재의 광화문 네거리와 종각 사이)①를 중심으로 매우 혼잡하였음은 물론 시장은 매우 무질서했다.

①사람과 물화(物貨)가 구름처럼 몰려든다는 의미임.

태종 10년(1410)에는 시장의 질서유지와 거래 품목과 지역별 수요를 고려해 한양의 시장을 대시(大市, 큰 시장)와 소시(小市, 작은 시장)로 구분하였다. 대시로는 미곡과 잡물 거래 중심의 장통방(長通坊, 현재의 관철동 및 장교동) 지역, 동부지역은 연화동구(蓮花洞口, 현재의 연지동), 남부는 훈도방(薰陶坊, 현

재의 을지로2가), 서부는 혜정교(惠政橋, 현재의 종로1가), 북부
는 안국방(安國坊, 현재의 안국동), 중부는 광통교(廣通橋, 현재
의 광교)로 정하였다.

　소와 말은 장통방 하천 변(현재의 청계천 수표교 근처)에서 거
래하도록 하였으며①, 일반인의 소규모 거래가 이루어지는 소
시(小市)는 각자의 집 앞에서 하도록 하였다.② 참고로 조선시
대에는 육축(六畜)이라고 해서 소, 말, 돼지, 양, 닭, 개를 키우고
잡는 것을 허용했다. 닭이나 개와 같은 작은 가축들은 개인들이
알아서 잡고 팔았다. 문제는 소나 말과 같은 큰 가축들인데, 특
히 소는 농사에 이용되었고 말은 군사 및 수송에 중요한 수단이
었으므로 정해진 곳에서 정해진 사람이 도축해야만 했다.③ 도
살업자는 조선 초기에는 백정 이외에도 거골장(去骨匠)이라는
양인(良人) 출신도 있었다. 하지만 조선 중기 이후 거골장이 사
라지면서 도살업은 백정들이 독점하게 되었다. 도살과 판매 장
소는 가축을 도축하기 위해 달아맨다는 의미의 '다림방', '현방
(懸房)' 또는 '현옥(懸屋)'에서만 이루어졌다. 조선시대 한성부에
는 도축과 판매가 동시에 이루어지는 곳, '다림방'이 23개가 있
었다고 한다.④

　①이곳에 설치된 다리를 마진교(馬塵橋)라고 함.
　②태종실록, 권15, 태종 10년(1410)
　③김윤미. 20세기 서울 도축장의 역사, Naver, 2018. 6.
　④김태경, 고기의 또 다른 시작! 도축의 역사, Naver, 2017. 6.

상설점포인 시전(市廛)①이 건설되기 시작한 것은 태종 12년 (1412) 2월이며, 태종 14년 7월까지 2년여에 걸쳐 행랑(行廊) ②이 조성되었다. 현재의 종각(종로2가 네거리)을 중심으로 동쪽으로는 동대문까지, 서쪽으로는 경덕궁(현재의 경희궁)까지, 남쪽으로는 남대문(숭례문)까지, 동북쪽으로는 종묘 앞에서 창덕궁 돈화문까지, 서북쪽으로는 혜정교(惠政橋) 옆(현재의 광화문 네거리)에서 경복궁까지 조성하였다. 모두 약 2,000칸(間)이 넘는 행랑이 건설되었는데. 행랑 거리의 폭은 약 12m 정도였다고 한다.③ 시전의 행랑 건물은 2층으로 된 목조 기와집이었고, 1층은 점포, 2층은 상품의 보관창고였다. 이 중 가장 번화했던 곳은 현재의 광화문 네거리와 종각 사이의 운종가였으며, 다음은 광교와 남대문 사이의 광통교 시전이었다고 한다. 바로 이 시전이 서울에 건설된 최초의 관설(공설)시장이라 할 수 있다.

①고려시대에는 수도인 개경에 정부가 건설한 시전이 있었음.

②대부분은 시전의 점포이며, 일부는 관청의 보관소, 군영(軍營) 등으로 사용되었음.

③행랑이 연이어져 있는 건물을 방(房)이라고 하며, 각 방은 10칸이었고, 1칸은 10평임.

시전은 국가의 통제와 보호 아래 비약적으로 발전해 나가게 되었는데, 시전이 건설된 지 60년 정도밖에 안 된 성종 3년 (1472)에 시전 공간의 협소함과 혼잡함이 제기되면서 성종 16년(1485) 혼잡한 시전의 일부를 다른 곳으로 이전하였다.① 관설시장인 시전을 관리·감독하기 위한 기관으로 조선 건국 직후

경시서(京市署)가 설치되었고, 주로 물가조절 기능 및 도량형에 대한 감독이 주 업무였다. 경시서는 세조 12년(1466) 평시서(平市署)로 개칭되었다. 성종 18년(1487) 시전에 대한 관할이 한성부(漢城府)로 이관되었으나, 평시서와 사헌부의 단속권은 여전히 유지되고 있었다.

①서울특별시사편찬위원회, p.57

　시전의 상인은 관(정부)이 제공하는 공랑(점포)에 입점해 영업을 하는 공랑상(公廊商), 임시 점포에서 영업을 하는 좌고상(座賈商), 노점상인 행상(行商) 등 세 유형이 있었다. 이들 중 관에서 필요로 하는 물품과 경비 등을 이익 정도에 따라 과세와 국역

시전의 모습(출처: 서울특별시사편찬위원회, p.133)

형태로 부담을 하는, 규모가 큰 상전을 유푼각전(有分各廛), 상대적으로 규모가 작고 국역 부담이 없는 시전은 무푼각전(無分各廛)①, 2가지 모두를 합쳐 백각전(百各廛)이라고 하였다. 여기서 점포는 자손에게 물려주거나, 사용권을 매매할 수 있었다. 시전상인들은 전별로 도중(都中)이라는 동업조합을 만들어 국역부담을 총괄함과 동시에 상품 판매권을 독점하고 조합원들에 대한 통솔과 친목을 도모하였는데, 도중의 산하에는 물종(物種)별로 계(契)가 조직되어 있었다고 한다.

①족두리전(簇頭里廛)이라고도 함.

이후 한양의 시전은 선조 초기까지 계속 번성하였다. 이는 인구조사가 시작된 태종 4년(1404) 조선의 인구가 32만 3천 명(15만 3천 호)에서 선조 초기에는 100만 명 이상으로 증가하였고, 한양의 인구 역시 같은 기간 중 2만 명 수준에서 10만 명수준으로 빠르게 증가한 사실로 충분히 유추할 수 있다. 그뿐만아니라 중종 9년(1514) 기록에는 동네 거리마다 시장이 출현하지 않는 곳이 없었다고 할 정도로 민간시장과 사상(私商)도 급격히 증가하였다. 정조 때 발간된 한경지략(漢京識略)①에 따르면 동대문 밖 관왕묘 앞(현재의 종로구 숭인동)에 조선 전기부터 이어져 온 여인들의 채소시장이 있었다고 한다.

①작자는 수헌거사(樹軒居士)로 되어 있고, 한성부의 역사와 문화를 서술한 책.

하지만 선조 25년(1592)부터 31년(1598)까지 임진왜란 및 정유재란, 광해군 11년(1619) 한양 중심지역에서 조선조 최대의 화재 사건, 인조 2년(1624) 이괄의 난, 인조 5년(1627) 정묘호란, 인조 14년(1636) 병자호란 등 연이은 전란과 재해로 인해 한양의 시전은 극도로 피폐하게 되었다.① 광해군 13년(1621) 기준으로 시전상인 수는 전쟁 전의 10분의 1이 되지 못하였다고 한다.

①시전에 대한 복구는 효종시기에 시작되어 영조 30년(1754)에 완성되었음.

전쟁의 상처가 아물면서 상거래가 살아나기 시작하였고, 여기에 금속화폐의 유통 및 공물을 쌀로 통일하여 바치게 한 납세제도인 대동법(大同法)의 실시, 대외무역 활성화, 민간수공업의 발달, 인구의 급격한 증가① 등으로 상거래는 더욱 활성화되었다. 이에 따라 현재 동대문 근처의 이현(梨峴)과 남대문 밖인 칠패(七牌) 등에 새로운 민간시장이 형성됨으로써 서울에는 종로의 시전과 함께 3대 시장이 자리하게 되었다. 19세기에 이르러서는 소의문(서소문) 밖의 시장이 가세해 서울의 4대 시장이 되었다. 이 같은 민간시장은 도성 근처에 국한되지 않고 경강(京江)②지역까지 확대되었다.

①인조 17(1639)에는 152만 1천 명(44만 2천호), 순조 25년(1825)에는 655만 9천 명(155만 호), 고종 29년(1892)년에는 663만 4천 명(157만 6천호)으로 증가하였음.
②현재의 한강이며, 광나루에서 양화진까지를 말함.

뚝섬의 목재시장(출처: 서울특별시사편찬위원회, p.102)

경강은 전국에서 세곡(稅穀)과 양반 지주들의 지대가 유입되
는 곳이어서 곡물 유통의 중심지가 되었음은 물론 목재시장과
어물(漁物) 시장이 번성하였고, 소금의 거래도 활발하였다고 한
다.① 경강 변에서 상업 활동을 하는 상인을 경강상인, 경강선
인, 경강성상 등으로 불렀다. 경강의 주요 지역을 18세기 이전
에는 3강②이라고 했으나 점차 지역이 확대되면서 5강③, 8강
으로 부르게 되었다. 경강 변 중에서도 초기에는 세곡을 운반하
는 조운선(漕運船)이 정박하는 용산과 서강이 중심이 되었으나
성종 때 이르러서는 용산 강변에 모래가 퇴적되어 수심이 낮아
져 용산 지역의 상권은 위축되었고 대신 서강, 마포, 두모포(豆
毛浦)④가 번성하였다. 용산과 서강은 미곡의 집산지로 유명하
였고, 마포는 생선, 건어물 및 젓갈 등 해산물로, 한강진과 두모

포는 한강 상류 지역으로부터 오는 고추, 마늘, 감자, 목재, 시탄(땔감)의 집산지로, 뚝섬은 목재시장으로 유명하였다고 한다.

①서울특별시사편찬위원회, p.61~62

②한강, 용산강, 서강

③용산, 마포, 서강, 양화진, 한강진

④중랑천과 한강이 합수하는 곳, 두물개 또는 두뭇개를 한자로 표기한 것임.

또한 서울의 외곽지역에는 삼남(三南) 지방, 함경도, 강원도 지역으로부터 유입되는 물품의 중간 집하장으로서 송파장(松坡場)①과 삼전도②, 누원점(樓院店)③, 송우점(松隅店)④ 등이 새로이 등장하게 되었다.

①석촌호수 인근 송파나루터 근처의 시장

②현재 송파구 삼전동 한강 가에 위치했던 나루터, 세밭나루라고도 했음.

③다락골이라고도 하며, 현재의 의정부시 호원동 근처의 시장

④현재의 포천시 소흘읍 송우리에 위치했던 시장

송파장은 원래 정기시장인 5일 장(場)이었으나 삼남 지방으로부터 오는 각종 물품이 모여 서울로 반입되는 길목에 자리했던 까닭에 영조 31년(1755)에 이르러서는 대규모의 상설시장이 되었다. 함경도와 강원도 북부 지역에서 생산된 물품이, 특히 어물과 포물(布物)이 서울로 들어오는 경로에 송우와 누원을 거치게 되므로 이들 지역은 일찍이 상품의 도소매 활동이 발달하게 되었다. 이곳의 상인들은 숙종과 영조 때 장시(場市)를 개설하려

하였으나 서울 시전상인들의 반대로 뜻을 이루지는 못하였다. 대신 물품을 매집하여 도·소매를 함은 물론 심지어는 매점매석을 통해 독점적 이윤을 취하는 사상도고(私商都賈)[1]의 전형이 되었다. 송우점의 사상도고들은 주로 생산지의 상인들과 연계되어 있었던 반면 누원점의 사상도고들은 서울의 이현 및 칠패시장의 상인들과 연결되어 있었다.[2]

[1]정부의 허가 없이 활동하는 상인 중 대규모 자본과 영업망을 가진 상인('4. 서울의 상인' 참조)

[2]서울특별시역사편찬위원회, p.106

이같이 난전(亂廛)[1] 활동이 확대되면서 상인들 간의 경쟁이 치열하게 되었음은 물론 민간상권 확대로 시전상인의 상권이 위협받게 되었다. 이와 같은 상황에서 정부의 국가 재정의 보충과 시전상인의 난전에 대한 규제 권한이라는 이해가 일치되어 시전상인에게 금난전권(禁亂廛權)을 부여하게 된다. 인조 15년 (1637) 중국으로 보내는 조공품을 시전 상인에게 분담시키기 위해 시전 중 거래 규모가 가장 큰 6개 부류의 시전을 육의전 (六矣廛)[2]이라고 칭하고, 부담에 대한 대가로서 이들에게 금난전권(禁亂廛權)[3]을 부여하였다.

[1]조정으로부터 허가 받지 않고 장사를 하는 가게 및 상인을 의미함.

[2]육주비전, 육부전, 육분전, 육조비전 이라고도 함.

[3]특정상품에 대한 전매권임.

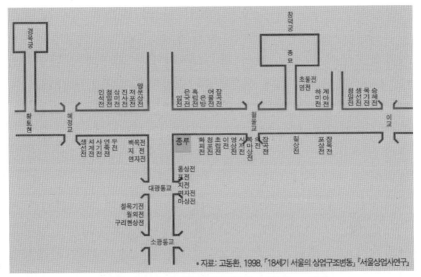

조선 후기 종로 시전의 분포도(출처: 고동환, p.130)

　순조 8년(1808)에 편찬된 만기요람(萬機要覽)에 의하면 육의전에는 선전(비단옷 등), 면포전(면직물, 은자 등), 면주전(각종 명주), 지전(종이류), 저포전(모시, 삼베 등), 내외어물전(어패류)의 6개 부류를 포함하고 있다. 한편 헌종 10년(1844)에 한산거사가 지은 한양가(漢陽歌)에서는 면주전과 저포전 대신에 포전과 청포전(중국산 상품)으로 되어 있다. 고종 3년(1866)에 발간된 육전조례(六典條例)에서는 입전(선전), 면주전, 백목전(면포전), 저포전, 지전, 포전, 내어물전, 외어물전 등 8개 부류로 되어 있다. 고종의 칙명으로 1903년부터 1908년 사이에 편찬된 증보문헌비고(增補文獻備考)에서는 내외어물전 대신 내어물전으로 되어 있는 등 육의전은 시대변화에 따라 번창했던 부류를 반영한 것으로 보인다.

금난전권은 초기에는 육의전에만 허용되었으나 정부는 재정 수입 확대를 위해 점차 다른 품목을 취급하는 시전상인에게도 허가함으로써 시전은 도성 밖은 물론 경강 지역까지 확대되었다. 1630년 30여 개에 불과하던 시전이 1808년 발간된 만기요람(萬機要覽)에는 93개, 18세기 말에는 120여 개가 되었다고 한다.[1] 이 시기에 이르러서는 거의 모든 물품이 금난전권의 대상이 됨으로써 민간시장과 사상(私商)들에 의한 자유 거래가 위축되어 물가가 상승하면서 한양 주민들의 부담은 늘어나게 되었다. 이에 영조는 육의전을 제외한 다른 시전의 금난전권을 회수하는 통공(通共)정책을 시행하려 했으나 시전상인들의 반발로 시행하지 못하였다. 정조 15년(1791) 육의전 이외의 시전상인에 의한 금난전권을 폐지하고, 모든 난전에 대해서는 영업세를 부과하는 신해통공(辛亥通共)이 시행되었다.

①박은숙, p.131

이후 금난전권을 회복하려는 시전상인들의 반발은 계속되었다. 특히 순조 3년(1803) 시전 중 규모가 큰 16개 유푼각전은 신해통공 이후에도 여전히 국역 부담을 하고 있었으므로 이들은 금난전권을 주거나 아니면 국역 부담을 없애 달라는 요구를 하게 되었다. 이에 일부 시전에 대해 금난전권이 허용되었으나 곧 폐지되고, 안동김씨에 의한 세도정치 시절 잠시 일부 시전에 대해 금난전권이 허용되기도 했으나 1894년 갑오개혁으로 금난전권은 완전히 폐지되었다. 금난전권이 폐지됨에 따라 종로를 중심으로 하는 시전상인은 급격히 쇠퇴하게 되었으나, 1898년부터 종로에 전차부설 사업이 시작되고 도로 양편이 정비되어 새로운 건물과 상점이 들어서면서 종로 상가는 대표적인 상가로서 위상을 유지할 수 있었다.

고종 19년(1882) 조선과 일본 및 청국 사이에 각각 「제물포조약 및 수호조규속약」과 조중상민수륙무역장정(朝中商民水陸貿易章程)이 체결되었다. 이에 따라 각국의 개(開)시장으로 용산이 개방되면서, 용산 강변에서 마포까지 외국인의 거주지가 형성되고① 무역이 증가하면서 경강 일대의 상권은 더욱 활발해졌다. 하지만 1883년 인천이 개항되고 곡물 수출항으로 부상하면서 경강 상권이 누려오던 미곡 유통의 중심지 역할은 1905년 이후 쇠퇴하기 시작하였다. 또한 1888년 우리나라 최초의 증기선이 마포와 인천 간 운행을 시작하면서 목선에 의지해 조공을 운반했던 경강상인은 타격을 받을 수밖에 없었다. 더욱 결정적인 타격은 1900년 경인선, 1905년 경부선과 경의선 철도 개통에 따라 한강을 통해 한양으로 반입되던 물품의 수로(水路) 유통이 철도 유통으로 대체된 점이었다. 철도는 일본 자본에 의해 건설되었기 때문에 일본 상인이 내륙상권마저 장악하게 되었다. 이에 따라 조선 상인에 의한 내륙상권이 축소되기 시작하였음은 물론 경강상인은 급격히 쇠퇴하게 되었다.

①용산 쪽은 일본인이, 마포 쪽은 청국인이 많았다고 함.

비슷한 이유로 한양 외곽에서 번성했던 송파장, 누원점, 송우점 등도 쇠퇴의 길을 걷게 되었다. 송파장은 국내 물품은 유통

노선이 철도로 재편되면서, 수입품은 제물포(인천)가 개항되면서 거래 규모가 급격히 축소되어 1910년경에는 5일 장이 되었다. 한때 유명했던 송파장의 우(牛)시장도 1920년대 일제가 동대문 밖 숭인동에 '경성부 가축시장'을 건설함에 따라 쇠퇴하게 되었으며, 1925년 을축년 대홍수로 큰 피해를 본 송파장은 결국 폐쇄되었다. 이후 현재의 가락동 410번지로 이전한 송파장은 일제 말기까지 소규모로 명맥을 유지하였다고 한다.[1] 함경도에서 생산된 명태, 포목 등이 한양으로 반입되는 중간 집산지로서 번성했던 누원점, 송우점 등도 육로 유통이 철도와 해로(海路) 유통[2]으로 대체되면서 쇠락하게 되었다.

[1]박은숙, p.237

[2]원산에서 서울까지 철도를 이용하거나, 원산에서 부산까지는 기선으로, 부산에서 서울까지는 철도를 이용하게 되었음.

1882년 조중상민수륙무역장정이 체결되면서 청국 상인(청상)의 한양 진출이 본격화되어 1884년에는 353명의 청상이 서울에 거주하였으며, 수표교와 명동 일대에 큰 상권[1]을 이루게 되었다. 1895년 청일전쟁의 패배로 상당수의 청상이 귀국하였지만, 1899년 한청통상조약(韓淸通商條約)이 체결되면서 청상이 다시 돌아오게 되었으나, 1905년 을사조약의 체결에 따라 청상의 활동은 크게 위축되었다.

[1]일제 강점기에는 남촌상가라고 하였음.

도축업자인 백정은 1894년(고종 31년)의 갑오경장으로 천민 신분으로부터 해방되었다. 이 시기 민간의 도살을 규제하기 위해 '포사규칙'이 공포(법령 제1호, 1896년 1월)되었다. 이 법령은 위생에 대한 기준을 마련하기 위해서가 아니라 민간의 도살에 따른 세금, 즉 포사세를 중앙정부의 관리하에 두기 위한 목적이 컸다고 한다.[1]

[1]김윤미. 20세기 서울 도축장의 역사, Naver, 2018. 6.

일제 강점기

1910년 10월 일제는 서울의 명칭을 한성부에서 경성부로 개명함과 동시에 경기도에 속한 일개 지방으로 격하시켰다. 같은 해 12월 「회사령」 공포를 통해 조선을 일제의 상품시장과 식량 및 원료의 공급지로서 제한하도록 하였다. 개항기 이후 급증하기 시작한 서울의 일본인 수는 1911년에는 전체 서울의 인구 29만 3천 명의 15.7%인 4만 6천 명이 되었다. 동시에 외국산 물품, 특히 일본 물품의 국내 반입이 급증하였는데. 1911년 기준 서울의 시장에서 거래된 수입 물품 액 중 일본산의 비중은 82%에 달하게 되었다.[1] 또한 일제는 1913년부터 1917년까지의 시장조사사업과 1914년 9월 「시장규칙」의 제정 및 1920년 4월 「시장규칙」의 개정을 통해 우리의 시장을 통제함과 동시에 상권 및 유통망을 장악하기 시작하였다.

[1] 이헌창, p.265

「시장규칙」은 모든 시장은 허가제로 하며, 시장의 운영은 공영제(公營制)로 하고, 시장을 제1·2·3·4호의 4가지 유형으로 구분하는 내용을 담고 있다.[1] 제1호 시장은 전통적인 조선의 시장, 나머지 유형은 이른바 '신식시장'에 대한 규정이었다.

①제4호 시장은 1920년 개정 시 추가되었음.

　제1호 시장은 "장옥①이 있거나 없더라도 지정된 구역에서 매일 또는 정기적으로 다수의 거래자에 의해 매매가 이루어지는 장소"라 규정하고, 동대문과 남대문시장 등 조선의 거의 모든 시장을 포함하였고, 이를 보통시장과 특수시장으로 구분하였다.

①지붕은 있고 벽면은 있거나 없는 시설임.

　제2호 시장은 "하나의 장옥에서 20인 이상의 영업자가 주로 곡물 및 식료품 판매를 하는 장소"로 규정하고 있는데, 지방행정기관이 시장 건물을 짓고 판매자를 지정하는 형태로서 이는 곧 공설(公設)소매시장을 말한다. 1차 세계대전으로 물가가 폭등함에 따라 이를 안정시키고자 일제의 경성부는 공설소매시장을 건설하기 시작하였는데, 1920년 12월 명치정(明治町, 현재의 명동)과 종로에, 1921년에는 용산과 화원정(花園町, 현재의 인현동)에 공설시장을 개설하였다.

　이 중 종로 공설시장은 기존 종로 시전으로부터 이어진 한국인 상권에 밀려 1924년 문을 닫게 되었다. 1931년 만주사변이 발발하면서 같은 이유로 서대문, 마포, 영등포 등에 공설시장이 증설되어 1940년 말에는 10개소가 되었다. 또한 시탄(땔감)과 채소 거래를 위한 시탄 또는 시탄·소채시장 6개소가 공설시장으로 개설되었다. 공설시장과 함께 일본인에 의한 사설(私設) 일용품시장 설립도 추진되어 1921년부터 1936년까지 남영동,

경성어시장의 모습(출처; 서울특별시사 편찬위원회, p.191.)

삼각지, 충무로3가, 청파동, 북창동 등 모두 11개의 사설시장이
개설되었다.

이후 사설시장은 「시장규칙」에 맞지 않는다는 비판이 제기되
어 일제는 이를 강제로 매수하여 제2호 시장에 편입시켰다. 이
중 화원정, 용산, 미포, 영등포, 관동. 통인동, 신당동, 돈암동,
혜화동 등 10개 공설시장은 해방 후까지 존속하였다.

제3호 시장은 "위탁을 받아 경매(競賣)①의 방식으로 수산물,
채소, 과일을 판매하는 장소"라고 규정하고, 어채(魚菜)도매시
장과 중앙도매시장으로 구분하였다. 제3호 시장의 효시는 고
종 26년(1889) 부산 남포동에 일본인이 설립한 부산수산주식
회사의 어시장이라고 할 수 있다. 이어서 서울에 1905년 ㈜경
성수산시장, 1908년 히노마루수산시장, 1909년 용산수산시장,

1911년 경성어시장, 1927년 서울역 근처 의주로에 경성수산주식회사 등이 설립되었다.

①갑오개혁 이후 공박(公拍)이라는 말로 사용되기 시작하였음.

이들 시장은 모두 사설시장이었고, 1912년 기준 전국에 36개소가 있었다. 서울 최초의 공설시장으로는 1927년 경성부가 의주통 2정목(현재의 서소문공원 및 염천교 일대)에 설립한 '경성부 수산시장'이 있었다. '경성부 수산시장'이 설립되면서 일제가 유통의 합리화를 명분으로 내세운 '1도시 1시장 주의'와 공영화(公營化) 방침에 따라 서울의 사설 수산시장은 모두 '경성부 수산시장'에 통합되었다. 다른 시장들도 공설시장화 되기 시작하여 1938년 기준 전국 38개 시장 중 공설시장은 22개, 사설시장은 12개였다.

청과물의 경우 1920년대 이전에는 개별 위탁상(委託商, 객주)이 도매기능을 담당해 왔으나, 1920년대에 들어서면서 위탁상과 그들 산하(傘下)의 상인들이 회사를 조직하여 공설(公設)시장을 개설하기 시작하였다. 하지만 위탁상에 의한 거래 비중은 그다지 축소되지 않았는데, 1938년 기준 공설시장(제3호 시장)의 거래 비중은 33% 수준이었던 반면, 위탁상에 의한 장외(場外) 거래 비중은 77%였다고 한다.①

①문정창, p.82

경매를 통해 농산물을 거래하는 시장으로는 1912년 일본인들에 의한 '경성식량품시장'이 욱정 1정목(현재의 회현동)에, 1925년 '중앙물산주식회사시장'[1]이 남대문시장 근처에 개설되었다. 1936년 '중앙물산주식회사시장'이 '경성식량품시장'을 인수함으로써 '경성부 수산시장'과' 더불어 서울의 양대 경매시장이 되었다고 한다.[2]

[1]남대문시장을 경영하던 중앙물산주식회사가 설립한 것임.
[2]박은숙, p.341

최초의 중앙도매시장은 1935년 개설된 부산 대교동의 부산중앙도매시장이며, 두 번째는 1939년 서울에 설립된 경성중앙도매시장이다. 경성중앙도매시장에는 생선부와 청과부가 있었다. 생선부는 경성부(京城府) 직영 아래 1927년부터 서소문공원 지역에 있던 '경성부 수산시장'을 흡수 확장해 사용하면서 업무는 경성수산물배급주식회사가 대행하였고, 경매에 참여하는 중매인(仲買人)[1] 수는 80여 명 수준이었다. 청과부는 남대문시장 근처 '중앙물산주식회사시장'이(1939년 경성중앙청과주식회사로 개칭) 대행 운영하게 하였고, 중매인 수는 100여 명이었다. 1942년 경성부는 경성중앙도매시장의 한강분장(漢江分場)을 설치해 '한강어시주식회사'로 하여금 대행 관리시키면서 마포 일대에서 위탁상들의 생선과 염간어(鹽干魚) 도매행위를 통제하였다.

[1]현재의 명칭은 중도매인(仲都買人)임.

제4호 시장은 "매일 또는 정기적으로 영업자들이 모여 견본 또는 상표에 의해 물품 또는 유가증권을 거래하는 장소"로 규정하고, 곡물 현물거래시장과 유가증권 현물거래시장으로 구분하였다. 곡물 현물거래시장의 효시는 1899년 설립된 ㈜'인천미두(米豆)거래소'이며, 이후 군산, 부산, 목포 등에 곡물 현물거래시장이 설립되었고, 이곳을 통해 일본으로의 미곡 유출이 이루어졌다고 한다. 서울의 곡물 현물거래시장은 1910년 설립되었다. 「시장규칙」 제정에 따라 '인천미두거래소'는 선물시장(先物市場)으로 허가를 받았고, 서울의 곡물 현물시장은 1921년 '경성곡물상조합곡물시장'으로 허가를 받아 남대문통 4-76번지에 1922년 개장되었다. 유가증권시장으로는 '경성주식현물거래시장'이 있었는데, 1921년 '인천미두거래소'를 인수하였고, 서울에서는 유가증권의 청산거래①와 실물거래를, 인천에서는 미두의 청산거래를 하였다.② 제4호 시장은 투기의 만연 등 폐해로 인해 1931년 폐지되었다. 대신 「조선거래소령」과 「정미(正米)시장규칙」이 제정되면서 '경성주식현물거래시장'과 '경성곡물상조합곡물시장'을 통합하여 ㈜조선거래소(朝鮮去來所)를 설립하고 서울에는 본점을, 인천에는 지점을 두게 하였다. 1939년 「조선미곡시장주식회사령」이 제정되어 미곡의 현금거래시장이 폐지됨으로써 조선거래소는 유가증권만 취급하게 되었다.

①매매 계약을 체결한 후 일정기간 뒤에 물품과 대금을 주고받는 거래임.
①박은숙, p.295

일제 강점기에 서울시 시장의 큰 변화를 초래한 것은 백화점의 출현이다. 최초의 백화점은 미스코시(三越)백화점으로 1906년 진고개에서 미스코시오복점(吳服店, 포목점)으로 출발하여 1926년 백화점이 되었다. 미나카이(三中井)백화점은 1911년 미나카이오복점으로 출발하여 1933년 현재의 충무로에 건물을 신축하면서 미나카이백화점 경성 본점[1]이 되었다. 조지야(丁字屋)백화점[2]은 현재의 남대문로2가에 1921년 설립되었고, 히로다(廣田)백화점은 현재의 충무로에 1926년 설립되었다. 한국 자본에 의한 백화점은 화신백화점(구 화신상회)과 동아백화점이 있었다. 1931년 선일지물(鮮一紙物)을 운영하면서 거부가 된 박흥식이 현 종로2가 네거리에 있던 화신상회를 인수하여 1932년 목조건물을 콘크리트 건물로 증축하고 백화점식 경영을 시작하였다. 동아백화점은 종로에서 '동아부인상회'를 경영해 오던 최남이 화신상회 근처에 1932년 설립하였으나 자금 압박으로 개점 6개월 만에 화신백화점에 흡수되었다. 기존 화신백화점은 1935년 대규모 화재로 소실되었으나, 1936년 6층 건물로 신축되었고, 1937년에는 신관(新館)이 개장되어 한국인에 의한 유일한 백화점으로 종로의 명물이었다. 이 같은 대규모 소매점인 백화점이 등장하여 새롭고 다양한 상품, 차별화된 서비스를 제공함은 물론 자본력을 바탕으로 상품을 매집 및 판매함으로써 기존 서울의 시장은 위축될 수밖에 없었다.

[1] 미나카이의 조선 첫 진출은 대구점임.
[2] 구(舊) 미도파백화점, 현 롯데백화점의 전신임.

축산 도축 행위를 식품위생 등의 차원에서 고려한 것은 일제

현저동 경성부립도축장의 내부

현저동 경성부립도축장의 도축검사장

저동 경성부립도축장의 외부

소의 피를 마시는 조선인 모습[이상의 사진 출처 : Annual Report, 조선총독부,
1917,(김영미, 20세기 서울 도축장의 역사에서 전재)]

강점기 무렵이다. 1908년 8월, 서대문 밖 합동에 '서부도축장' 이 문을 열었다. 하지만 협소한 부지면적으로 시설 확충이 어려 워 개장한 지 3개월 만에 새로운 부지를 찾게 되었다. 얼마 후 현재의 서대문구 아현동(소와 돼지 도축)과 동대문구 신설동(소 도축)으로 이전하였다. 두 도축장은 '대한도수장'이라는 동일한 이름으로 국가가 직접 관리·감독에 들어간 첫 관영 도축장이었 다. 1910년 한일합병 이후 '대한도수장'은 조선총독부로 이관되 었고, 1914년 부(府) 제도가 도입되어 경성부가 이를 승계하게 된다. 경성부는 아현동, 신설동의 관영 도축장을 포함 현저동, 이태원 등의 사설 도축장 등 총 6곳을 폐쇄 또는 매수하여 '경성 부립도축장'으로 통폐합(일원화)하였다. 1917년 개장한 서대문 형무소 근처 현저동의 '경성부립도축장'은 위생 문제가 제기됨 에 따라 개장한 지 8년만인 1925년 가축시장(1923년 개설)이 있는 숭인동의 동묘 근처로 이전하였다. 그러나 1936년 경성부 의 행정구역이 확대되고 1937년 경성시가지 계획이 수립되면 서 숭인동 가축시장 및 도축장에 대한 외곽지역으로의 이전이 논의되기 시작하였다. 새로운 가축시장과 도축장은 왕십리 부근 의 마장동으로 확정되었지만, 이 이전계획은 한국전쟁 이후에 실현되었다.

남대문시장과 동대문시장의 변화

조선조 이래 일제 강점기 말까지 서울의 양대 시장이었던 남대문시장과 동대문시장의 변천 과정은 다음과 같다.

남대문시장

현재의 남대문시장은 남대문 안 시전 행랑이 자리했던 지역에 형성된 '남문 내 장시'와 태종 때 남대문 밖에 점포를 짓고 지정된 상인들에게 빌려준 '칠패 시장' 등 2곳의 시장이 합쳐진 것이다. 고종 시절(1896-1897년) 남대문로 정비 사업과 경인선 철도 부설사업으로 두 곳이 모두 현재의 중구 남창동 남대문시장 일내에 있던 선혜청① 자리로 옮겨진 것이라고 한다.② '남문 내 장시'는 매일 새벽에 장이 서는 조시(朝市)였는데, 주로 곡물, 채소, 어육 등을 새벽에는 도매, 낮에는 소매를 하는 시장이었다. '칠패 시장'의 칠패(七牌, 현재의 봉래동)란 어영청 7패 구역으로 순청이 있어서 생긴 명칭이다. '칠패 시장'은 만리재③를 넘어 마포, 강화로를 따라가면 서강에 이르는 등 지역적인 여건과 신해통공으로 인해 18세기 후반에는 엄청난 규모로 번창하였을 뿐 아니라 전국 최대의 어물(수산물)시장이 되었다고 한다.

①지방에서 올라오는 세공과 세곡 등을 보관 및 출납하는 곳으로 1608
년 남창동에 건설, 정조 때 선혜청 창고가 부족하여 현재의 북창동에 별
창(別倉)이 건설되었는데, 원래의 창고를 남창, 별창을 북창이라고 함.

②서울시사편찬위원회, p.138-140.

③중구 만리동 2가에서 마포구 공덕동으로 넘어가는 고개였음.

위 사진은 남대문로의 정비 전 모습(1895년경),
아래 사진은 남대문로의 정비 후 모습(1905년경)
(출처: 서울특별시사편찬위원회, p.138)

이전 직후에는 시장이 활성화되지 못하였으나, 개항 이후 일본과 청국 상인이 진출하면서 확대되어 1907년경에는 전체 상인 수가 250~300명 수준에 이르게 되었고, 이중 일상(日商)과 청상(淸商)의 비중이 각각 50% 수준이었다고 한다. 1909년 탁지부(度支部) 사세국(司稅局) 조사 자료에 의하면 주요 거래 품목은 쌀, 대두, 소두, 해산물, 과일, 담배, 잡화 등이었다.[1]

①박은숙, p.221

전국적 규모의 시장이었던 남대문시장은 철도 등 교통이 발달함에 따라 1910년대에 들어서면서 축소되었다. 1911년 기준으로 남대문시장에는 미곡상 36명(이중 소매상은 8명), 어물상 22명(이중 소매상은 12명), 과일 및 채소상 43명(이중 소매상은 25명), 잡화상(모두 소매) 19명, 기타 30명 등 모두 150명의 상인이 있었다. 1923년에는 도매상 93명, 소매상 32명 등 상인 수 125명으로 1911년에 비해 다소 감소한 것으로 나타났다.[1] 연간 거래액은 260만 원으로 동대문시장 거래액의 1.6배 수준이었다. 하지만 1935년 자료에는 도매상 63명, 위탁상 61명, 소매상 33명, 중매인 20명 등 모두 177명, 업종별로는 미곡이 24명, 과일 및 채소가 69명, 어물이 33명 등으로 1923년보다 확대되었음은 물론 도매(도매상 및 위탁상)의 비중이 커진 것을 알 수 있다.[2]

①이 시기 시장의 면적은 2,712평이었고, 기와지붕의 단층 벽돌 건물들로 과일 도매점은 지하에 있었다고 함.

②허영란, p.341

시장에 대한 관리는 1901년부터 내장원(內藏院)에서 담당하였으나, 1905년 이후 김시현이 관리하게 되었고, 1912년부터는 송병준의 '조선농업주식회사'로 경영권이 이관되었다. 1921년 대형화재로 인해 점포(126호)의 대부분이 소실되고 '조선농업주식회사'가 자금난을 겪게 되면서 1922년에는 일본인 회사인 '중앙물산주식회사'①로 경영권이 넘어가게 되었다. 이후 시장 명칭을 '중앙물산시장'이라고 변경했으나 일반인들은 여전히 남대문시장으로 불렀다. '중앙물산주식회사'는 건물을 신축함과 동시에 옆에 있던 남미창정(南米倉町) 시장을 합병해 시장의 영역을 확대하였다. 이에 따라 남대문시장은 급성장하게 되었는데, 1936년 초 상주 상인 수만 230명이었다고 한다.

①송병준도 대주주로 참여하였음.

관리회사의 과도한 점포료 인상 및 일방적인 시장 운영에 반발해 시장 상인들은 1933년 '남대문시장상인연합회'를 창립하였다. 남대문시장과 동대문시장은 「시장규칙」에 의해 1937년 3월 영업허가 기한이 만료되어 시장이 폐쇄될 처지가 되었고, 일제는 이를 대체할 경성중앙도매시장을 건립할 계획을 수립하였다. 경성중앙도매시장의 수산부는 1939년 염천교 지역(현 서소문공원)에 건설되었고, 청과부는 남대문시장 내에 설치되어 일본인이 사장인 '경성중앙청과주식회사'가 위탁 관리하였다. 도매를 중심으로 하던 상인들의 대부분은 대행회사 또는 중매

등 양쪽으로 흩어질 수밖에 없게 되었고, 이에 따라 남대문시장
은 제2호 사설시장으로 구분되어 소매시장이 되었고, 다만 청과
물의 도매는 경성중앙청과주식회사에 의해 이루어졌다. 해방 직
후인 1946년 '경성중앙청과주식회사'는 '중앙청과주식회사'로
명칭을 변경함과 동시에 서울시의 농산물업무대행업체로 선정
되었고, 수산부가 있던 염천교 지역으로 이전하였다.

1939년의 남대문 시장 모습(출처: 서울특별시사편찬위원회, p.179)

동대문시장

동대문시장은 원래 '배오개 또는 배우개장'이라고 불렸는데, 이는 현재의 서울 종로4가 근처의 이현(梨峴, 배고개)에 세워졌기 때문이다. 근처에는 왕을 호위하는 군영인 어영청(御營廳)이 있어 다양한 물품이 모여드는 좋은 조건을 갖추고 있어 18세기에는 종로 시전, 칠패 시장과 함께 서울의 3대 시장이 되었다.

이현 시장은 동대문 밖 왕십리평(坪)과 전관평 지역에서 생산되는 채소가 유입되기 쉬워 채소시장으로 유명하였다. 정조 때 유득공이 지은 세시 풍속지인 경도잡지(京都雜志)에서는 종가(鐘街, 현재의 종로)에는 비단, 종이, 베 등을 판매하는 점포가 줄지어 있고, 장 보러 가는 사람은 새벽에는 채소가 많은 이현(현재의 동대문시장)과 소의문(昭義門, 현재의 서소문)으로, 점심때는 종가로 모이며, 칠패(현재의 남대문시장)에는 생선이 가장 많다고 하고 있다. 여기서 동부채(東部菜), 칠패어(七牌漁)라는 말이 유래되었음을 알 수 있다.

개항 시기인 1898년 서대문에서 동대문을 거쳐 청량리에 이르는 전차 노선 공사가 시작되면서 동대문시장은 물론 종로 시전의 상권은 위축될 수밖에 없었다. 이에 당시 포목상으로 거부가 된 박승직, 장두현, 최인성 등이 1905년 7월 '광장(廣藏)주식회사'를 설립해 시장의 이전을 추진하였다. 처음에는 종로 시전 아래쪽 청계천 구간에 시장을 건설하는 방안이 추진되었으나, 남대문시장의 실제 관리자였던 송병준과 일본 상인들의 반대로 이현시장 근처 효경교 북쪽의 조산(造山) 옆 농지로 이전하게 되었다. 새로운 시장①은 외국의 시장을 모방해 기와집 상점으로 건축되어 위용이 웅장하였다고 하며 빠른 속도로 활성화되었다. 1907년 조선의 군대가 해산되어 이현 근처의 친위대영문(營門)이 폐쇄되면서 공터가 된 동별영(東別營) 자리로 일부 점포가 이전하였다고 한다.②

①동대문시장은 광장시장이라는 별칭도 있는데, 이는 광장주식회사가 관리하였기 때문임.

②시장 활성화로 인해 상권이 확대된 것으로 판단됨.

1911년 기준으로 동대문시장에는 미곡상 31명, 어물상 12명, 과일 및 채소상 15명, 잡화상 15명, 기타 25명 등 모두 98명의 상인이 있었고, 이 중 미곡, 어물, 과일상은 모두 도매 및 중간 도매상이었다.① 정확한 거래 규모를 알 수 없어 추정에 불과하지만, 남대문시장보다는 다소 작고 남대문시장에 비해 소매시장으로서의 성격이 강했다. 또한 일본 상인이 주축이었던 남대문시장에 비해 동대문시장은 광장주식회사가 경영권을 유지하여 민족주의적 성격이 강했던 것으로 판단된다.

①고승제, 「상공업」, p.498

1935년 자료에 의하면 동대문시장의 상인 수는 모두 168명, 이중 소매상이 108명, 도매상이 60명이었으며, 부류별로는 농산물이 50%, 잡화류 30%, 수산물이 9%를 차지하고 있었다.

1939년 경성중앙도매시장이 개설되면서 동대문시장 역시 소매시장으로 존속하게 되었다. 그러함에도 1940년 거래실적을 기준으로 할 때 동대문시장의 거래액이, 서울의 10개 공설시장 모두의 거래금액보다 많았으며, 11개 사설시장 모두를 합한 거래액의 90% 수준이었다.[1] 이 같은 사실에서 동대문시장이 상당히 큰 규모였음을 짐작할 수 있다.

[1] 이재학, 제2권, p.132

서울의 상인

상인의 유형

판매자와 구매자 간의 거래인 상행위를 직접 행하거나 이를 매개하는 사람들을 총칭하여 상인(商人)[1]이라고 하며, 이들에 대한 분류는 이들이 수행하는 기능에 따라 나누는 것이 일반적이다.

[1] 장수(場手), 장사꾼이라고도 함.

지역적으로 떨어져 있고 그것도 소규모로 생산되는 농산물의 유통을 위해 이를 수집해주는 상인이 필요한데, 이들을 수집상(蒐集商) 또는 매집상(買集商)이라고 한다. 수집상은 도매상 등을 대신해 물품을 모아 주고 수수료를 받는 유형과 생산자로부터 직접 매입해 수집한 다음 도매상 등에 되파는 유형으로 구분할 수 있다. 뒤에 언급할 도고(都賈)와 보부상(褓負商) 역시 수집상 역할도 하였다.

과거 말, 되 등 도량형기의 표준이 미흡했을 당시에는 정부가 허가한 도량형기를 사용해 거래를 알선해 주고 수수료를 받거나 직접 매입해 도매상에게 판매하던 상인들이 있었는데, 이들은 감고(監考)①, 되쟁이②라고 불렸다.

①장(場)감고, 장감, 강구라고도 했으며, 이들은 원래 지방관청을 대신해 시장세(市場稅)를 징수하던 사람들임. 주막(酒幕)의 주인들도 시장세를 대신 받는 경우가 있었는데, 이들은 장할(場割)이라고 했음.
②승수(升手), 승강군(升看軍), 말강구(斗監考)라고도 함. 감고와는 달리 시장세를 징수하는 기능은 없었음.

수집된 물품을 중간 도매상 또는 소매상에게 판매하는 기능, 즉 도매(都賣)기능을 하는 상인 중 규모가 크고 관의 허가를 받은 상인을 객주(客主) 또는 여각(旅閣)이라고 했으며①, 앞서 언급한 시전상인 중 정부가 제공하는 점포에서 영업하면서 규모가 큰 육의전 등은 도매상이었다. 정부의 허가를 받지 않고 객주 또는 수집상으로부터 물품을 받아 중간 도매상 또는 소매상에게 판매하는 개인 도매상을 사상도고(私商都賈)라고 했다.②

①이들에 대해서는 뒤에서 자세히 다루기로 함.
②지방에 있는 사상도고는 객주가 아닌 생산자로부터 물품을 구입하였음. 이 경우 사상도고는 수집상의 역할도 하는 것임.

또한 시장정보가 부족하던 시절 거래당사자를 연결해 주고 구문(口文) 또는 구전(口錢, 수수료)①을 받는 상인이 있었는데, 이들을 거간(居間)②이라고 했다. 거래 품목에 따라 인삼 거간, 당화(중국산) 거간 등으로 불렸으며, 점포 앞에서 지나가는 손님을 유인해 물품을 사게 하는 여리꾼(列立軍, 閥入軍)③도 거간이었다. 감고와 되쟁이도 거간 역할을 하였음은 물론 거간 역시 감고 및 되쟁이 역할을 하기도 하였다. 이들 중 도매상인 객주에 속해 있던 거간은 내거간(內居間), 독립적으로 영업을 하던 거간은 외거간(外居間)이라고 했다.④

①수량을 기준으로 하는 구전은 물(物)구문, 가격을 기준으로 하는 것은 전(錢)구문이었음.
②시쾌(市儈), 주름, 주릅이라고도 했음.
③상인은 점포 앞에 붙어 있는 퇴청(退廳)에 앉아 있고, 물품의 대부분은 안에 진열되어 있어 눈에 잘 띄지 않았으므로 구매자를 끌어들이는 여리꾼의 역할이 필요했음.
④조병찬, p.118

최종 소비자에게 물품을 판매하는 상인을 소매상①이라고 하는데, 이들은 다양한 유형이 있었다. 정부가 제공하는 점포가 아닌 데서 영업을 하는 상인인 좌고(座賈)와 일정한 점포 없이 이동하며 영업을 하는 이동 상인인 행상(行商)으로 크게 구분할 수 있다. 좌고는 재가(在家)②, 가가(假家)③, 방(房)④, 점(店)⑤ 등으로 분류할 수 있으며, 행상에는 주객(主客), 차인(差人), 보부상(褓負商)⑥, 소규모 순회상 등이 있었다.

①예전에는 상고(商賈)라고 하였음.
②일종의 시전의 분점(分店)이며 자신의 집에서 영업하는 시전상인임.
③임시점포에서 영업하는 소규모 소매상임.

④제조를 겸한 소매점임. 입방(笠房)은 갓, 금은방은 금과 은의 장식물을 만들어 파는 곳임.

⑤제조소 또는 광산을 말함. 사기점은 사기그릇을 만드는 곳, 금점(金店)은 금광을 말함.

⑥장돌뱅이, 장돌림, 선길꾼, 도부꾼이라고도 함.

행상에는 육로를 따라 영업하는 육상(陸商)과 수로를 이용하는 수상(水商)으로 구분되며, 주객①이란 보부상보다 경제력이 커 보다 많은 물품을 말의 등에 싣고 다니는 상인을 말한다. 이들은 다시 도매상인 객주의 물품을 받아 판매하고 수수료를 받는 유형과 자기계산(自己計算)②에 의해 독립적으로 영업을 하는 유형으로 구분된다. 차인이란 원래 객주의 직원이었다가 독립하여 자신의 영업을 하는 상인으로 주객과 마찬가지로 2가지 유형이 있었다.

①차인(借人)이라고도 함.
②거래에서 발생하는 손익 모두 개인 책임임을 의미함.

도매상의 변천 과정

우리나라 도매상의 원형인 객주(客主)① 또는 여각(旅閣)②은 통일신라 시대부터 시작되었다는 주장③과 고려 시대 지방 관리와 향리(鄕吏) 등에게 숙박을 제공하던 경주인(京主人)이 출발점이었다는 주장④이 있다. 아무튼 객주와 여각은 서로 다른 형태의 상인이라기보다는 취급 물품, 규모와 소재지에서 차이가 있을 뿐 도매(都賣)라는 상행위를 영위하는 주체라는 측면에서는 차이가 없어 객주라고 통칭하는 것이 일반적이다. 객주는 육지 및 항(港)·포구(浦口)에 위치해 쌀을 포함한 거의 모든 물품을 취급하였고, 여각은 쌀도 취급하였으나 주로 소금과 해산물을 취급하면서 항·포구에 위치하였다고 한다. 여각은 객주에 비해 큰 창고와 숙소가 필요했던 까닭에 자본의 규모가 다소 클 수밖에 없었다.

①객상(客商)의 주인(主人)이라는 뜻으로, 객상 주인의 준말임.
②여상(旅商)을 돌보아주는 곳이라는 뜻임.
③조병찬, p.100.
④이재학, 제2권, p.57~58

객주의 영업 형태는 하주(荷主)①의 물품을 위탁받아 도고 또는 소매상(좌상 및 보부상 등)에게 판매해준 다음 위탁자와 구매자 모두로부터 수수료②를 받거나, 자기계산으로 물품을 구매 및 판매하는 2가시 형태였다.③ 영업 형태를 현대적 용어로 설명하면, 전자는 중개(仲介)라고 하는 것으로. 객주 입장에서는 거래에 따른 위험부담이 거의 없는 형태④라고 할 수 있다. 반면 후자의 영업 형태는 도매(都賣)라고 하는 것으로 거래에 따른 이익과 손실 모두 객주의 몫이 되는 것이다. 따라서 객주의 영업 형태는 중개와 도매기능을 동시에 담당하던 주체였음을 알 수 있다.

①출하자라고도 하며, 보부상이 대부분이었음.

②구문(口文) 또는 구전(口錢)이라고도 함. 위탁자로부터 받는 구전은 내구전(內口錢) 또는 원구전(原口錢), 구매자로부터 받는 것은 외구전(外口錢)이라고 함.

③물품을 위탁했던 사람이 다른 곳으로 물품을 이송(移送)할 경우에는 과구(過口)라는 과징금을 징수하였다고 함.

④위탁자가 원하는 가격보다 싸게 팔아 위탁자가 이의를 제기할 때 객주는 차액을 부담해 주는 경우도 있었음.

또한 이와 같은 영업 형태에서 객주는 출하자(出荷者)와 구매자(소매상) 중간에 위치에 양쪽 모두를 직접적으로 대면하여 거래하는 위치에 있었다. 조병찬①은 "객주와 여각은 ……오늘날의 도매시장의 도매회사②와 같은 기능을 했던 것이다."라고 하는데, 이는 잘못된 설명이다. 현재의 도매시장법인은 출하자의 물품을 위탁받아 경매(競賣) 방식으로, 또는 중도매인(仲都賣人)의 요청(원하는 상품과 가격수준)에 따라 출하자와 중도매인을 연결해주는 중개행위인 정가수의매매(定價隨意賣買) 거래방식③을 통해 중도매인에게 상품을 넘기는 주체인 것이다. 경매 또는 정가수의매매를 통해 상품을 확보한 중도매인은 이를 소매상에게 판매하게 된다. 따라서 도매시장법인은 출하자와는 직접 연결되어 있으나 소매상과는 대면할 필요가 없고 소매상과 직접 연결되는 것은 중도매인이며 이들이 바로 도매행위를 하는 상인인 것이다. 오히려 객주의 영업 형태는 일제 강점기 이후에는 도매상 또는 위탁상(委托商)이란 명칭의 상인에 의해 이어졌으며, 오늘날에는 2004년부터 시작된 서울시 강서도매시장 내 시장도매인(市場都賣人)④은 물론 미국 및 유럽 국가의 도매상

(wholesaler) 영업 형태와 일치하는 것이다. 다만 객주와 우리나라의 현행 시장도매인 및 선진국의 도매상과의 차이는 객주는 비(非)제도권 시장에서, 시장도매인과 선진국 도매상은 제도권 시장 내에서 상행위를 한다는 점이다. 이 같은 차이로 인해 도매시장법인을 통한 유통경로는 도매상의 한 유형인 중도매인을 거치게 되므로 시장도매인과 선진국의 도매상을 통한 경로에 비해 유통 단계가 1단계 늘어나는 것이다.

①p.100

②일본식 명칭이며, 예전 명칭은 지정도매법인, 현재는 도매시장법인이라고 함.

③2012년부터 도매시장법인은 경매뿐만 아니라 정가·수의매매를 할 수 있게 되었음.

④제2부의 '못다 한 이야기 5' 참조.

동시에 객주는 거래자에 대한 편의 제공을 위해 숙박, 보관, 운송, 자금 제공 및 대여 등의 기능을 함께 수행하기도 하였다. 객주는 담당하는 기능, 취급 물품, 소재지 등에 따라 다양한 명칭으로 불렸다. 기능에 따라 물품의 도매 기능만 담당하는 객주는 물상(物商)객주, 물상객주 중 주로 보부상을 상대로 하는 객주는 보부상 객주①, 원거리에서 온 거래자를 위해 숙식까지를 제공하던 여각 객주, 물품은 취급하지 않고 대금업만을 하는 환전 객주, 물품을 취급하지 않고 숙박업만을 하는 보행(步行) 객주 등이 있었다. 취급상품에 따라서는 청과 객주, 어물 객주, 곡물 객주, 지물 객주, 염해(소금과 젓갈) 객주, 무시로 객주②, 만

상(灣商) 객주③ 등이 있으며, 소재지에 따라 제주도 객주, 당진 객주, 예산 객주 등이 있었다.

①주로 남부지방에 많았는데, 취급품목이 전문화(예: 모시, 삼베 등)되어 있었음.
②바가지, 솥, 삼태기 등 일상의 생활용품을 취급했던 객주임.
③청선(淸船) 객주라고도 하며 중국 상품을 취급했던 객주임.

난전에 대한 규제와 정부 재정의 보충을 위해 인조 15년 (1637) 시전에 대해 금난전권을 부여한 것은 또 다른 문제의 시작이었다. 금난전권이란 특정 물품에 대한 독점거래 권한이므로 이 같은 권한을 갖게 된 시전상인들은 독점적 이윤을 챙기게 되었다. 이에 다른 부류의 시전상인들도 이러한 권한을 요구하게 되고, 급기야는 거의 모든 시전상인이 금난전권을 갖게 되었다. 또한 금난전권의 영향이 미치지 않았던 송도(개경), 경강 및 서울 외곽지역(송파장, 누원점 등)에서 세력이 커진 객주들 역시 물품에 대한 정보나 운송체계가 미흡한 당시 상황에서 매점매석을 통한 가격 조작 등 독점적 이윤을 취하기 시작하였다. 이처럼 매점매석을 통해 독점적 이윤을 취하는 행위를 '도고(都 賈)'①라 하였고, 이러한 상행위를 하는 상인 중 민간상인을 '사 상도고(私商都賈)'라고 하였으며, 혹은 행위와 상인 모두를 '도 고'라고 통칭하기도 한다. 사상도고들은 서울 성안의 중간 도매 상인 중도아(中都兒)를 통해 이현 또는 칠패 시장의 난전에게 물 품을 판매하거나 직접 소매행위도 하였다. 시전상인과 사상도고 에 의한 독과점 행위로 인해 물가는 상승하게 되어 서민들의 삶은 더욱 피폐해졌다.

①공인(貢人)들이 공납품을 미리 사서 쌓아 놓았던 창고, 즉 도고(都庫)에서 유래한 것임. 사상(私商)도고를 도아(都兒), 외목(外目) 장수라고도 했음.

이에 정부는 1791년 신해통공을 발표하여 육의전을 제외한 다른 시전들과 사상도고의 도고 행위를 금지하였다. 하지만 신해통공 이후 자유 상업이 대규모로 확대됨과 동시에 기존의 시전 또는 객주로부터 독립한 수많은 사상(私商: 개인상인)들이 나타나기 시작하였다. 이들 중 자본력과 상술이 뛰어난 상인들 역시 도고 행위를 하였고 19세기에 들어 몇 차례에 걸친 도고 혁파령에도 불구하고 도고 행위는 줄어들지 않았고 오히려 도고의 자본이 일부 광산업이나 제지업까지 진출하게 되었다고 한다. 여기에 감고 및 관속들에 의한 무절제한 시장세 징수 등이 병행됨으로써 서민들의 불만은 더욱 커질 수밖에 없었다.①

①순조 11년(1811) 홍경래의 난을 촉발시킨 주요 원인 중 하나임.

개항 이후 진고개(현재의 충무로)에 자리 잡았던 일본 상인은 청일전쟁 이후 명동과 남대문로 일대로 상권을 확대하였다. 강점 이후에는 서울의 중심부인 욱정(旭町, 현재의 회현동), 황금정(黃金町, 현재의 을지로2가), 북미창정(北米倉町, 현재의 북창동) 등으로, 1920년대 이후에는 조선 상인의 본거지였던 종로 일대까지 진출하게 되었다. 이에 따라 조선 상인의 대부분은 서울의 외곽지역으로 밀려나게 되었고, 조선조 번성했던 객주 역시 쇠퇴 과정을 걷게 되었다. 박은숙[1]이 조선총독부 자료[2]를 정리한 바에 의하면 1910년대 초 남대문시장의 여각 수는 46명이었고, 다른 조선총독부 자료에 의하면 1915년 서울에 물상객주의 수는 51호(戶)였고, 1924년에는 서울의 인근지역까지 포함해 12호에 불과하였다고 한다.[3] 반면 허영란[4]에 의하면 1935년 남대문시장에는 63명의 도매상과 61명의 위탁판매상이, 동대문시장에는 60명의 도매상이 있었다고 한다. 또한 이재학[5]은 보부상으로 활동했던 분의 증언을 기초로 1970년대 초 전국적으로 489명(곡물 271명, 해산물 110명, 청과 108명)의 객주가 활동했으며, 이중 서울에는 곡물 213명, 해산물 20명, 청과 5명 등 238명의 객주가 있었다고 한다.

[1] p.314
[2] 조선총독부, 「경성상공업조사」, 1913.
[3] 조병찬, 「한국시장사」, p.221
[4] 허영란, "1920·30년대 경성의 도·소매 상업", 「서울상업사연구」, p.341
[5] 이재학, 제2권, p.58

이상의 자료를 통해 유추해 보면 일제 강점기에 들어서 1920년대 중반 이후까지 객주 또는 여각의 수는 빠른 속도로 감소하였으나, 1930년대 이후에는 회복세를 보여 해방 무렵에는 서울에 200여 명 수준의 도매상(위탁상 포함)이 있었는데, 1944년 서울의 인구가 98만 9천 명[1]이었던 점을 고려하면 결코 적지 않은 수였음을 알 수 있다. 또한 1920년대 후반부터는 객주 또는 여각이라는 명칭 대신 공식적으로는 도매상과 위탁상이라는 명칭이 사용되었으나, 상인들 사이에서는 여전히 객주라는 명칭이 사용되었던 것으로 보인다.

①조선인 82만 5천 명, 일본인 15만 9천 명 등이었음.

객주로부터 이어져 온 도매상 또는 위탁상이라는 유형 외에 도매행위를 하는 새로운 상인이 등장하게 된 것은 갑오개혁 이후 '공박'이라는 명칭의 경매가 도입되면서 시작되었다. 출하자가 경매를 주관하는 주체에게 물품 판매를 위탁한 다음 이 물품을 경매를 통해 구입한 상인이 소매상에게 되팔게 되는데, 이들 상인, 현행 명칭으로는 중도매인이라고 하는 상인, 역시 도매상인 것이다.

우리나라에서 농수산물을 경매를 통해 거래하는 최초의 시장으로는 1889년 일본인이 설립한 부산수산주식회사의 어시장과, 서울에서 1912년 일본인들이 설립한 경성식량품시장이다. 이후 서울에는 1925년 경매를 하는 또 다른 시장인 중앙물산주식회사시장이 개설되었고, 1936년 중앙물산주식회사시장이 경성식량품시장을 인수함으로써 1927년 설립된 경성부수산시장과 더불어 서울의 양대 경매시장이 되었다. 1939년 경성중앙도매시장이 설립되면서, 경매를 하는 청과부(경성중앙청과주식회사)가 신설되고, 경성부수산시장은 경성중앙도매시장의 수산부로 편입되었다. 경성중앙도매시장의 청과부는 1946년 중앙청

과주식회사로, 1963년에는 서울청과주식회사①로 명칭이 변경
되었다. 경매를 하는 또 다른 주체는 일제 강점기 영등포와 용
산 등에 설립되었던 경성중앙도매시장의 분장들이었는데, 이
는 해방 후 농협공판장이 되었다. 이렇듯 일제가 경매를 강권하
였음에도 불구하고 앞서 언급한 대로 해방 무렵까지 서울에는
200여 명의 도매상이 있었다.

①현재 가락동 도매시장에 있는 서울청과임.

  해방과 함께 전통적인 도매상이 되살아나면서 또 다른 도매상
인 중도매인의 입지는 더욱 좁아질 수밖에 없었다. 1984년 초
서울시 전체 연간 청과물 거래금액 5천억 원 중 경매에 의한 거
래금액 비중은 7.2%에 불과하였다는 점이 바로 당시 중도매인
의 입지 수준이었다.

도매상의 거래 관행

  공동투자로 객주 사업을 할 때 투자 내역을 증명해 주는 것으로
고본(股本)①이라는 문서를 작성하였고, 위탁자가 팔 물품을 객
주에게 맡길 때는 객주는 일종의 보관증인 임치표(任置票)②를
위탁자에게 주었고, 이는 돈을 빌릴 때 담보로도 이용되었다.③
거래가 성사되어 대금을 지급하거나, 성사되지 못해 맡긴 물품
을 되찾을 때는 출차표(出次票)를 발행하였다. 거래 내역을 표기
한 거래명세서 또는 물품의 목록을 기록한 것을 장기(掌記)라고
했다. 조선 후기에는 우리 고유의 부기법이 만들어졌는데, 이를

사개치부법(四介置簿法) 또는 송도(개성) 상인으로부터 유래되었다고 해서 송도 부기, 송도 사개치부법이라고 한다. 부기 장부는 일기책(日記冊)과 장책(帳冊)으로 구분되며, 일기책은 초일기(初日記)와 중일기(中日記)로, 장책은 외상 장책과 타급(他給) 장책으로 나누어진다.

①고금(股金)이라고도 함.
②임치장, 적지장이라고도 했음.
③정승모, p.111

가격을 결정하거나 대금을 지급하는 방식이 다양하였는데, 한꺼번에 통째로 계산하는 것은 '도거리', 대금을 여러 차례 나누어 받는 것을 '드림셈', 거래자 쌍방 간에 차액만 계산하는 것은 '덧두리', 팔다가 남은 것을 싸게 파는 것을 '떨이'라고 했다.①

①국립민속박물관, p.44

거래에 사용하는 도구를 도량형(度量衡)이라고 하는데, 도는 길이를 재는 것이며, 양은 부피를, 형은 무게를 재는 것이다. 도량형에 대한 정비는 세종 때 이루어졌으나 완벽한 것은 아니었다. 길이를 재는 것으로 주로 사용된 것은 주척(周尺)①이었으나 정확한 표준이 없어 시대와 장소에 따라 다소 상이하였으며, 대략 20~21cm 길이였다.

주척(출처: 국립민속박물관, p.47, 고려대학교박물관 소장)

①중국 주나라 시절에 만들어져 사용되어 온 자(尺)를 말함

　부피를 재는 단위로는 홉(合), 되(升), 말(斗), 섬(石), 포대 등이 있었다. 되나 말로 부피를 잴 때 굴렁대로 윗부분을 깎아서 재는 것을 '께끼'①라고 했으며, 윗부분을 수북하게 쌓고 재는 것은 '고봉(高峯)'②이라고 했다. 관청에서 사용하던 관되(官升)은 일반인이 사용하던 식되(食升)보다 3작(勺)③정도 작았다고 하는데, 이는 관리들이 현물로 세금을 받을 때는 식되로 받고 상부 관청에 올릴 때는 관되를 사용해 물량 차이를 수수료 형태로 챙기는 것이 관례였기 때문이었다.④ 참고로 '고봉'이란 말은 파레트(pallet)와 같은 물류기기 사용이 보편화되기 이전에 청과물 상자에 상품을 '상자 위가 불뚝 나오게 담는 방식'을 의미하기도 했다. 이렇게 '고봉'으로 담게 함으로써 상인들은 농민들이 상자 아래쪽에 품질이 낮은 상품을 숨겨 놓는 이른바 '속박이' 문제에 대응할 수 있었다고 한다.
　또한 예전 우리의 5일장(五日場) 초입에 멍석과 됫박(되)만을 갖고 자리한 후 농민들이 가져오는 곡물을 달아 구매한 다음 이를 모아 도매상에게 판매하는 상인들이 있었는데 이들을 '되쟁이' 또는 '승수(升手)'라고 하였다.

①평승(平升) 또는 마세라고도 함.

②고승(高升)이라고도 함.

③1작은 0.01되(升)임.

④국립민속박물관, p.49

'되쟁이' 중에는 농민들로부터 구매할 때나 도매상에 팔 때 같은 가격을 적용하는 사례가 있었다. 이들은 곡물자루를 들어 됫박에 담는 과정에서 자루를 들어 올리는 각도, 됫박에 담는 속도를 조절해 곡물을 가지런히 눕히기도 하고 세우기도 하여 1말의 곡물을 8되도 만들고 또는 12되도 만드는 기술을 가지고 있었다. 농민들로부터 곡물을 구매할 때는 8되를 만들고, 도매상에게 판매할 때는 12되를 만들어 같은 가격을 적용해도 이들은 4되에 해당하는 물량 마진(quantity margin)을 취할 수 있었다.

곡말(穀斗)(출처: 국립민속박물관, p.51, 국립민속박물관 소장)

되(升: 손잡이 없는 것과 있는 것)
(출처: 국립민속박물관, p.51, 국립민속박물관 및 경기대학교 박물관 소장)

　조선 시대 말까지 무게의 단위는 모, 리(釐), 푼(分), 돈(錢), 냥
(兩), 근(斤), 관(貫), 칭(稱) 등이[1] 사용되었다. 1902년 미터법
과 일본의 도량형 제도를 바탕으로 도량형 제도의 개혁이 있었
는데, 1근을 600g으로 하고 그것의 16분의 1을 1냥(37.5g)으
로 하는 것 등이다.[2]

　[1]10모는 1리, 10리는 1푼, 10푼은 1돈 등임.
　[2]따라서 1돈은 3.75g, 1관은 3.75kg이 됨.

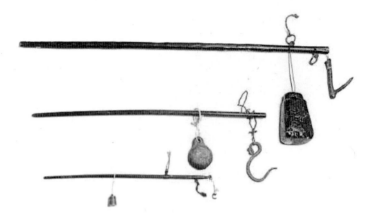

저울(秤) (출처: 국립민속박물관, p.54, 전북대학교 박물관 소장)

대저울(大秤) (출처: 국립민속박물관, p.54, 고려대학교 박물관 소장)

숫자를 계산하기 위한 도구는 산목(算木)①, 주산반(籌算盤), 산반(算盤)②으로 발전되어 왔는데, 산반(주산)은 1970년대 초까지 사용되었다. 주산은 위쪽이 2알, 아래쪽이 5알로 되어 있었다. 다음으로 나온 것이 주판인데, 위쪽은 한 알로 되어 있는데, 아래쪽이 5알에서 4알로 변화하였다.

산가지(출처: 국립민속박물관, p.56, 고려대학교 박물관 소장)

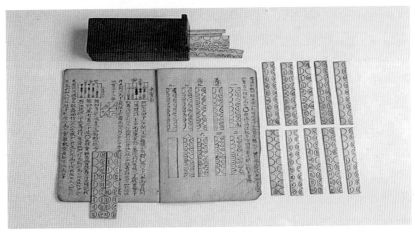

주산반과 설명서(출처: 국립민속박물관, p.57, 국립민속박물관 소장)

①산가지, 산, 산책(算策)이라고도 함.
②주산이라고도 함.

산반과 수판의 종류(출처: 국립민속박물관, p.59, 서울대학교 박물관 및 개인 소장)

앞서 객주는 자금의 제공 및 대여 기능도 하고 있었다고 했는데, 위탁자에게 대금 일부를 미리 주는 것은 가도금(假渡金), 물품의 위탁 및 매입 시 선점을 위해 생산자 또는 하주에게 대금 일부를 미리 주는 것은 전도금(前渡金), 토지를 담보로 주는 것은 대부금(貸附金)이라고 하였다. 거래대금의 후일 지급을 위한 증서로 객주는 어음(於音)①도 발행하였는데, 수결이나 도장을 찍은 다음 반을 잘라 이름 쓴 쪽은 채권자에게 주고 나머지 한

쪽은 객주가 보관하였다고 한다. 객주는 멀리 떨어져 있는 거래자에게 대금 지급을 명령하는 편지 형태의 증서를 발행하여 채권자에게 주었는데, 이를 환표(換票) 또는 환간(換簡)이라고 하였다.

①어험(魚驗), 구권(矩券)이라고도 함.

환전 객주의 금융거래는 환전거간(換錢居間)에 의한 중개 및 객주의 직원인 차인(差人)에 의해 이루어졌다. 환전거간은 자금의 공급자와 수요자 간의 거래를 주선하고 구문(수수료)을 받았으며, 자금의 공급자는 환전거간의 신용을 중요하게 생각하였기 때문에 수요자의 신분에 대해서는 알려고 하지 않았다고 한다. 자금의 대부는 단기는 1~3개월, 장기는 5~7개월이었으며, 이 같은 시장금융을 시변(時邊)이라고 했다.① 차인을 통한 금융은 의변(義邊 또는 依邊)이라고 했는데, 차인이 환전객주로부터 이자를 내고 자금을 빌려 대금업을 하는 형태와 차인이 객주의 돈으로 대금업을 한 다음 손익을 반반씩 나누는 형태가 있었다고 한다. 주로 5일장에서 영세한 상인들을 대상으로 개시일(開市日) 간 5일 동안에 이루어지는 초단기 금융은 장변(場邊)②이라고 했으며, 위험성이 높아 이자율은 매우 높았다고 한다.

①조병찬, p.142
②시변(市邊), 장변리(場邊利(리)), 장도지(場賭地)라고도 함.

도매상, 거간 등 상인들 대부분은 구매자들과의 흥정에서 자기들만의 음어(암호)를 사용했는데, 특히 그들만 알아들을 수 있었던 숫자의 예는 다음과 같다. 1은 천불대(天不大), 2는 인불인(仁不人), 3은 왕불주(王不柱), 4는 죄불비(罪不非), 5는 오불구(吾不口), 6은 곤불의(袞不衣), 7은 조불백(皂不白), 8은 태불윤(兌不允), 9는 욱불일(旭不日)이라고 하였다.[①] 다른 예는 1을 잡(帀), 2를 사(些), 3을 여(汝), 4를 강(罡), 5를 오(俉), 6은 교(交), 7은 조(皂), 8은 태(兌), 9는 욱(旭)이라고 했다.[②][③]

[①] 천(天)에서 대(大)를 빼면 1(一)이 되고, 인(仁)에서 인(人)을 빼면 2(二)가 되는 등임.

[②] 잡(帀)에서 건(巾)을 빼면 1(一)이 되고, 사(些)에서 차(此)를 빼면 2(二)가 되는 등임.

[③] 서울특별시사편찬위원회, p.118~119.

보부상의 변천 과정

보부상은 주로 육상으로 지방의 시장(향시) 등을 순회하며 영업하는 이동 상인을 말한다. 보부상은 물품을 보자기에 싸서 들거나 지고 다니는 보상(褓商)[①]과 물품을 지게에 얹어지고 다니는 부상(負商)[②]을 함께 일컫는 것이다. 보부상은 앞서 언급한 객주와 물품의 구매 및 판매는 물론 자금 융통 등 여러 측면에서 매우 밀접한 관계에 있었다. 보부상은 현금 또는 외상으로 객주로부터 물품을 받아 소비자에게 판매하였고, 반대로 보부상은 산지로부터 물품을 수집하여 객주에게 판매를 위탁하거나 좌상에게 판매하였다. 현대적 개념으로 설명하면 보부상은 수집상과 소매상을 병행하는 상인이었다. 객주는 보부상의 상임(上任) 또는 주인(主人)으로 대접받았던 반면 객주의 권력남용을 제한하는 장치도 마련되어 있었기 때문에 이들 간의 관계는 주종관계가 아닌 강한 경제적 공생관계에 있었다.

①봇짐장사, 항어장사라고도 하며, 무게와 부피가 작은 금은 제품, 옷감, 화장구 등을 취급하였음.

②등짐장사라고도 하며, 부피가 크고 무거운 소금, 도기, 철기, 죽제품 등을 취급하였음.

이들의 기원은 고조선 시대로 거슬러 올라가며, 삼한(三韓) 시대에는 이들이 무리 지어 다니는 행상대(行商隊)로 발전하였고, 고려시대에는 지방 향시의 순회를 넘어 중국과 몽고까지 가는 행상 조직이 되었다. 조선 초부터는 전국적인 조직이 되었고, 18세기 말에는 지방 향시의 수가 1천여 개에 이르게 되었으므로 이를 연결하는 보부상의 수는 엄청났을 것이다.

19세기에 들어 관리들의 수탈 등에 힘을 합쳐 대응하기 위해 엄격한 자체 규약을 만들었음은 물론 지역적으로 상계(商契), 임방(任房)①, 보부청(褓負廳) 등을 조직하는 등 자율적 조직체계를 갖추기 시작하였다.② 1840년대에 들어 지방관에 의해 공인됨으로써 지방조직은 더욱 활성화되었다고 한다.③ 보부상조직에 대해 정부가 관심을 가지고 국가적 차원에서 공식적인 조직으로 인정하게 된 계기는 제국주의 열강의 무력 침공으로 위기의식이 고조되는 과정에서 이들 조직을 활용할 필요를 느낀

1860년대 흥선대원군 시절이었다.

①각 읍 단위의 보부상 자치기구임.

②조재곤, p.63-65

③이헌창, "조선말기 보부상과 보부상단", 「국사관논총」 38, 1992.

1866년 병인양요를 계기로 보부상은 군문(軍門)에 부속되어 군량미의 수송을 담당하는 등 정부의 외곽 치안 부대의 성격까지 갖게 되면서 권한은 물론 결속력이 한층 강화되었다. 1876년 조선과 일본 간의 「조일수호조규」, 1882년 조선과 청나라 간의 「조청상민수륙무역장정(朝淸商民水陸貿易章程)」 등이 체결되면서 일본과 청나라 상인의 국내 진출은 가파르게 확대되었다. 반면 객주 및 보부상 등 조선 상인의 입지는 계속 축소되었다. 이 같은 상황에서 우리의 대응은 크게 2가지로 나타난다. 하나는 정부가 기존의 보부상조직을 보호함과 동시에 근대화시키기 위해 이들을 관할하는 조직으로 1883년 혜상공국(惠商公局)을 설치한 것이다. 다른 하나는 정부의 지원 아래 자본력이 있는 사람들과 일부 객주가 근대적 형태의 상회(商會) 및 상사(商社)를 빠른 속도로 설립하기 시작한 것이다. 상회와 상사들은 1980년대 중반에는 전국적인 규모로 국내 거래는 물론 해외무역까지 담당하는 주체가 되었다고 한다.①

①조재곤, p.84

혜상공국의 설치와 함께 보부상은 부상단과 보상단이라는 명

칭이 사용되었다. 정부의 비호 아래 비대해진 보부상의 폐해①
를 줄이고 조직을 재정비하기 위해 1885년 혜상공국이 상리국
(商理局)으로 개편되면서 부상은 좌단(左團), 보상은 우단(右團)
으로 개칭되었다. 1894년 농민전쟁 시 보부상조직은 농민군 진
압에 공을 세웠으나, 전쟁이 끝난 후 그들의 필요성은 감퇴된
반면 폐해가 다시 제기되면서 1895년 상리국은 물론 보부상의
지방조직인 임방이 해체되었고, 육의전의 특권도 철폐되었다.
정부의 보호가 없어짐과 동시에 일본과 청국 상인에 의한 국내
시장 진출이 더욱 확대됨에 따라 보부상 조직은 크게 위축되었
다. 1897년 대한제국이 성립하고 황국협회가 설립되어 상리국
복설운동이 추진됨에 따라 보부상은 활발하게 상업 활동을 전
개함과 동시에 각 지역에 임방을 다시 설치하였다. 1899년 상
무사(商務社)가 설립되어 보부상의 중앙기구②가 되었고, 명칭
도 임방은 지사, 부상은 상무사좌사, 보상은 상무사우사 등과 같
이 근대적인 형태로 변경되었다.③ 보부상에 의한 상업세 징수
가 다시 부활함에 따라 다양한 폐해가 발생하면서 대중의 지지
를 상실하게 되었다.

①당시 보부상은 상품매매 시 면세, 상인 및 수공업자에 대한 수세 권한 등을
갖고 있었음.
②상무사는 육의전도 통합 관리하였음.
③구성원의 명칭도 접장, 반수에서 사장, 부사장으로 바뀌었음.

이 시기 일본에 의한 경제침략의 일환으로 일본 화폐의 유통
이 시작되어 우리 상인들의 피해가 커지면서 1902년 보부상을

중심으로 공제소(共濟所)를 결성하여 일본 화폐의 유통 반대운동이 전개되었다.

　하지만 일본의 압력으로 1903년 공제소가 해산되었고, 1904년 노일전쟁에서 승리한 일본은 식민 지배에 보부상이 장애요인이 된다고 판단하여 상무사와 각 지사를 강제로 해체하였고, 이에 따라 보부상조직은 급격히 와해되기 시작하였다.

　1904년 12월 우리 상업의 자력갱생을 앞세운 공진회(共進會)가 보부상조직을 중심으로 결성되었으나 1905년 2월 일제에 의해 강제 해산되었다.

　1905년 「을사조약」 이후 보부상의 부활을 위한 다양한 단체가 설립되었으나, 1910년 일제의 한국 강점으로 모두 소멸되었다. 또한 1905년 경부선과 경인선을 시작으로 주요 도시를 연결하는 철도노선이 연이어 개통됨에 따라 기존의 수로 및 육로를 이용한 물품의 수송방식이 상당 정도 철도를 이용하는 방식으로 대체되었다. 이에 보부상은 엄청난 타격을 받게 되었고, 철도망이 미치지 못하는 지역으로 내몰리게 되었다.

　1911년 「조선회사령」, 1914년 「시장규칙」 등으로 일제의 식민경제정책이 강제되면서 보부상조직은 몰락하였고, 1920년대 상무연구회(商務研究會), 총상협회(總商協會) 등이 결성되었으나 1930년 후반 소멸하였다. 이후 보부상은 개별 단위로 지방 시장(5일장)을 순회하는 형태가 되었다.[1]

①조재곤, p.284

제2부
도매상과 치열한 삶의 현장

서울 상권의 변화

 해방 직후 서울의 인구는 90만 명 수준이었으나 1946년에는 127만 명으로 증가하였다. 당시 서울에는 공설시장 11개, 사설시장 20개, 가축시장 1개 등 모두 32개의 시장이 있었는데, 당시 남대문시장과 동대문시장 등 사설시장이 상권의 주도권을 잡고 있었고, 공설시장과 백화점은 명맥을 유지하는 수준이었다. 해방과 더불어 해외교포와 북한에서 남한으로 내려오는 동포가 증가하고 이들 중 일부가 상업 분야로 유입됨에 따라 무허가시장의 난립과 노점상 문제 등이 제기되었다.

 6.25 전쟁으로 서울의 많은 시장이 파괴되었는데, 이 중에서도 남대문시장의 피해가 가장 커서 1953년 기준으로는 동대문시장의 거래액이 가장 많았고, 영등포 공설시장이 2위, 남대문시장의 거래액은 동대문의 3분의 1 수준이었다. 또한 전쟁으로 인해 서울의 시장과 시장 상인 구성에도 커다란 변화가 있었는데, 새롭게 시장으로 들어온 상인이 70% 이상을 차지하게 되었다. 도매상의 비중이 감소한 대신 소매상이 90% 정도를 차지하게 되었다. 전쟁 직후인 1954년 3월 시장 수는 28개로 감소가 되었다가 1950년대 말에 이르러 이전 수준을 회복하였다.[1]

①서울특별시사편찬위원회, p.221-226.

1950년대 초 서울에는 정부에 의해 설치된 도매시장으로 중앙도매시장 1곳, 소매시장으로 지역별 13개의 공설시장, 공설가축시장 2곳①이 있었다. 공설시장 중 11개②는 일제 강점기때 설립된 것이며, 해방 후인 1946년 미아리 공설시장과 영등포 삼구공설시장이 추가로 건설되었다. 공설시장 대부분은 영세한 규모였으나 영등포와 영등포 삼구공설시장은 각각 점포의 수가 213개, 130개로 대형시장이었다. 해방과 더불어 인구가 증가하고 6.25 전쟁 후에는 피난민까지 합세하면서 서울의 인구가 폭발적으로 증가함③에 따라 사설(민간)시장이 빠른 속도로 증가하여 도·소매기능을 담당하였다. 1950년대 초에는 공설시장 수의 2배가 넘게 되었을 뿐만 아니라 규모 면에서도 시장당 점포수가 50개 이상으로 10~40개인 공설시장의 규모를 능가하였다. 사설시장의 대부분은 상인들이 시장 조합을 설립해운영하였고, 청량리·공덕·안암의 사설시장은 주식회사 형태였다. 이 중에서도 신당동에 설립된 성동시장은 1949년 기준 점포수가 309개로, 각각 250개인 남대문시장과 청량리시장, 209개인 동대문시장보다 규모가 컸다고 한다.④

①동대문, 영등포 가축시장임.
②화원, 용산, 마포, 서대문, 영등포, 영등포제2, 관동, 통인, 신당동, 돈암동, 혜화동시장임.
③1954년 124만 명, 1959년 210만 명 등으로 증가하였음.
④서울특별시사편찬위원회, p.230.

1960년대 이후 산업화와 도시화가 진전되고 특히 서울로의 인구집중 및 서울 행정구역의 확장 등으로 서울의 시장은 1961년 44개(점포수 7,996개)에서, 1964년 82개(점포수 17,694개), 1970년 151개(점포수 22,061개), 1975년 229개(점포수 36,382개) 등 폭발적으로 증가하였다. 또한 슈퍼마켓, 상가 등 새로운 형태가 출현함에 따라 시장에 대한 분류방식도 변하게 되었는데, 1960년대 이전에는 공설시장·사설시장·백화점에서 1960년대에는 일용품시장·백화점으로, 1970년대에는 일용품시장(일반시장)·백화점·상가로 분류하게 되었다. 이 시기의 또 다른 특징은 주로 특정 상품 군(群)을 취급하거나 농산물의 도매기능을 담당하는 등 전문화된 시장이 형성되기 시작하였다는 점이다. 혼숫감과 포목은 동대문시장, 의류는 평화시장, 떡은 낙원시장 등이며, 농산물의 경우에는 과일과 채소의 도매는 남대문시장, 마늘·고추·산나물은 경동시장, 해산물과 건어물은 서소문 중앙수산물시장(서울수산물주식회사) 등이었다.[1]

[1]서울시사편찬위원회, p.282-283.

일제 강점기 말 마장동으로의 이전이 계획되었던 서울시립가축시장과 도축장의 이전은 각각 1958년, 1961년 완료되었다. 도축장 이전에 따라 숭인동에서 이곳으로 온 상인들이 가축시장이나 도축장과 인접한 곳에 점포를 차리기 시작하면서 자연스레 마장동 축산물도매시장의 시대가 시작되었다. 1960년대와 70년대 고기 소비량이 증가하면서 마장동 축산물도매시장의 규모 역시 확대되었다. 1969년 기준 서울에는 5개 도축장과

894개 정육점이 있었다.

1960년대 초 마장동 가축시장(위)과 도축장(아래)
(출처: 김영미, 20세기 서울 도축장의 역사)

이 시기 중앙도매시장은 법적 근거 없이 운영되고 있었던 까닭에 이에 대한 법적 뒷받침을 위해 1951년 「중앙도매시장법」이 제정되었고, 일제 강점기 때의 「시장규칙」을 대체할 법률 제정은 1961년 8월 「시장법」이 공포됨으로써 비로소 이루어졌다. 1960년대 말 공설(公設)인 서울중앙도매시장①은 본장(本場)과 분장(分場)으로 구성되어 있었는데, 의주로2가(현 서소문공원)에 있던 본장에는 수산부와 청과부가 있었고, 1969년부터 한강로3가에 용산 분장과 노량진동에 영등포 분장②을 건설하기 시작하여 각각 수산부와 청과부를 두어 운영하였다. 또한 서울중앙도매시장은 1960년 청량리에 청과 분장을, 1962년에는 동대문에 수산 분장을 신설 운영하였다. 농수산물도매시장을 전문적으로 다루기 위한 법률 제정의 필요성이 제기됨에 따라 1973년 「중앙도매시장법」이 폐지되고 「농수산물도매시장법」이 제정되었다. 이에 따라 중앙도매시장이라는 명칭이 농수산물도매시장으로 변경되어 서울중앙도매시장이 농수산물도매시장으로 개칭되었고, 관장 부처 역시 상공부에서 농수산부로 이관되었다.

①해방 후 경성도매시장의 명칭이 변경된 것임.
②영등포 분장은 1971년 5월 개장되었음.

이와 같이 중앙도매시장이 분장까지 설치하였음에도 불구하고 1972년 말 기준으로 서울시 도매시장 중 중앙도매시장이 차지하는 비중은 15% 수준에 불과하였고, 농협공판장이 20%, 남대문시장과 동대문시장 등의 비중이 65%를 차지하였다.①

①서울시사편찬위원회, p.287.

특히 이 시기 주목을 끄는 것은 대규모 농산물 위탁도매시장이 남대문, 동대문, 청량리, 영등포 일대에 형성되어 중앙도매시장의 상권을 훨씬 능가하였으며, 이 중에서도 남대문과 북창동 일대 시장의 규모가 가장 컸다는 점이다. 조선 시대까지 우리의 상거래는 판매자와 구매자 간 흥정에 의한 수의매매(隨意賣買) 방식으로 이루어졌다. 물론 개화기에 일본의 영향으로 우리나라에서는 처음으로 경매(競賣)에 의한 거래방식①이 도입된 것도 사실이나, 이는 일부 시장에서 그것도 일본인이 운영하던 시장에 한정되었을 뿐 대부분 시장에서 농산물의 거래는 수의매매 방식으로 이루어졌다. 수의매매의 핵심에는 앞에서 설명한 도매상인 객주 또는 사상도고가 있었다. 이들의 세력은 조선 후기 금난전권의 철폐로 인해 축소되기 시작하여 일제가 1914년 「시장규칙」를 제정함에 따라 급격히 쇠퇴하여 1920년대 이후에는 도매상 또는 위탁상이라는 이름으로 명맥을 유지하였다. 하지만 해방과 함께 일제의 통제에서 벗어나 전통적인 우리의 상관행이 회복되면서, 중앙도매시장에서는 경매에 의한 거래가 이루어지고 있었지만, 이들의 상권은 빠른 속도로 확장되었다. 특히 남대문시장 일대의 위탁도매시장의 규모가 가장 컸었다는 것은 지역적 여건으로 인해 조선 시대 말까지 전국 제1의 시장이었던 점을 상기하면 쉽게 이해할 수 있을 것이다.

①갑오경장 이후 공박(公拍)이라는 이름으로 경매가 이루어졌는데, 가격을 25전씩 올려 부르는 방식이었음.

1950년대에서 1960년대 초까지 농산물의 사설시장 또는 민간도매시장으로는 남대문시장이 선두를, 다음으로 동대문, 영등포, 청량리, 성동시장 등이 뒤를 잇고 있었다.

1960년대 중반에 들어서면서 남대문시장은 도심에 위치했던 까닭에 교통 문제로 농산물 반입이 점차 어려워져 상권이 위축되기 시작하였다. 동시에 남대문로 정비사업이 추진되고 1968년에는 대형화재마저 발생하여 농산물 위탁상 대부분은 염천교시장으로 이전하게 되었다.

철도교통의 요지가 된 청량리시장이 급부상하면서 동대문시장의 청과물 도매상이 청량리시장으로 이전하게 되었다. 이에 따라 청량리시장은 빠른 속도로 확대되었으나 동대문시장은 정반대의 길을 걷게 되었다.

염천교시장은 이 지역에 있었던 기존의 공설시장인 농수산물 도매시장의 청과부, 수산부와 함께 남대문 상권이 가세함으로써 1960년대 말에는 서울에서 가장 규모가 큰 농수산물 도매상권을 형성하게 되었다. 하지만 1973년부터 의주로 지역개발사업이 추진됨에 따라 1975년 의주로2가에 있던 농수산물도매시장의 본장 중 수산부는 영등포구 노량진동으로 이전되고, 청과부(서울청과)는 용산구 한강로3가 용산시장으로 이전되었으며, 양곡 부문마저 1977년 서초동으로 이전하면서 염천교 시대는 막을 내리게 된다.

용산 지역에는 청과 전문 도매시장인 나진시장이 1969년 개장되어 염천교시장의 위탁상과 서울청과 산하의 중도매인이 이전을 시작하면서 청과물 도매시장으로 발돋움하게 되었다. 용산 지역에 태양시장이 1974년 개장됨에 따라 이전이 가속화되었고, 1975년에는 서울청과가 염천교에서 이곳으로 이전해 옴에 따라 1970년대 중반 용산시장은 서울 최대의 청과물 도매시장이 되었다.

1973년 「농수산물도매시장법」이 제정되면서 서울시는 이 법에 의한 중앙도매시장 이외의 주요 시장에 유사 도매행위를 금지한다는 경고문을 붙이고 청과물과 수산물의 위탁도매업을 하는 점포를 단속하기 시작하였다. 대상 시장과 점포수는 용산시장(105개 점포), 청량리시장(160개), 영등포 조광시장(45개), 영등포 영일시장(6개), 성동중앙시장(40개), 남대문시장(17개), 중부시장(20개), 동대문시장(12개), 동부종합시장(28개), 성내시장(20개), 서울청과시장(17개), 수유시장(18개)이었다.[1] 하지만 중앙도매시장의 기능이 미흡한 상태에서 서울시의 정책은 실효를 거두기 어려워 오래 지속되지 못하고 중지되었다. 단속대상이었던 시장을 자세히 들여다보면 이 시기 성동중앙시장은 청량리시장이 확대되고 있음에도 그때까지 건재하고 있었던 것으로 파악되며, 남대문시장과 동대문시장의 청과물 도매 기능이 비록 쇠잔해지기는 하였지만, 이때까지 이들 시장에 위탁상이 잔존하고 있었음을 알 수 있다.

[1] 매일경제, 1973년 12월 10일 기사 참조.

1970년대 중반 서울에는 법정도매시장이 3곳, 농·수협공판장이 6곳, 유사도매시장이 19곳 모두 28개의 농수산물도매시장이 있었다. 법정도매시장 중 강남청과주식회사와 농협공판장 중 신촌공판장은 소매기능만을 담당하였고, 유사 도매시장 중 5곳은 수산물과 공산품 위주였으므로, 농산물 특히 청과도매시장은 모두 20곳이었다. 이중 경매에 의한 거래를 하는 곳은 법정도매시장 2곳①과 농협공판장 4곳이었고, 수의매매에 의한 거래를 하는 시장은 14곳이었다. 따라서 수의매매에 의한 시장의 수는 물론 거래 규모의 측면에서도 월등했음을 알 수 있다.

① 용산의 서울청과와 청량리의 동부청과임.

1984년 초 기준으로 서울시 전체 연간 청과물 거래금액은 5천억 원 수준이었는데, 이중 경매에 의한 거래금액 비중은 전체의 7.2%인 360억 원 정도에 불과하였다. 또한 1960년대 이전까지 서울의 3대 농산물도매시장은 남대문, 동대문, 영등포시장 순이었으나. 1960년대 중반 이후에는 염천교, 영등포, 청량리 시장 순이 되었다. 1970년대 초반부터는 용산, 청량리, 영등포 시장 순으로 변화하여 시장 간 부침이 매우 빠르게 이루어졌음을 알 수 있다.

또한 1974년부터 서울 시내에서 가축 거래를 금지함에 따라 가축시장은 폐쇄되었고, 이에 따라 가축시장을 농수산물도매시장으로 흡수하기 위해 1974년 농수산물도매시장 축산부를 개설하여 본장은 마장동에, 분장은 같은 해 서울 서부지역에 대한 원활한 육류 공급을 위해 도축장이 개장된 영등포구(현재는 금천구) 독산동에 설치하였다. 따라서 서울시가 운영하는 농수산물도매시장은 1974년 말 기준 청과부 2곳, 수산부 2곳, 축산부 2곳이 있었다.[1] 1983년에 이르러서는 서울에 마장동, 독산동, 성내동(축협이 운영) 등 3대 도축장 체계가 되었다. 양곡의 경우 1977년 염천교 지역에 있던 용산 양곡도매시장과 왕십리에 있던 중앙 양곡도매시장을 통합하여 서초동으로 이전하면서 서초동 양곡도매시장이 개장되었고, 같은 해 건해산물도매시장이 성북구 종암동에 신설되었다.

[1]1979년 노량진동 수산부 옆에 청과부를 신설하여 청과부는 모두 3곳이 되었음.

도매시장별 변화와 도매상의 증언

동대문시장

 해방 이후에도 광장주식회사에서 운영을 지속하였고, 1946년 동대문시장상인연합회가 조직되었다. 1949년 말에는 점포수가 209개로 증가하였고, 특히 도매 기능이 강화되었다. 6.25전쟁으로 시장이 모두 파괴되었으나, 재건되기 시작하여 1952년 5월에는 점포수가 188개로 늘어났으며, 전쟁 후 상거래가 되살아나면서 청계천 변을 따라 동대문 쪽인 종로5가와 종로6가 방면으로 확장되기 시작하였다. 동쪽으로 확장된 시장을 '동대문동부시장'이라고 부르게 되었고, 기존시장의 남쪽에 형성된 것을 '동대문남부시상'①이라고 하였다. 1955년, 1958년 연이어 화재가 발생하여 피해가 컸으나, 복구되어 여전히 서울 제2의 시장으로서의 입지를 유지하였다. 1970년 말 종로6가에 동대문종합시장이라는 주상복합 형태의 건물이 완공되었다. 이에 따라 동대문 일대의 시장은 종로구 예지동에 위치한 광장시장, 종로5가 지역의 동대문시장, 종로6가의 동대문종합시장으로 명칭이 구분되어 불리게 되었다. 동대문시장의 청과도매 부문은 1960년대 초반까지 남대문시장의 청과도매 부문 다음으로 큰 상권을 유지하였으나, 철도 등 교통 조건이 유리한 청량리 일대가 각광받게 됨에 따라 동대문도매시장의 청과 도매상 대부분이 청량리로 이전하게 되었고, 1960년대 말에 이르러서는 청과 도매 부문이 거의 자취를 감추게 되었다.

①동대문남부시장은 1965년 폐쇄되었음.

1962년의 동대문시장(출처: 서울특별시사편찬위원회, p.292)

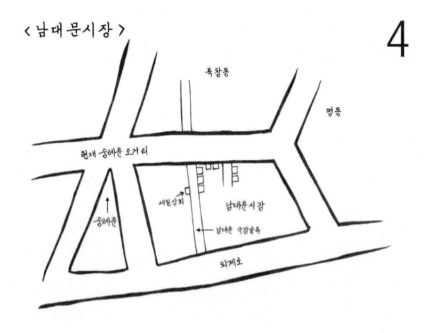

< 남대문시장 >

4

북창동

명동

현재 송례문 오거리

세일상회

송례문

남대문시장

남대문 극장골목

퇴계로

남대문시장

  남대문시장은 해방 이전에는 일본인의 중앙물산주식회사가
운영해 왔기 때문에 해방 이후 적산(敵産)으로 취급되어, 이를
불하받은 개인(임병련)이 운영권을 이어받았으나, 상인조직인
'남대문시장상인연합회'의 반발 등으로 우여곡절 끝에 6.25 전
쟁 중인 1952년부터 '남대문시장상인연합회'에서 운영하게 되
었다. 또한 1946년 남대문시장에서 청과물을 경매하던 중앙청
과주식회사가 염천교 지역으로 이전함에 따라 일제에 의해 억
제되었던 청과물 위탁상이 부활하게 되었다. 1949년 말 기준

남대문시장에는 모두 250개의 점포가 있었고, 전쟁으로 완전히 파괴되었으나 상인들의 노력으로 1953년에는 150여 개의 점포와 500여 개의 노점으로 이루어진 시장이 되었다. 이 시기 남대문시장은 '도깨비시장'①, '양키시장'②, '아바이시장'③ 등 다양한 별칭이 있었다. 1954년 6월 대규모 화재로 시장 대부분이 전소되었으나, 상인과 정부의 노력으로 다시 재건되었다.

①단속 대상인 밀수품 거래를 하다가 단속반이 뜨면 도깨비처럼 잽싸게 도망간다는 뜻임.
②초콜릿, 껌 등 미국산 물품거래가 많아 생긴 별칭임.
③이북에서 월남한 많은 실향민이 영업을 해서 생긴 별칭임.

1961년에 제정된 「시장법」에서 규정한 허가조건을 갖추지 못하였다는 이유로 1963년 1월 남대문시장의 개설 허가가 취소되었으나, 상인들의 반발로 다시 개설 허가가 연장되었다. 이 시기 남대문시장의 청과물 도매 부문은 서울에서 가장 큰 청과도매시장이었다. 특히 교통의 요지에 자리 잡고 있었을 뿐 아니라 인근에 호텔과 유흥업소가 많아 고급 청과물은 주로 남대문시장을 통해 공급되었다. 1967년 8월 '남대문시장의 근대화계획'이 발표되고 재개발사업이 추진되는 과정인 1968년 11월 대규모 화재가 발생하여 시장의 상당 부분이 소실되었다. 1969년부터 공사가 시작되어 새로운 상가건물이 건설되었다. 1969년 6월 매일경제①기사에 따르면, 남대문시장에는 공성, 유방, 남일, 우신, 대돈상회 등 오랜 역사를 가진 청과 도매상이 자리 잡고 있었다. 농협 청과물공판장도 있으나 전속 중도매인이 없었고, 이곳 도매상들과 거래하고 있었다. 이들을 통해 서울 시내는 물론 인천·부평 등 서울의 서부지역, 금촌·파주·문산 등 서북부 지역까지 공급이 이루어지고 있었다. 하지만 도심지역에 있었던 까닭에 교통난이 심각해져 서서히 상권이 축소되기 시작하면서 도매상의 대부분이 교통 조건이 유리한 염천교시장으로 이전하게 되었고, 이에 따라 남대문시장의 청과 도매 부문은 급격히 쇠퇴하게 되었다.

①매일경제, 1969년 6월 14일 기사 참조.

윤기홍의 진술

지금 남대문시장에서 장사했던 사람은 저 하나밖에 안 남았을 겁니다. 처음 남대문에서 영업을 시작한 것은 아마 1955~6년도쯤이었을 겁니다. 올해 나이가 87이니까. 저는 남대문시장에서 세일상사를 했었고요, 염천교에 위탁상이 형성됐을 때도 남대문에서 장사를 했습니다. 거기서 71년도까지 영업을 하다가 71년에 용산으로 옮겼어요. 제가 서울 시내 호텔에 납품을 다 했습니다. 한일관, 타워호텔, 엠파이어호텔, 풍전호텔, 반도호텔, 조선호텔, 하이야트호텔, 워커힐까지 제가 다 했죠. 제 상회는 남대문에 있었고, 염천교 위탁상에게 가서 물건을 해가지고 상회로 가져와서 납품하고 소매도 하고 그랬어요. 남대문시장에 있던 위탁상들이 다 염천교로 가니까 저도 염천교로 가서 물건을 떼어 왔던 거예요. 남대문에 화재가 있었어요. 화재가 나고 나서 위탁상들이 염천교로 가기 시작했어요. 북창동은 소수였고, 염천교가 워낙 크게 생기고 철로가 있었으니까…. 전라도나

경상도에서 물건이 올라오기 시작한 거예요. 화차가 들어오면 경매사들이 주판 하나 들고 화차 있는 데로 나가서 경매를 보고 그랬습니다. 그 자리에서 입찰을 받아서 차떼기로 넘기고 또 중간상인들이 소매를 하고….

당시 남대문시장에 신흥상회(이덕용), 신영상회(조병옥, 조두형 아버지), 삼광상회(왕십리에서 왔던 사람들. 이름은 기억이 안 남), 경화상회(최만쇠, 경매사 정종환), 세일상회(유일봉)가 크게 위탁상을 운영했었어요. 경화상회가 제 처갓집이었고요, 저는 세일상회에서 일을 했습니다. 처음에는 경화상회에 있다가 유일봉 씨가 하던 세일상회로 옮겨 일하고 있다가 동업을 하게 된 거예요. 그 후에 인수를 했죠. 당시는 한국전쟁 이후니까 인민군 차, 제무시(GMC, General Motors Corporation) 같은 걸로 실어 왔는데 한 차가 올라오면 하주들이 30~40명은 됐던 거 같아요. 이게 4톤 트럭이고, 사람들이 많이 가지고 오는 게 아니었어요. 구루마로도 오고 소달구지에 실어 가지고도 오고 그랬어요. 주로 잠실에서 많이 들어왔는데 소달구지로 해서 밤에 출발하면 남대문시장에는 새벽에 도착했어요.

남대문에 들어오는 건 잠실과 경기도 광주 이런 데서 많이 왔어요. 그러다가 염천교로 가면서 기차로 많이 들어오기 시작했어요. 남대문은 특히 잠실에서 많이 왔는데, 배타고 들어오는 게 많았고, 잠실나루나 광나루로도 많이 들어왔고요… 뚝섬 쪽에서도 많이 왔습니다.

예전에 잠실 근처 강변에서 농사를 많이 지었어요. 농사지어서 오이, 참외, 감자, 호박, 고구마 같은 걸 소쿠리에 따서 대바구니 같은 데에 담아 가지고 왔어요. 시장에 와서 해장국 얻어

먹고 가는 맛에 하주들이 많이 따라왔어요. 소달구지가 올 때는 걸어오는 사람들도 있고, 트럭으로 올 때는 그 사이에 끼어서 오고 그랬어요.

품목은 양채류만 빼고 다 가지고 왔다고 보면 돼요. 트럭 한 대가 들어오면 하주는 20~30명씩 따라왔어요. 이 사람들 올라오면 새벽에 상회에서 해장국 한 그릇씩 얻어먹고 돌아가고 그랬어요. 당시엔 통행금지 시간이 있었으니까 통행금지 끝나고 오거나, 또 채소는 새벽으로도 돌아다니고 그러기도 했어요. 점포는 10~30평 내외였어요. 참외면 참외 잎, 오이면 오이 잎을 깔아 가지고 들어왔거든요. 그럼 그런 잎사귀랑 지푸라기를 놓고 그 위에 참외나 오이를 수북하게 올려놓고 팔았어요.

당시에 경매를 하면 손으로 하거나 말로 하지 않았고요, 주판으로 했어요. 위에 알이 하나 있고 밑에는 다섯 알이 있는 주판이었어요. 당시의 경매는 경매사가 주판을 가지고 찰랑찰랑 흔들고 있으면 사람들이 모이죠. 그럼 경매사가 맨 위의 줄을 쫙 그어주면 그게 이제 경매 시작이라는 신호예요. 그럼 물건을 사는 사람이 경매사한테 와가지고 주판을 놔요. 그리고 또 수판을 흔들어서 접고 다음 사람이 와가지고 주판을 놓죠. 그래서 경매사는 거기 있는 사람들이 놓은 금액을 다 기억을 하지 못하니까 제일 높은 것만 기억하고 있다가 그 사람한테 낙찰을 해주는 거죠. 상회마다 경매사가 있는 경우도 있고, 주인이 직접 하는 경우도 있고 그랬어요. 산지에서 물건 가져온 사람이 직접 판매하는 경우는 없었고, 무조건 사람들이 물건을 가지고 와서 일단 위탁상에 풀어놓으면 거기서 경매보고 돈 받아갔지요.

남대문시장으로 물품 사러 온 사람들은 대중없이 많았어요.

동대문시장(예, 덕흥상회)에서도 받으러 왔으니까요. 고급 요정에 과일·채소 대주는 사람들이 전부 남대문에 와서 물건을 해가지고 갔어요. 남대문시장에서 받아가지고 갈 때는 주로 자전거용달을 많이 썼어요. 200~300kg씩 싣고 가는 경우에는 리어카보다 구루마를 많이 썼어요.

남대문시장에서 위탁을 하다가 위탁상들이 염천교시장으로 빠지니까 소매는 물론 납품을 하기 시작했죠. 제가 남북 적십자 회담할 때도 타워호텔에 저희 차만 프리패스를 받아가지고 호텔에 공급을 하고 했습니다. 그러다가 세일상회를 용산으로 옮겼다가 가락시장이 생기면서 동화청과 100번 중매인으로 들어갔어요. 거기서도 세일상사라는 간판을 달고 장사를 했습니다. 가락시장에서 3~4년 정도 영업을 하다가 노량진시장으로 옮겼어요. 올해가 사업을 그만둔 지 8년 정도 됐습니다. 노량진시장에 청과시장이 있을 때 거기서 영업을 꽤 오래 했어요. 가락동시장에서 물건을 떼어 가지고 노량진시장으로 와서 소매를 하고 납품도 하고 그랬습니다.

당시 선대 자금과 외상도 많이 줬다가 떼이기도 했죠. 납품할 때는 처음에는 자전거로 싣고 다니다가 67년도에 삼륜차를 샀어요. 무면허로 타고 다니다가 77년도에 면허를 땄지요. 무게를 잴 때 쓰던 저울을 '목저울'이라고 불렀어요. 그 저울로 농간을 많이 부렸어요. 그것의 중간을 밀면 무게가 많이 나갔거든요. 그렇게 해서 무게를 후하게 주는 것처럼 속이는 경우가 많았어요. 그러다가 앉은뱅이저울이 70년도에 나왔고…… 그런데 고기(육류) 장사하는 사람들은 일반저울이 있어도 목저울을 쓰기도 하고 그랬어요. 농간을 칠 수가 있었으니까…….

당시 남대문시장에는 농산물, 축산물, 수산물이 다 있었죠. 한일관도 남대문시장에 와서 다 사가지고 가다시피 했어요(종로 한일관, 명동 한일관, 당시의 최고급 식당). 식당 하는 사람들이 다 남대문시장에 와서 사갔어요.

제가 납품을 할 때는 주방장의 영향력이 상당히 컸어요. 이들을 대접하느라 한 달이면 종로2가 기생집에 가서 열흘을 살았어요. 종로2가, 3가 등 유명한 기생들 있는 데로 초청하고 그랬어요. 주방장, 구매과, 검수과, 경리과 이렇게 네 군데를 다 대접을 해야 했어요.

그리고 당시엔 남대문시장이 지금처럼 바닥이 아스팔트가 아니고 사각형 돌로 돼 있었어요. 새벽부터 소달구지가 지나가면… 쇠바퀴가 요란하게 달그락거리고 그랬어요.

하여튼 소달구지가 밤새도록 찾아오는 거예요. 채소는 통행금지가 없었거든요.

경기도 광주에서 들어오는 수박, 참외를 제일 좋은 것으로 쳐줬어요. 잠실지역은 모래여서 물건이 별로 안 좋아요. 광주에서 들어오는 건 '산전(山田)치'라고 야산에서 주로 키웠는데 이게 품질이 더 좋았어요. 가격 차이도 많이 났고요. 잠실에서 들어오는 건 '벌타리 참외(잠실 참외)'였는데 그건 알아주질 않았어요. 잠실은 장마가 오면 다 쓸려가고 그랬거든요. 지금 롯데월드 짓는 데가 당시에는 모래밭이었어요.

강현권의 진술
동대문시장은 남대문시장보다 더 전에 있었어요. 일제 강점기 때는 동대문시장과 남대문시장에서 위탁을 했다고 하더라고요.

동대문시장을 예전에는 배오개시장이라고 했었는데, 해방 후에 몇 년 있다가 없어졌어요. 남대문시장에서 시작해서 북창동, 염천교 쪽으로 위탁상이 있었고, 신촌 쪽으로는 위탁상이 없었어요. 시장의 뿌리가 남대문시장에서 시작해서 염천교, 용산, 가락시장으로 이전해 온 것이 큰 줄기입니다.

김용길의 진술

저는 1961년도에 남대문시장에서 시작했습니다. 17살 때 서울로 올라와서 시장 생활을 시작한 거죠. 남대문시장이 지금 그 자리랑 같아요. 역사가 굉장히 오래된 시장이고, 당시에 북창동시장도 있었는데 남대문시장이 비좁아 확대한 것이죠. 그러다가 남대문시장에 있던 구(舊) 덕화상회라고 거기에서 불이 크게 났어요. 그렇게 해서 채소 팔던 사람들이 다 염천교로 옮겨간 거예요. 불이 아마 61년도쯤에 났던 걸로 기억합니다. 어떤 분들은 5.16 이후에 염천교로 옮겼다고 하던데 그건 잘못 알고 계신 거예요. 시장에 불이 나는 바람에 옮긴 거예요. 남대문시장에서는 위탁이라는 게 별로 없었어요. 골목에 상인들이 많이 있었죠.

최규택의 진술

저는 27세에 남대문시장에 들어갔는데, 지금은 61년이 지나서 88세입니다. 기억이 가물가물합니다. 61년이나 지난 이야기들을 정확하게 기억하기는 어렵죠.

저는 유인촌 씨 아버지 밑에 들어가서 장사를 처음 시작했습니다. 생활이 어렵다 보니 남대문시장으로 그분을 찾아가서 도와달라고 했습니다. 당시 남대문시장의 위탁상 점포수는 10개도 안 됐을 거예요. 하청일 씨 아버지가 강남상회를 하고 있었고, 그 옆에 신영상회, 영등포상회, 성법상회(서창성), 신흥상회(이덕용), 일흥상회(이인식), 강남상회(하청일 아버지), 세일상회(윤기홍, 돼지 형이라고 불렸고 처음에는 상회에서 직원 생활을 했음), 봉동 생강 전문(최규택) 등 한 줄로 쭉 있었어요. 그러다가 제가 3년 있다가 30세에 염천교로 갔어요. 그곳에 성법상회, 신흥상회… 이렇게 있었어요. 청량리, 영등포, 왕십리시장 등에서 남대문시장으로 물건 사러 오고 그랬어요.

당시에는 전북 봉동(봉상)에서 나는 생강이 아주 좋았는데, 그걸 독점했어요. 생강은 가마니에 담아서, 화물차로 들어왔어요. 생강을 황토에 버무려서 짚으로 짠 가마니에 담아서 올라왔어요. 생강을 황토에 버무리면, 색깔도 잘 나고 부패도 막아주고 겉이 마르지가 않아요. 그렇게 올라오면 청량리, 왕십리 이런 쪽에서 물건 사러 오고 그랬어요. 저희가 독점을 해가지고 다른 데 가서는 살 수가 없었거든요.

당시에 왕십리에도 도매시장이 있었어요.

강현권의 진술
1965년도쯤에 남대문시장에 큰 불이 났는데, 그 부분은 세일상회 윤기홍 씨가 잘 알 겁니다. 시장에 불이 나서 북창동시장으로 옮겨간 건데, 당시에 일제 강점기 때 지은 냉동 창고에서 불이 났던 거예요. 그래서 도매시장을 운영하지 못하니까 북창동시장으로 옮겨왔고, 복구하고 나서 시장 조합에서 도매시장을 안 하고 전부 소매점포를 만들어 버렸어요. 그러다 보니 시장이 좁아서 염천교로 내몰린 거죠.

김홍기의 진술

당시 북창동시장은 부추를 많이 했어요.

정홍기의 진술

농산물도매시장이 애시 당초 어떻게 형성되었냐가 중요합니다. 서울에서 먼저 시작했나, 부산에서 시작했나? 산 증인들에 따르면 우리보다 20년 선배인 분들이 있는데, 조동배 씨(81살) 같은 경우 부산 범일동에서 시작해서 서울로 올라왔습니다.

예전에는 강남이라는 것은 없었고 강남 쪽이 시골처럼 말죽거리가 있고, 들판이다 보니까 농사를 짓는 사람들이 많았습니다. 농산물을 팔아야 하는데 서울시의 사대문 안으로 이고 지고, 리어카로 끌고, 리어카가 안 되는 곳은 지게로 지고, 용산역, 남대문, 서울역 등에서 보따리 장사가 먼저 형성되었습니다. 물건이 많으니까…….

염천교시장

염천교시장의 기원은 19세기에 들어와 종로 시전, 남대문시장, 동대문시장과 함께 서울의 4대 시장이 되었던 소의문(서소문) 밖 시장이라 할 수 있다. 조선조 말 금난전권이 폐지되어 종로 시전이 급격히 쇠퇴하게 되면서 남대문시장과 동대문시장 다음으로 큰 시장이 되었다.

1905년 경부선과 경의선이 개통되고 출발역인 서울역이 인근

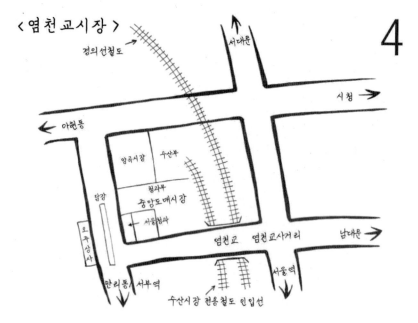

〈염천교시장〉

경의선철도

서대문

4

시청 →

← 아현동

양곡시장   수산부

청과부
중앙도매시장

담장

서울청과

오
추
상
사

염천교 염천교사거리

남대문 →

만리동 / 서부역

수산시장 전용철도 인입선

서울역

에 위치하여 시장이 보다 확대될 수 있는 기회를 맞았으나, 일
제가 1914년 「시장규칙」을 제정하여 남대문시장, 동대문시장
등과 함께 제2호 시장으로 분류함에 따라 소매시장으로 축소되
었다. 더욱이 1927년 이 지역에 서울 최초의 공설시장인 '경성
부수산시장'이 건설되고 뒤이어 1931년 서대문에 공설시장이
신설됨으로써 기존의 염천교시장은 크게 축소되었다. 하지만 해
방 직후인 1946년 남대문시장에서 서울시 농산물도매시장 청
과부를 대행하던 중앙청과주식회사가 이곳으로 이전하여 기존
의 수산부와 함께 상권을 형성하고, 동시에 위탁상이 부활함에
따라 시장이 확대되기 시작하였다. 특히 주목되는 것은 중앙청
과주식회사 산하의 중도매인들마저도 경매를 통한 중개 역할

외에 독자적인 위탁행위를 하였다는 점이다.[1]

[1] 서울청과. P.33.

1960년대 중반 남대문 지역의 도심 정비사업 추진과 함께 교통난 문제가 제기되면서 남대문시장의 청과 도매상이 이곳으로 자리를 옮겨옴에 따라 염천교시장은 서울 최대의 농수산물 도매시장으로 등극하게 되었으나 이 같은 전성기는 오래가지 못하였다. 1963년 중앙청과주식회사가 서울청과주식회사로 명칭을 변경함과 동시에 산하 중도매인들이 위탁행위를 할 때 위탁수수료 7% 중 3%를 서울청과에 납부하도록 강제하기 시작함에 따라 위탁상이 용산시장으로 이전을 시작하였고, 1970년대 초 의주로 지역개발 사업이 추진되어 위탁상의 이전이 가속화되면서 시장은 크게 쇠퇴하게 되었다. 상권의 위축을 더는 감내하기 어려워진 서울청과도 1975년 용산시장으로 옮기고, 같은 해 수산부도 노량진동으로 이전하였으며, 마지막으로 1977년 양곡도매시장이 서초동으로 이전되면서 염천교시장은 소규모 소매시장으로 전락하게 되었다.

이병윤의 진술
저는 남대문시장이 아니라 염천교 중앙시장에서부터 시작했어요. 몇 년도인지는 기억나지 않고… 제가 현재 92살인데 42살 때부터 시작했어요. 그때부터 상회를 했습니다. 이름은 대정상사였고요. 염천교 시절에 큰 상회로는 신흥상회(이덕용), 합동상회(임칠남), 신진상회(조병옥, 조두형 아버지), 경남상회, 칠성

상회 등이 있었죠.

제가 진주 태생이니까 주로 진주 것(특히 오이)을 많이 받았습니다. 진주에서 기차로 서울역으로 오면 배달은 주로 대한통운이었죠. 그때는 선대자금이 많이 나갔습니다. 주로 상대방을 잘 알고, 아는 사람을 통해서였죠.

받은 물건을 '앞자리 상'①이나 소매상에 팔았는데 거의 외상 거래였죠. 그 시절에는 생활이 몹시 어려웠고 위탁상은 많이 어려워하는 사람들이 많지 않았어요. 외상이나 선대자금 중 한 30% 정도는 떼였죠. 그때는 안 떼이면 돈을 벌었어요. 염천교 시절에 서울청과에서는 과일을 경매했고 채소는 안 했죠. 채소는 경매가 아니라 주판으로 했습니다.

①위탁상의 점포 앞에서 점포 없이 영업을 하는 상인

최영수의 진술
염천교시장이 가장 컸을 때 상회 수가 채소 가게만 한 50개 됐어요. (이 부분에서는 살짝 의견이 분분합니다. 옆에 있는 분은 50개는 덜 되었다고 말씀하십니다. 확실한 것은 채소+과일은 50개 이상입니다.)

김용길의 진술
염천교시장에서 유명한 상회로는 앞서 말씀하신 것 외에도 대진상회, 국일상회, 대운상회, 한국마늘상회 이런 게 있었죠. 대진상회의 조카가 조두형이었고 그 당시에 우리나라 최초 유괴 사건으로 온 나라가 난리가 났었어요. 두형이 아버지는 신진상회를 했고요. 이게 노래로도 나왔고, 미제사건으로 남았어요.

강효운의 진술
저는 1964년에 염천교로 왔습니다. 그러다가 68년도에 용산 시장으로 옮겼어요. 서울청과에서는 과일만 경매를 했었습니다. 경매 자체가 일제 강점기 잔재 아닙니까. 과일은 경매를 했고, 위탁도 일부 받았습니다. 채소는 경매를 하나도 안 했고요, 용산 와서도 서울청과에서는 과일만 경매를 했어요. 채소에 대한 경매는 가락시장으로 들어오면서 했고요.

이효구의 진술
그 당시에는 과일이나 채소를 구분하지 않고 한 상회에서 같이 하고 그랬습니다. 과일도 하고 채소도 하고…….

강효운의 진술
당시 염천교시장 구조를 생각해 보면, 서울청과가 서울시의 대행업을 하고 있었고 또 한쪽으로는 오주상사가 개인위탁을 하고 있었어요. 거기에 점포가 15~6개 정도 됐어요. 점포 평수가 한 20평정도 되지 않았나 싶습니다. 그런데 오주상사가 잘 되니까 서울청과에서 2m 이상 되는 담장을 쳤었어요.

참고: 염천교시장에는 오주상사와 서울청과 사이 담장이 있었다. 좁아서 경매는 화차가 들어오는 데로 가서 하기도 했고, 보세창고가 있었는데 그게 대왕빌딩이 되었으며 서울청과 쪽으로 대왕빌딩 1층이 전부 점포였음.

이영규의 진술

염천교시장 시절에는 현물이 산지로부터 기차로 많이 들어왔어요. 바로 서대문까지 들어왔어요. 염천교시장 바로 뒤에 철도가 있어요. 거기까지 들어왔어요. 그것만 담당하는 하역노조들이 따로 있어 서울역에서 시장까지 운반해 왔죠. 용산시장 초창기까지는 기차로 들어왔어요.

강효운의 진술

시골에서 무, 배추를 하면 다 화차로 들어왔어요. 당시에 서울청과에는 하역반이 있었고, 오주상사에는 개별 위탁상이 하역을 했어요.

전상균의 진술

화차는 철도청에서 관리를 했던 것 같아요. 거기서 나와서 개수도 세어주고 그랬어요.

이효구의 진술

당시에 오이, 호박은 경남 진주에서 주로 들어왔습니다. 그리고 진주가 우리나라에서 하우스를 최초로 시작한 곳입니다. 당시에 과채류가 집중적으로 하우스 재배가 시작됐습니다.

강효운의 진술

제가 취급했던 품목은 오이, 호박이었어요. 하우스 작물을 가장 먼저 시작한 곳이 진주이다 보니까, 상회에서 겨울에는 나오는 작물이 없으니까 진주를 집중적으로 공략을 했어요. 당시에 진주 사람들 9명이 상회를 했었어요. 염천교 시절 위탁을 하던 9개 상회 중에서 대정상회하고 제가 하던 삼우상회하고 둘만 살아남았어요. 그러니까 망한 원인은 다 외상 때문입니다. 제가 쭉 해오면서 삼우상회에서 진주청과로 왔다가 법인 등기하면서 성애농산으로 바꿨죠.

지금이야 외상이 많이 나아졌지만, 당시엔 연고지에서 물건 받으니까 돈을 떼먹을 수가 없었고, 다 팔아서 정산을 해줘야 됐어요. 그리고 보통 10일, 15일 이런 식으로 송금을 해줬는데 송금할 때마다 급전을 쓰기도 하고 그랬어요. 그게 '달라 돈'이라고, 이자가 제일 비싼 건데 월 1할이니까 10%죠. 그러다가 용산으로 올 때는 '반 달라'라는 급전도 생겼어요.

전상균의 진술

그때 보니까 1,000만 원을 하루 쓰는데 3만 원도 주고, 5만 원도 주고 하더라고요.

이효구의 진술

그게 처음에는 하루에 10만 원 하다가 조금씩 내려가고 그랬어요.

강효운의 진술

선대자금도 있었고, 선대는 농민한테는 많이 떼인 게 없었고, 수집상들한테는 많이 떼이고 그랬습니다. 당시 염천교시장에서 큰 상회로는 오주상사 쪽으로 열군데 정도… 서울청과 쪽에도 한 열군데 정도 있었을 겁니다.

정찬복의 진술

저는 1968년도 2월에 염천교시장으로 갔다가 1970년에 용산시장으로 이전을 했어요. 가락시장의 경우는 한꺼번에 이전을 하게 만들었는데, 염천교에서 용산으로 옮길 때는 몇 차례에 걸쳐 서서히 이전을 했어요.

그 당시에는 강제성 없이 큰 시장이 옮기니까 저희도 서서히 따라서 옮긴 거죠. 그리고 그때는 제가 가게를 가지고 장사를 시작한 게 아니고 상회 앞에서 '앞자리 상'을 먼저 했습니다. 주로 품목은 채소를 했고요. 산지에서 들어오는 건 경매는 없고 위탁을 받았으니까. 수송 과정에 주로 무, 배추는 화차로 들어오고 일반 채소는 트럭으로 많이 들어왔어요. 하루나(유채), 얼갈이 같은 것들이 대구에서 많이 들어왔어요.

김용길의 진술

염천교시장에는 그때 농협이 거기에 있었어요. 농협에서 과일을 취급했고, 그 앞에 상회들이 한 40여 개 정도 있었어요. 그리고 그 옆에 먼저 하던 데가 오주상회라고 있었어요. 거긴 규모가 꽤 컸죠. 그리고 경매는 농협에서 과일만 했고, 채소는 경매를 안 했어요. 채소는 가락동시장 와서 시작한 거죠. 그러다가 1968년도부터 용산으로 옮기기 시작해서 아마 71년도까지 옮겼을 거예요.

제가 채소 위탁을 할 때 말죽거리에서부터 호박, 감자, 가지… 이런 게 들어왔어요. 당시에는 배 타고 오는 것도 있었고. 소 구루마, 말 구루마에다 싣고 광나루 다리 건너서 염천교시장까지 오고 그랬어요. 또 송파 문정동에서도 채소가 많이 들어왔어요.

리어카에 끌고 오는 사람들도 있었어요.

양희출의 진술
석촌동(송파구)의 예전 지명이 '돌마루'였어요. 탄천으로 고기 잡으러 많이 가고 그랬어요.

김용길의 진술
당시 거래는 주판으로 했는데, 아무나 와서 주판을 놓을 수가 있었어요. 그때는 중매인이 없고 주판 놓는 사람을 '중판'이라고 했어요.

전주승의 진술
무, 배추는 차를 통째로 넘기는 게 있고, 파나 부추는 들어오면 그 품목을 담당하는 상회로 들어가서 거래하는 경우도 있고 그랬어요. 그리고 하주들한테 선대금도 대주고 하면서 물건을 확보하고 했습니다.
대구에서도 기차를 이용해 채소들이 많이 들어왔어요. 주재원들이 지역마다 있어서 수수료 8%를 떼면 그 중에 1%는 주재원이 갖고 그런 식이었어요. 주재원은 지역에서 올라오는 물건이 잘 팔리는지 아닌지를 감시하는 역할을 했죠.

이창수의 진술
저는 전라남도 구례, 벌교 지역에서 생산되는 오이를 주로 취급하는 주재원을 했습니다. 용산시장에서도 있었고, 가락시장 중앙청과에서도 있었고 그랬습니다. 주재원의 임명은 산지 자체

작목반에서 해주는 거였고요,

저는 여기 시장에 올라와서 송금해주고 판매하는 거 확인하고 그런 일을 했습니다. 저는 사무실 직원으로 월급을 받았어요. 각 지역마다, 그리고 품목마다 주재원이 다 있었습니다. 지금은 많이 없어졌지만, 아직도 남아있는 주재원이 있습니다.

김용길의 진술

사실 염천교시장에서는 선대를 주는 건 많이 없었어요. 왜냐하면 그때는 하주들이 서로 잘 팔아달라고 상회로 갖고 올라오던 때였어요. 그러다가 용산으로 옮기면서 선대가 활성화된 거예요. 상회마다 경쟁이 붙으면서 선대를 많이 줬죠. 서로 좋은 물건을 받으려고 경쟁을 하면서……

물론 염천교 시절에도 선대가 조금 있기는 했습니다. 전남지역에 무, 배추, 시금치가 겨울 작물인데 이 품목들이 수하물로 들어옵니다. 20kg짜리 마대 같은 데 넣어서 들어오면 그걸 서로 사려고 용산역에서 기다리고 그랬습니다. 전라도 물건을 받으려면 선대를 주고 그랬어요. 그러다가 충청도 꽈리고추, 경상도 고추 이렇게 주기 시작하면서 늘어났죠.

선대를 많이 주기도 했고 못 받고 떼인 것도 많고 그래요. 외상 못 받은 것도 많고요.

문석홍의 진술

당시 제가 진도에 대파를 사러 간 적이 있습니다. 박종원이라고 이름도 안 잊어버렸어요. 동네에서 건달이었어요. 이 사람이 저한테 남의 밭을 자기 밭이라고 하며 대파를 3,000평 팔고, 그

옆의 밭은 자기 조카 밭이라고 4,000평을 팔았어요. 그래서 제가 거기 가서 7,000평을 사기당하고 왔어요. 물건이 안 올라와서 가보니까 전부 다 남의 밭인 거예요. 알고 보니 땅 한 평도 없는 사람이….

김용길의 진술

당시 포장 방식은 시금치도 5관~10관 이렇게 가마니에 담아서 들어오면 여기 와서 포장을 다시 하고 그랬어요. 무는 볏짚 가마니에 들어왔고, 딸기는 대나무 광주리에 들어오고 그랬어요.

정홍기의 진술

당시 일수 이자가 '반 달라'였어요. 50만 원을 빌려주고 하루에 1만 원씩 65일 받게 되면 이자가 15만 원이 붙어요. 이자가 어느 정도 비싸냐 하면, 500만 원을 가지고 열 명에게 50만 원씩 빌려주면, 하루 10명한테 5일 동안 받으면 또 한 사람 줄 수 있다 이거에요. 이자에서 이자가 나가는 거예요. 65일 동안 이자를 걷어 10명 주게 되면 다음에는 15명 가까이 늘어나요. 몇 번 주고 나면 10명에서 숫자가 늘어나니까 어떤 때는 10일에서 8일로 줄어들고 7일로 줄어들고 점차적으로 회원 수가 늘어나죠. 또 '일수 계'라는 것이 있었어요. 하루하루씩 받아서 급한 사람이 타는 거예요. 10명이 50만 원씩 내서 500만 원이에요. 돈이 시급한 사람들이 500만 원을 가져가기 전에 "나는 100만 원", "나는 150만 원"… 이런 식으로 써내는 거예요. 그러면 많은 금액을 쓴 사람이 500만 원에서 써낸 금액을 차감한 돈을 가져가고 500만 원을 50일 동안 매일 10만 원씩 갚는 거죠. 급래서 200만 원을 써낸 사람은 500만 원 중에 300만 원 가져가고 50일간 일수가 끝날 때까지 매일 10만 원씩 내야 했어요. 이 같은 '일수 계'는 이자가 너무 커서 깨지는 경우도 많았는데, 일어나 보면 갑자기 사람이 없어진 경우도 있고….

이구복의 진술

시장에는 어떤 시장이든 일수가 있었어요. 안 쓴 사람이 거의 없었어요.

정홍기의 진술

당시 시장에는 전화기가 없는 사람도 많았어요. 청색(靑色)전화①가 70년도 후반에 들어섰잖아요. 그러면 돈 없는 사람은 제가 백색전화②를 잡아놓고 돈을 줬어요. 제가 전화기를 인수한 거예요. 일수해서 많이 벌기도 했지만 떼이기도 많이 떼였어요. 어묵 장사를 최초로 시작한 사람이 수산시장 입구 들어가는 곳에 있었는데 장사가 워낙 잘 돼서 저도 한 번 도박을 해보고 싶었어요. 돈을 꾸어줬어요. 그때 1,300만 원이면 큰돈이죠. 기분 좋게 하면서 매주 토요일 이자를 갚기에 믿었죠. 회사 꾸미는데 돈 조금만 더 투자하면 서울 시내 상권을 완전히 장악할 수 있다고 해서 돈을 만들어 달라고 그래요. 그래서 돈을 누구한테 이야기를 해서 만들어보는 단계인데 월요일에 어디 갔다가 화요일에 갔더니 70~80평이나 되는 공장이 문을 닫았어요. 왜 그런 사례가 많이 있었냐 하면, 옛날에 노름이 엄청 심했습니다. 노름이 심해서 오늘 돈 많던 사람이 어느 날 몇 백, 몇 천만 원을 잃고, 차 잡히고 전화기 잡히고 집도 잡히고 그랬어요. 가게에 가보면 그 다음날 문을 닫고, 도망가서 영원히 못 잡았죠.

①예전 전화회선이 부족하여 전화를 설치하기 어려웠을 때 남에게 양도할 수 없는 전화를 말함. 1970년 9월 이후 전화 관서의 승낙을 받아 설치하였는데, 그 가입 원장의 색깔이 청색이었음.

②전화회선이 부족해 전화 가입이 어려웠을 때 사용권을 양도할 수 있었던 전화임. 가입 원장의 색깔이 백색이었음.

예전 영업을 할 때 귤을 엄청 많이 팔았는데 3일간 판돈이 1,390만 원이 되었어요. 돈이 마대 자루로 하나였어요. 그때는 만원 권이 없었고, 염천교시장이니까 송금할 곳이 종로에 있는 제주은행 한 군데밖에 없었어요. 송금을 하려고 돈을 삼발이① 작은 데에다가(0.5톤) 실었는데, 매형이 저한테 가게에서 일을 보고 있으라고 하는 거예요. 그러고 나서 그 돈을 가지고 이 양반이 사라져버린 거예요.

그때 당시 노름이 엄청 심했는데 그 돈을 들고 중앙시장으로 간 거예요. 그 이야기를 듣고 매형 찾으러 갔더니 벌써 사라지고 없는 거예요. 물어보니까 프린스 호텔로 갔다는 거예요. 호텔 경비하고 지배인을 불러서 만원씩 주니까 어디로 갔는지 알려주더라고요. 5층으로 들어간 것 같다고 해서 갔는데 벌써 알아채고 또 도망간 거예요. 아무튼 옛날에는 급전이 많이 필요했어요. 노름 안 하고 열심히 해서 부동산에 눈을 뜬 사람은 벼락부자가 되고, 그냥 흥청망청 쓴 사람들은 지금 늙어서도 노후대책을 세우지 못하는 분들이 상당히 많습니다.

① 바퀴가 3개인 소형 화물차.

하루는 김종진이라는 사람이 발을 동동 구르고 있어요. 왜 그러냐고 하니까 일주일간 작업한 것 273만 원을 안주머니에 넣고 버스를 타고 오다가 소매치기를 당했다는 거예요. 그때 당시 소매치기들이 혼자 하는 게 아니라 두세 명이 함께 했어요. 그래서 돈이 있는 것 같으면 흔들흔들 밀어대면서 그 순간에 소매치기를 하는 거예요. 그러고 나서 돈을 가진 다른 소매치기는 버스에서 내려버리는 거죠. 소매치기를 당한 사람이 신고를 해도 이미 돈 봉투 가진 사람은 내리고 없으니까… 경찰들도 잡기가 힘들었어요. 그 이야기를 듣고 제가 장한성 씨한테 갔어요. 장한성 씨는 서대문 근처 주먹세계에서 알아주는 쪽이었어요. 해서 용산, 서대문, 마포, 노량진 일대 소매치기를 전부 알고 있었어요. 그때는 소매치기들을 물새, 참새 등 별명으로 불렀는데, 소매치기를 당한 이야기를 했더니, 저한테 오랜만에 왔다고 잘 대해주더라고요. 여기저기 수소문을 한 다음 봉투를 하나 주는데 딱 273만 원이 그대로 있는 거예요. 그걸 찾아다가 돌려준 적이 있어요.

강현권의 진술
저는 염천교시장에서부터 시작을 한 건데, 상회를 한 건 아니고 물건을 떼다가 납품을 했어요. 미8군이나 조선호텔에 양상추, 샐러리를 납품했어요. 처음에 납품을 시작하게 된 계기는 친구를 따라서 다니는데, 이 친구가 미군부대에서 물건을 빼내 납품을 했거든요. 제가 보니까 이건 안 되겠다 싶어서 직접 재배를 하게 했고… 그렇게 시작한 거죠. 이와 같은 양채류 취급을 1961~62년쯤에 시작했습니다. 군 제대하고 바로 시작을 했는데, 호텔에서 양식을 파는데 양채류가 없다고 하더라고요. 당시에 미8군을 왔다 갔다 하면서 양상추나 샐러리를 빼내서 팔아먹기도 하고 그런 사람들이 있었거든요. 그러다 보니 제가 어떻게 씨를 구해 농민들에게 주면서 재배를 시작하게 된 겁니다. 그러다 보니 시장을 속속들이 잘 알게 된 거죠. 그 전에는 양상추, 샐러리가 없었어요. 그러다가 김동호 박사랑 목창균 씨가 같이 했어요. 목창균 씨는 시험장에서 근무하다가 나와서 한얼농장이라는 간판을 걸고 본격적으로 재배를 시작하게 된 겁니다. 저희가 씨앗을 가져다주면 키워서 납품을 한 겁니다.

남대문시장 시절에 하역노조 그런 건 없었어요. 염천교로 오면서 하차반이 생겼고, 용산에서는 태양시장이랑 나진시장에 노조가 있었어요. 염천교에서는 조창조라는 분이 하역반을 데리고 있었어요. 그때 염천교시장에 있었던 큰 상회는 한광상회(한광수 아버지), 영등포상회(김유선), 국일상회(이철호, 이북에서 옴), 신영상회(이덕용) 이렇게 있었어요. 이분들이 다 용산으로는 옮겼고, 가락시장으로는 안 오셨죠. 가락시장까지 온 상회는 한광상회가 주축이 되어 강동국제청과라는 법인을 만들어서 온 것이고요.

유희섭의 진술

저는 금산 출신이며 염천교시장에서 25살에 시작했어요. 올해 제가 83살이에요. 처음에는 군대 제대하고 집에서 서너 달 있는데, 집 근처 시장에서 영업하시는 노인 분이 시장에 나가보자고 해서 갔어요. 판매하는 뒷바라지를 한 달간 하고 있었는데, "이만 하면 물건 구입하는 건 힘들어도 판매는 충분하니까 네 장사를 해라. 물건 구입은 내가 해 줄 테니…." 해서 장사를 시작했습니다. 일종의 '앞자리 상'이었죠. 그런 식으로 장사를 한 달 정도 하니까 월급쟁이 봉급은 저리 가라 할 정도가 되더군요. 염천교시장의 서울청과에서 채소를 했어요. 용산시장을 거쳐 여기(가락시장) 와서도 채소를 했어요. 양상추나 그런 품목이죠.

그렇게 한 3년간 하고 돈이 적지 않게 모였어요. 이웃에 이발하는 분이 이런 사실을 아시고 결혼 중매를 해준다고 하잖아요. 그래서 색시를 소개해주는데 부잣집 딸을 소개해주는 거예요. 그래서 부잣집 딸 데려다가 굶길까 봐 참 열심히 장사했어요. 29살에 결혼을 했어요. 직접 상회를 하게 된 건 결혼하고 나서 가락시장으로 오면서 서울청과에 점포가 새로 생겨서 하나 만들었어요.

송재일의 진술

위탁상이 수수료를 그때 8%까지 떼고 그랬습니다. 근간에 7%로 떨어지긴 하지만… 지방에서 물건이 오는데 무작위로 오지는 않았어요. 지방에서 수집상이 밭의 물건을 사서 시장으로 올리려면 자금이 필요한데 대부분 부족하니까 위탁상에게 자금 요청을 해요. 그런데 위탁상은 물건을 받아야 수수료 받고 가게를 유지할 수 있으니까 빌려서라도 선대금을 줍니다.

그런데 생산량이 늘어나게 되면 100원에 산 걸 50원도 못 받아요. 그런데 수집상이 자기 돈을 가지고 했어야 하는데 이미 선대금은 갔고, 다시 돌려줄 수도 없어서 위탁상이 할 수 없이 돈을 떼이는 거예요. 다음에 가격이 오르게 되면 다시 회수할 기회도 있지만 안 그런 경우 결국에는 돈을 떼이고 말아요. 그러면 위탁상은 선대를 주고 못 받게 되니까 망하는 거죠. 일종의 투기의 한 가지죠. 또 채소가 그때만 해도 외상거래를 했습니다. 과일은 아니었고요. 그때 먹고 살기 힘들 때여서 소매상들도 가족들하고 먹고 살려니까 다시 갚지를 못해요. 누적이 되다 보면 외상도 많이 떼여요.

이영규의 진술

저는 1961년 염천교시장에서 시작을 했습니다. 그때가 송재일 회장님이 영업을 크게 할 때였고, 저는 그때 들어간 거고요. 당시 염천교시장에 위탁상은 70~80명 됐을 거예요. 서울청과는 염천교부터 있었고 과일만 경매했어요. 과일도 위탁상이 있긴 있었죠. 법적으로 강력히 규제를 하지 못했고. 채소는 완전히 개인 위탁이었죠.

서울청과는 용산시장으로 와서도 경매를 했고요. 용산시장에 다른 청과(청과 법인)는 없었고 상인 연합회로 해서 과일 쪽에 위탁상들이 많았죠. 저는 직접 경매는 안 받고 창고를 사용하기 위해서 거기 회사(서울청과)에 중매인으로 들어갔어요.

이영규의 진술

염천교시장 시절 사용한 용기는 감자나 양파나 고구마나 전부 가마니에 담았어요. 짚으로 짠 가마니 있잖아요. 한 케이스에 무조건 많이 담으려 했어요. 가마니 말고는 큰 포대, 마대가 있었고 무조건 많이 담는 것이 최고였어요. 양배추도 담을 수 있는 대로 다 담았어요. 160kg 저울로도 안 달릴 정도로요. 채소 같은 경우는 종류(엽채류, 근채류 등)에 따라 용기가 다 달랐죠.

송재일의 진술

마대는 처음에는 40kg 기준이었다가 30kg, 20kg로 변했는데 지금은 소포장해서 10kg, 5kg, 2kg 등으로 가는 거죠. 무게를 재는 것으로 '들저울'이 있었죠. 40관 추였는데 40관이면 엄청 많은 거였죠. 너무 커서 달지를 못하니까 kg수 따지지 않고 1관에 얼마다 식으로 거래가 되었어요.

이영규의 진술

정확한 1관은 3.75kg인데 시장에서 통용되는 기준은 4kg이었습니다. 나중에 4kg으로 전부 통일되었죠.

권창순의 진술

제가 1967년도에 염천교시장에 들어갔을 때 참외는 가마니로 왔고, 하역은 하역반들이 길고리를 가지고 내리고 그랬습니다. 그리고 '삼발이 차'에서 내릴 때는 양 쪽에 작대기 대고 가마니를 굴려서 하역을 했어요. 참외는 대나무 가구에 담아 가지고 오기도 했고, 사과 같은 건 왕겨를 사이사이에 넣어서 화물열차로 온 다음 리어카로 청과시장으로 왔고요. 그 무렵에 수박 같은 건 서울 올라오는데 이틀 걸려서도 와요. 수박은 큰 박스에 많이 담아오고, 서울역에 내리게 되면 밀양 복숭아니, 딸기니 함지①에 담겨 있는 것을 하차반에서 리어카꾼(아까부)이 싣고 와서 각 상회에 내렸죠.

①나무로 네모지게 따서 만든 용기. 밑은 좁고 위는 넓은 형태임.

김영철의 진술

제가 염천교시장에 들어가게 된 것은 제대하고 나서 2~3년 있다가 30살 되어서 군대 후배 따라서 심부름해주다가 가게 들어가서 일을 하게 되었죠. 상회에서 물건 받아서 하는 거니까 '앞자리 상'이죠. 이병윤 씨 가게 앞에 가서 진주 오이를 전문으로 했거든요. 오이 장사를 하면서 그 양반이 자기 누이를 붙여주더라고요. 그 바람에 그 양반 덕 많이 보고 오이 많이 팔고, 그 후 용산시장으로 넘어오면서 제 가게를 시작하게 되었는데 그것도 그 양반 덕이죠.

그 양반은 대정상회라고 형제끼리 했는데 자기 형이 주인이어서 같이 했어요. 진주가 고향이니까 진주에서 물건을 받았어요. 겨울에 오이 나오는 건 진주가 하우스로는 제일 빨랐거든요.

물건이 들어오면 옛날식으로 하면 주판이 걸린다고 그래요. 주판 얼마 줄래. 제일 많이 부른 사람에게 가는… 주판 가지고 입찰을 하는 거예요. 입찰을 받아서 소매상들한테 이윤 붙여서 팔고요. 마진은 한 10% 붙였을 거예요. 10,000원에 1,000원 정도 붙이고 남는 물건은 밑져서 팔았죠.

손삼열의 진술

하우스 재배는 진주보다 남지가 먼저 시작되었었고, 경남 김해 쪽에서 온실을 제일 먼저 시작했습니다. 김해에서 하시던 분이 남지로 와서 시작을 하고 그 다음 진주도 하고 밀양도 하고요.

김영철의 진술

오이 하는 데는 진주였죠. 김해는 오이 안 했어요.

손삼열의 진술

그때에 수송의 경우 남지 쪽에서는 트럭으로 생산한 것을 실어서 마산까지 갑니다. 마산에서 화물열차로 용산역으로 옵니다. 용산역으로 오면 마차가 있었습니다.

최영수의 진술

중간에 염천교에도 짝짐으로 해서 오이고 뭐고 다 도착했어요.

손삼열의 진술

처음에는 '앉은뱅이저울'이 없었죠. 소위 '목저울' 또는 '대저울'이라고 두 사람이 막대기를 매고 중간에 물건을 달아서 재는 것이 있었는데, 40kg, 60kg 되는 것을 그런 식으로 달았죠.

하호용의 진술

제주에서 오는 양배추 짝은 저울 하나 가지고는 되지 않아요. 대저울 두 개를 이용해서 무게를 계산했어요. 정식으로 하지도 않고 대충 쟀지.

손삼열의 진술

그래서 눈속임을 한다고 하는데… 양쪽에서 두 사람이 막대기를 들기도 전에 놔 버리면…….

하호용의 진술
그거를 전에 신흥상회 이덕용 씨 그 양반 하는 것을 배웠죠. 저울대를 쭉 빼서 튕긴 다음 줄을 쭉 올려요. 그러면 그 반동으로 살짝 올라가요. 이렇게 100kg 되는 것을 110kg으로 만드는 거예요.

손삼열의 진술
추가 달리는 줄이 있는데 이걸 손으로 밀고 당기고 하는 것을 지금 말씀하시는 대로 쭉 밀면 말리면서 밀려 올라가는 것입니다.

하호용의 진술
대충 잡아 댕기면 이게 얼마 되는지 감이 오거든요. 그러면 그걸 쭉 빼요. 그럼 끝까지 안 가고 중간에 밀면서 튕기면 까딱하니 올라가요. 그래서 10kg은 보통 속이는 겁니다. 사가는 사람이 속는 거죠. 그래야지 생산자에게 장기 끊어주고…….

최영수의 진술
상주(상회주인)들은 그런 경우가 없었어요. 중도매인이 그렇게 많이 했죠.

정용섭의 진술
저는 과일만 쭉 해왔습니다. 염천교에서부터 정확한 연도는 기억이 잘 안 나지만 5.16사건 전부터요. 용산시장 쪽으로는 68년도에 들어갔습니다. 가락시장으로 온 다음 아들한테 승계한 때가 2000년도쯤이에요.

김기용의 진술

저도 비슷해요. 염천교에서부터 시작했는데, '서사'라고 가게 사무를 보는 거예요. 저는 염천교시장 시절인 25살에 결혼했고 올해 84살입니다.

직접 장사를 하면 돈 번다고 해서, 시골로 내려가 물건을 사서 올려봤어요. 올려서 상회로 주긴 했는데 어떻게 팔려서 돈이 나오는 건지 알 길이 없더라고요. 시골에서는 싸게 샀는데 경매를 하고 나니 손에 쥐는 돈이 없어요. 그래서 염천교 위탁상 앞에서 '앞자리 상'을 했어요. 앞자리 상도 철 따라서 품목이 달리 들어오거든요. 봄채소 떨어지면 여름 채소… 이렇게 이어지는데, 봄채소를 사서 판매하다가 그 상회 물건 떨어지면 지방 내려가 물건 사서 올리기도 하고… 그러다가 용산시장으로 내려갔죠. 기반은 없었고, 서울청과에서 중매인으로 상회를 하나 구할 수가 있었어요.

염천교 시절 서울청과는 과일은 전부 경매를 하고, 채소는 상인들에게 위탁을 하게끔 했는데 나중에는 모두 경매를 하라고 했죠. 상회 주인들이 경매를 통해 받아가지고는 밥벌이가 안 되거든요. 그러니까 거기서 전부 밖으로 나가서 개인 위탁 받았죠. 서울청과에서 채소 위탁을 못 받게 하는 것이 아마 여러 번 반복이 되었을 거예요. 용산시장으로 옮기면서도, 다른 시장은(나진시장, 태양시장) 미리 내려와서 상권 좋은 곳으로 장소를 잡앉는데 서울청과는 제일 늦게 내려가는 바람에 지금 전자상가 쪽 장사 안 되는 쪽으로 자리를 잡아서 처음에 고전했죠.

김기용의 진술

자유당 때 나왔던 이야기가… 돈 나오는 데는 염천교 중앙시장, 분뇨처리, 도살장이라고 했죠. 여기를 끼고 있어야 국회의원에 당선이 된다는 말이 있었어요. 그만큼 염천교 시장에서 돈을 많이 벌었다는 거죠.

염천교시장 시절에는 배추, 무가 전부 열차로 왔지, 자동차로 오는 것은 없었어요. 삼륜차는 용산시장 시절에 나왔어요. 진주, 김해 등에서 무, 배추는 화차에 싣고 또는 제무시(GMC) 군용차에 싣고 '발아'로 서울역으로 왔죠. '발아'라는 것은 그냥 밭에서 뽑은 채로 그대로 싣는 거지요.

염천교시장 시절에는 운송수단이 어려워서 전국적 물건이 서울역 인근의 염천교시장으로 들어오니까 제일 큰 시장이었어요. 새벽밥 먹고 물건 좋은 것 서로 사려고… 동대문시장, 남대문시장에서 온 사람. 리어카에 '뒷미리'① 대고 한 500단 정도 실었을 거예요. 새벽 내내 동대문시장까지 도착해야하는 거예요. 처음 사가는 사람이 좋은 것 사서 가고. 염천교시장에서도 물건 좋은 거면 값이 어떻게 되었든 그 사람들이 제일 먼저 도착했죠.

①리어카를 뒤에서 밀어주는 사람

이증규의 진술

염천교 시절엔 운송 수단이 주로 소 구루마로 농산물을 싣고 왔어요.

양승천의 진술

염천교시장에서 하룻저녁에 장사 잘하면 만리동 집 한 채를 산다고 했어요. 저녁에 오이가 올라오면 그 이튿날 아침에 일찍 가서 꼬리표를 바꿔버리는 경우도 있었죠. 최고로 좋은 오이를 최저 낮은 가격으로 받게 되고… 꼬리표 바꾸어놓으면 꼬리표만 보고 상회로 가기 때문에 받을 사람이 못 받는 경우가 생기는데, 이때는 물건 안 준다고 막 치고 박고 한 적도 있어요.

김덕영의 진술

저는 염천교 시절부터 시장에 드나들기 시작했어요. 아까 말씀하신 최규택 씨가 저희 외숙 가게에서 일을 도와줬었거든요. 우리 외숙이 1961년도에 박정희 대통령이 특별 담화한 두형이 사건 있잖아요, 조두형이가 제 외사촌 동생이에요. 그 애 아버지가 과일·채소 위탁업을 했었어요. 제 외숙이 조병옥 씨에요. 이분이 염천교에서는 파워가 막강했었습니다. 제 외숙이 염천교에서는 신진상회를 했고, 용산으로 와서는 대진상회를 했습니다. 저는 일을 많이 도와드렸지만, 실질적인 제 사업은 가락동시장으로 와서 시작한 거예요.

저희 대진상회가 처음에는 나진시장에 있다가 세원시장으로 갔다가, 다시 나진시장으로 와서 아주 좋은 자리에 있었습니다. 대진상회가 과일·채소 위탁 5대 상회[대진, 국일(세원 쪽에 있었음), 삼복, 한일, 대정] 중 하나였어요. 태양시장을 지으면서 거기서부터 한광상회가 주도적으로 많이 했죠. 그리고 한참 후에 부광상회가 건고추를 해서 잘 됐었죠.

그때는 지방 하주들이 컸어요. 지금처럼 등록상표가 있는 게 아니고, 이(李)씨라고 하면 거기에 네모를 쳐서 각구 이(李)자라고 했는데… 그걸 하주들의 등록상표라고 했었어요. 한자로 영(永)자를 쓰고 동그라미를 하나 하면, 마루 영자였고요, 동그라미를 두 개 하면 쌍마루라고 했어요. 지금으로 하면 자기들만의 브랜드였죠. 하주들이 큰 데는 그런 표시들이 다 있었어요. 각구 이(李)자나, 마루 영(永)자는 제주도에서 올라오는 사람들이 썼었고, 쌍마루는 양파 취급하는 사람들이 썼어요. 그게 브랜드의 시초라고 볼 수 있죠.

영등포시장

1937년 12월 영등포동 40-7번지에 영등포 공설시장이 설립되어 해방 후 영등포중앙시장으로 개칭되어 계속 운영되었다. 영등포 지역이 방직, 타이어 공장 등 공업지대로 발전함에 따라 인구가 급속히 증가하여 1946년 영등포 5가 39번지에 영등포 삼구공설시장이 추가로 건설되었다. 일제 강점기에는 일본 상인이 시장을 장악하고 있었던 탓에 영등포 토박이 상인들은 영등포시장 로터리에서 영등포역까지의 길가 골목길에 자기 집을 개조하여 상점을 열었는데 이것이 자연스레 시장을 형성하게 되어 이를 '중마루시장'이라고 부르게 되었다. 해방 이후 우리 상인이 기존 시장을 접수함에 따라 '중마루시장'은 쇠퇴

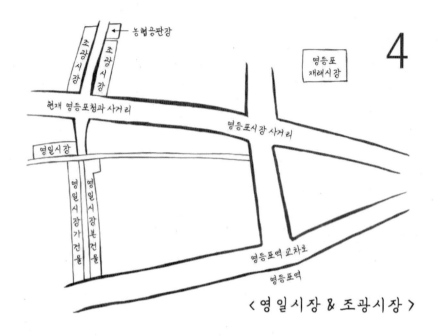

〈 영일시장 & 조광시장 〉

하였지만, 시장의 영역은 영등포5가 영극장 뒷골목까지 확대되기 시작하였는데, 이 재래시장을 '안장'시장이라고도 불렀다.①

①영신백화점에서 성신병원 및 농아학교까지의 골목길에 형성되었던 시장임.

영등포 삼구공설시장은 6.25전쟁 이후 복구되어 1953년 130개 점포가 있었으나, 1954년 봄 대형화재로 완전히 소실되었다가 다시 복구되었으나 1955년 1월 다시 영등포중앙시장과 함께 화재가 발생하여 상당수의 점포가 소실되었다. 1960년대에 들어서면서 영등포시장 현대화 계획이 추진되어 3,600평 규모의 영등포 삼구공설시장 자리를 7개 공구로 나누어 건설이 시작되었고, 1공구인 미곡부, 2공구인 청과부, 3공구인 포목부는 1969년 완공되었으며, 나머지 공구①는 1970년 지상3층, 지하 2층 구조로 건설되었다.

①4공구 양품부, 5공구 라사부, 6공구 생선부, 7공구는 기성복부임.

1972년 영일실업이 복개 공사를 마치고 가건물을 지어 분양하면서 자연스레 시장이 조성되었는데, 후일 이것이 영일시장이 되었고, 복개천 건너편 연탄공장 후적지에 조성된 조광시장이 있었다. 점차 '안장'의 상인들이 이곳으로 이전해 오고 1974년 농협공판장이 조광시장 내에 개장되면서 영등포 지역시장은 빠른 속도로 확대되기 시작하였다. 1970년대 영등포 지역의 시장은 크게 영등포 재래시장, 조광시장, 영일시장, 농협공판장 등 4개의 시장으로 구분되었는데, 조광시장은 과일도매상, 영일시장은 채소도매상의 비중이 컸으며, 농협공판장에서는 과일과 채소를 경매하고 있었다.

1980년대에 들어 가락동 도매시장 건설이 시작되면서 용산시장의 위탁상 일부가 영등포시장으로 이전해 옴에 따라 시장은 더욱 활성화되었고, 1980년대 중반 이후에는 서울에서 가락동 도매시장 다음으로 큰 시장이 되었다. 또한 1997년 청량리시장이 구리도매시장으로 이전하게 됨에 따라 일부 상인이 영등포시장에 합류하면서 시장은 더욱 커지게 되었다.

1994년 기준 영일시장에는 500여 개, 조광시장에는 300여 개 점포가 있었다.

김홍기의 진술

영일시장보다는 영신상가가 먼저 생겼습니다. 영신상가가 해방 전부터 있던 곳이에요. 영신상가에 상인들이 모이고 채소 사러 사람들이 많이 오다 보니까, 영일시장은 거기에(영신상가) 부속되어서 성심병원 방향으로 영등포7가 쪽 후미진 곳에 통로를 따라 생겨나게 된 겁니다.

이금우의 진술

영등포시장은 영일시장이 생기고 나서 점포가 늘어나면서 조광시장으로 퍼져나간 거죠. 1960년대에 영등포에는 동부상가라는 소매시장이 있었어요. 당시 동부상가 사장이 고창덕 씨였어요. 거기는 아마 무허가로 장사를 했을 거예요. 그러다가 영등포가 너무 복잡해졌어요. 그 당시에는 시장이 별로 없었잖아요. 영등포가 그때는 어마어마하게 큰 땅이었고. 관악구도 영등포가 관리했으니까. 영등포에 동부상가가 엄청나게 잘 되어서 자리가 부족할 정도였는데, 농산물을 파는 사람들이 그 당시에 말 구루마, 소 구루마에 싣고 와서 판단 말이에요. 장사를 하고 나면 말·소가 똥을 쌀 거 아니에요. 팔고 뒤에 보면 말똥이 많이 쌓였어요. 채소는 특히 쓰레기가 많잖아요. 그러니까 서울시에서 채소 파는 사람들은 외곽으로 나가달라 해서 이전한 곳이 영등포2가, 5가, 7가예요. 주택가 일대에 있던 채소 상점들의 정리를 위하여 서울시 행정당국의 지시대로 283명이 바깥으로 오게 됐어요. 멀리 나가라고 했는데 그래서 간 데가 바로 여기예요. 여기가 원래 방림방직 땅이거든요. 여기 도로가 냇가였고 허허벌판이었으니까 여기로 오게 된 거예요. 그게 1969년 10

월 달이에요. 실제 투자한 사람은 1993년도에 정리해 놓은 자료를 보면 기록이 되어 있을 겁니다. 238명 중 76명이 투자를 해서 상인끼리 모여서 영일실업을 만들었습니다.

첫 사장인 임봉일 씨도 상인이에요. 76명이 영일실업을 만들고 769평 길쭉한 땅을 샀어요. 사서 건물을 지으려면 건축허가를 내야 할 것 아닙니까. 서울시에 허가를 신청하니까 서울시에서 볼 때 238명이 769평 가지고는 안 되겠거든. 그래서 앞에 있는 하천을 복개하라고 서울시가 또 공고를 한 거예요. 복개를 하면 허가를 내주겠다고요. 그런데 상인이 돈이 없잖아요. 그래서 돈 좀 있는 사람이 임봉일, 김수흥 씨에요. 두 사람이 돈을 내서 개인 투자를 했어요. 공사비 4,020만 원을 자기네들이 집도 팔고 해서 투자해서 복개공사를 한 거예요. 그래서 복개한 다음에 땅이 생기니까 서울시에서 시장 허가를 내주었어요. 입주하는 사람들이 건물 하나를 지어서 누구라도 76분의 1. 한 사람의 지분이 전체 769평 건물의 76분의 1이였어요. 지금도 지분이 그대로 있어요.

지금은 어떻게 하느냐 하면 처음에 자리 잡았던 그 사람, 관행적으로 누구 점포 누구 점포 하는 것이고, 구분등기로는 어디서부터 어디까지라고 딱 나누어지지만, 지분등기는 전체 지분 중의 얼마, 이렇게 나누는 것이기 때문에 어디를 내 것이라고 할 수가 없어요. 그냥 자기 것 해서 시장이 형성 되고, 도로로 복개한 곳에는 노점이 생기게 된 거죠. 겨울에 얼마나 춥겠어요. 그래서 천막을 치고 장사를 했어요. 어느 한 사람이 뚝딱뚝딱 점포 모양을 지으니까 너도나도 집을 지은 거예요. 순식간에 가건물이 늘어나기 시작했어요. 한 120개 있었어요. 도로에 상인들이 있으니까 서울시에서 상인들한테 점용료를 받았는데, 상인들이 만들어 놓은 도로니까 그쪽에서(가건물) 점용료를 우리(영일실업)한테 내라. 그러면 점용료를 우리가 서울시에 납부하겠다. 그래서 자기들이 건물을 지었으니까 회사에 15만 원씩 낸 거예요. 그래서 회사는 그걸 받아서 서울시에 냈어요. 회사가 15만 원을 받았는데 그걸 다 내지는 않았어요. 거기에 5만 원 정도 이익을 봤지요.

그렇게 진행이 되다가, 도로에 집이 생기기 시작하니까 문제가 발생하고⋯ 양택식 씨가 서울시장으로 있을 때 건물이 도로에 있다고 철거하려고 해서 상인들이 몰려가서 당분간 장사할 수 있도록 해달라고 했지요. 그리고 서울시에서 행정지침서가 나왔는데 "영세 상인들이 자립할 수 있을 때까지 적용을 하지 않겠다."고 했어요. 그게 내용이 애매모호해요. 그래서 철거할 때도 논쟁이 많이 되었지요. 자립이란 말이 모호하니까. 아무튼 그러다가 그런 게 다 무시되고 2007년 다 철거되었어요. 맨 처음 허가를 받을 때 양택식 시장 시절 가건물이 97칸이었어요. 97칸이 나중에 120개 정도로 되었죠. 양쪽으로 계속 늘어나니까. 그게 이제 2004년 강서시장으로 이사를 가지 않았습니까. 이사 가고 자기들이 또 세주고 가는 거예요. 없어지지 않고 계속 있다가 2007년 도저히 안 되겠다. 도시에 건물을 지어야 하니까 철거를 했죠. 철거를 하고 그때 한 칸에 1,380만 원씩 보상을 받았죠. 그게 없어지고 지금 남아있는 것(이 본 건물인데) 본 건물은 개인 소유니까 철거가 안 되는 거죠.

여기가 아직도 안 없어지는 이유는 장사가 되기 때문이죠. 예전에는 물량이 굉장히 많이 들어왔어요. 한참 잘 될 때는 영일·

조광시장 다 해서 과일 물량이 가락동보다 많았다는 이야기가 있었어요. 거의 전국 1, 2위였어요. 김장철에는 하루 5톤 차가 가락동 1,000대. 우리 시장이 300대, 사람이 꽉 들어차 가지고 구청에서 관리를 못 할 정도였어요. 그때는 물류센터도 없고 시장도 별로 없었으니까 주변 모든 사람들이 여기로 채소를 사러 왔어요. 제가 1998년도부터 시작했는데, 그때까지도 여기가 어마어마했어요. 2002년도까지만 해도 어마어마했어요. 2004년 일부가 강서도매시장으로 이전함에 따라 축소되기 시작했죠. 그 이후에도 김치냉장고, 수입 농산물 확대, 세대교체 때문에 채소 소비가 계속 줄어들면서 여기와 같은 유사도매시장은 계속 위축되고 있죠.

김홍기의 진술

예전에는 염천교시장, 청량리시장, 영등포시장 등 서울에 이렇게 3대권 시장이 있었습니다. 염천교시장에도 구루마가 있었어요. 거기서 이곳까지 운송을 했고, 과천에서는 우마차로 이곳으로 싣고 왔죠. 위탁상이라는 것이 각 개인의 상호를 달아놓지 않습니까. 그래서 생산자가 어느 상회를 선호해서 위탁을 시키고 그랬습니다. 그때는 판매를 새벽부터 했으므로 청과물시장은 밤을 새우는데, 큰 주판을 사용했고, 위탁상만 쓰는 말로 남이 알아듣지 못하는 용어가 있었는데, 가격이 얼마라는 용어였죠. 그런데 영등포는 부지가 조금 작아서 사실 소매시장 허가가 문래동시장에만 그나마 나죠, 지금 영등포시장은 자연적으로 생긴, 도매를 하는 위탁상입니다. 소매시장에서 도매 행위를 했다고 저희가 도매법 위반으로 서대문형무소에 가서 하룻밤 잔 적도 있어요. 그때는 참 비참했죠. 고구마, 감자를 생산해서 올 때 농민들이 가마니 하나라도 덜 쓰려고 가마니를 뜯어서 새끼줄로 늘려서 많이 사용했고, 40관 저울에 달았는데 옛날에는 포장부터가 어려웠어요. 그리고 청과물시장은 번화가에서 자꾸 밀리게 되어 있어요. 부피가 크고 쓰레기가 많이 나오니까.

그때는 여기가 좋은 지역이 아니었는데 주변이 많이 발전되고, 성심병원이 생겼고, 영등포 시립병원이 생겼습니다. 부지가 작으니까 도로를 복개해서 쓰고, 개인주택을 점포로 만드니까 교통체증이 많이 생겼죠. 그래서 서울시에서 우리를 괄시하는 추세였죠. 근처 신정동에서는 중국 사람들이 시금치 농사를 많이 지었고, 그 사람들이 시금치 가져오면 큰 대나무 가구에다 쇠로 걸어 달아서 팔고 했어요. 충청도, 전라도 지역에서도 다 왔는데, 열차보다는 트럭으로 많이 왔죠. 열차로 영등포역에 떨어지면 구루마로 배달했고요. 지금의 강남, 과천에서 농사지어서 많이 가져왔습니다. 우마차로 가져왔습니다. 새벽에 마차로 머슴들이 끌고 왔고요. 강남 쪽에서는 논에서 비둘기를 잡아서 파는 사람도 있었어요.

저는 위탁상을 1965년도부터 영등포에서 시작했습니다. 당시 염천교에는 이름 있는 상회가 있었어요. 조두형 군 아버지. 그분이 한참 상행위할 때가 채소로는 전성기였어요. 염천교에서 떼어다가 파는 사람도 많았고, 염천교시장이 서울 시내에서 핵심 상권이었죠. 그리고 영등포는 자연적으로 거기를 닮아서 비록 허가만 안 났지, 골목시장에서도 지방에서 오는 것을 다 받았습니다. 영등포에 도매시장 허가가 나지 않았던 것은, 도매시장은 개인이 아무리 돈이 많아도 개인이기 때문에 도매시장 허가를 안 내줍니다. 법인이라야만 합니다. 이 근처에 땅이 없으니까… 시장 허가를 내려면 몇 천 평을 가져야 하지 않습니까. 부피가 많은 물건이라….

김용달의 진술

제가 지금 82세인데요, 18살 먹어서 영등포중앙시장에 왔습니다. 그때 와서 과일 장사를 했죠. 건과, 채소도 일부 했고…. 8개 시장 중에서 영신상가는 시에서 건물을 지어준 거죠. 영등포시장이 왜 유명한가 했더니 채소고, 건어물이고 일체 다 영등포중앙시장으로 위탁을 옵니다. 심지어 아주머니들이 기차에서 내려서 구루마로 해서 시장에 와서 위탁을 줘요. 그러면 입찰을 해서 팔고 남는 것은 소매를 했습니다. 저는 한 지역에서만, 전라도면 전라도 한 군데서만 오는 줄 알았는데 이 시장은 전국적으로, 전라도, 경상도, 강원도에서도 물건이 왔습니다. 18세부터 3~4년간 소매를 했다가 그 뒤로는 위탁만 받았습니다. 점포는 처음에는 세를 내다가 나중에는 돈이 생겨서 샀죠. 시에서 이거를 사라고 통지가 왔어요. 그때 상인들이 돈이 없고 약하니까 가게를 사지 못했어요. 장사꾼은 살짝 거짓말을 하잖아요? 그게 원칙인데 저는 그 중에서 거짓말을 할 줄 몰라서 사실대로만 하니까 한 번, 두 번 겪어보더니 전부 저한테만 옵니다. 그래서 인정을 받아서 도매상이 크게 되고, 현재까지 영신상가 번영회장을 18년 하고 있습니다. 당시 영일시장의 점포수는 270여 개, 이중 청과는 60여 개였죠. 현재는 130개입니다.

김홍기의 진술

예전에 영업할 때 가장 희한하다고 생각했던 건… 감자를 10가마 생산해서 영일시장에 2가마, 청량리시장 3가마, 가락동시장에 5가마 이렇게 나누어주면 시세가 거의 동등하게 나와요. 누가 연락하지도 않았는데 참 희한해요.

최형일의 진술

원래 영등포에 재래시장이 오래전부터 있었어요. 그 주변에 형성이 된 게 영신상가이고, 지금은 8개 시장이 있습니다. 염천교시장, 용산시장에서 받아서 파는 분들이(중도매인) 1981년도에 보니까 20개 정도, 재래시장 뒤편으로 있었고 용산시장이 가락시장으로 옮겨가면서 지리적으로 멀다 보니까 용산시장에 있던 사람들이 여기 와서 시장을 만들어 버린 거죠. 그러다보니 영신상가 쪽 재래시장은 도매가 없어져 버렸어요.

김홍기의 진술

영일시장이 이쪽으로 오게 된 것은, 해방 전부터 형성된 걸로 아는데 그때는 조합장이라고 있었어요. 초대 조합장이 손영호 씨라고 기억하고 있는데 5.16혁명이 나고서는 시장번영회라고 이름을 바꿨습니다. 번영회장이 바뀌어서 이호진 씨라는 군인 중령 출신이 맡았죠. 역시 군사혁명이 나니까 군인이 득세를 하더라고요.

그런데 예전 시장에 이북 분들이 많이 있었어요. 염색공장이고 뭐고 거기서 대리인한테 밀려났어요. 그러니까 우리 채소시장 있는 데로 오게 됐죠. 채소시장에 대의원이 있었는데, 그분이 소방서장, 경찰서장, 구청장 등과 유인물을 만들어 이곳에 와서 영등포가 아까 말한 대로 발전이 되니까 이전을 하면 특혜를 주겠다고 하면서 상행위를 전혀 못하게끔 했죠.

결국 이전대책위원회를 만들어 땅을 산 게 크라운 맥주 땅 769평인데 이것만 가지고는 부족하니까 앞의 도로를 복개를 해라, 포장을 해라 등 허가조건만 9개 정도 있었어요. 여기가 참 복잡한 곳입니다. 그래서 우리가 이전을 해온 거죠. 상인들이 투자를 조금씩 해서 법인을 만들어 크라운맥주 회사 땅을 사서 이전해 왔기 때문에 예전 장소에는 지금도 소매시장이 조금 있어요. 골목에 작은 소매시장이 있는 게 소비자 입장에서는 편하죠.

한 번은 이런 일도 있었어요. 모르는 사람이 상회로 와서 자기가 물건을 대줄 테니 수수료를 1~2% 달라고 하면서 간판을 하나 걸어달라고 해요. 그래서 믿고 물건 값을 줬는데 물건을 안 가지고 오고 사라져 버려서 돈을 다 떼인 일도 있었습니다.

최형일의 진술

저는 조광시장에 1981년도부터 왔다 갔다 했는데 1981년도에 와보니까 74년도에 농협공판장이 개장을 했어요. 그 전에 도매 점포가 20개 정도 있었는데 공판장이 생기니까 옆으로 점포가 5개 정도 생기고 영일시장하고 같이 도매기능을 했죠.

1985년도에 용산시장이 가락동으로 이사 가면서 사람들이 이쪽으로 많이 넘어와서 점포를 만들고… 3년 만에 급격하게 늘어났어요. 점포수가 200개로 급격히 늘어났어요. 1994년도 이전 계획이 나왔는데 그 때 점포수가 300개가 있었고, 2004년 강서도매시장으로 이전하기 직전에는 400개가 넘었고, 현재도 조광시장만 185개 정도 됩니다. 조광시장은 전부 다 개인주택이라 평수는 따지기 어렵죠.

이금우의 진술
영일시장은 현재 점포수가 219개 됩니다. 이사 가기 전에는 555개였죠. 가건물 있었을 때는 더 많았습니다. 그 당시에는 가게 없이 물건을 받는 중상인(중간도매상)이 250명 정도 되었습니다. 영일시장, 조광시장이 한참 잘 될 때는 가락동시장 다음으로 물량이 많았어요. 조광시장하고 영일시장 일부 과일 물량 합하면 때로는 가락시장보다 많았을 때가 있었어요.

이영순의 진술
저는 염천교시장에 조금 있었는데 북창동시장이 염천교로 왔다는 소리를 들었습니다. 저는 물건을 사서 소매로 파는 것을 했습니다.

김용달의 진술
현재 조광시장이 있는 곳은 김안과 사거리 길 건너서 쭉 있습니다.

김홍기의 진술
조광시장은 주택가가 상가가 된 건데요, 조광시장이 원래 연탄공장 자리거든요. 연탄공장을 외부로 내보내려 해서 이전해 올 적에 저희가 4~500평을 사려 했습니다. 왜냐하면 남의 점포로 들어가면 금방 자리 비워 달라고 하는 것이 싫어서요. 근데 그 사람들이 안 팔아서 독자개발이 되어서 공판장(농협공판장)이 되었죠. 공판장은 지금 강서시장으로 가서 없어졌고 야당 당사가 들어왔다가 지금 1층에는 청원 마트가 들어와 있습니다..

이금우의 진술

영일시장은 과거 상인들이 769평 살 때는 상인들 공동의 땅이었는데, 지금은 지분 등기로 각자 소유하고 있습니다. 사유지죠. 이쪽으로만 769평 있고 나머지도 700평, 저기도 700평 되니까 2,000평이 조금 넘습니다.

조돈희의 진술

저는 1967년도에 영등포시장에 들어왔습니다. 1966년에 제대하고 나서 어렵게 살다 보니까 먹고 살기 위해 시장에 뛰어들었죠. 염천교시장에서도 있었고, 용산시장으로 옮겨서도 잠깐 있었습니다. 영등포시장에서 장사를 하다가 강서시장에 시장도매인으로 들어와 가지고 올해 손을 놓은 거죠. 취급품목은 참외, 수박도 하고 주로 오이, 호박 같은 채소를 했죠. 과일보다는 주로 채소를 했어요. 과일은 해봤자 참외, 수박이고 그때만 해도 참외, 수박이 차로 들어오고 그랬어요.

이곳 위탁상들은 물건이 들어오면 파는 것을 해야 되니까 산지로 수집을 나갈 그럴 시간이 없어서 산지에서 직접 수집은 어쩌다 한 번씩 했고, 주로 산지상인들이 수집을 해서 가져오면 저희가 그걸 중간 상인들한테 팔아주고 수수료는 8부(%) 수수료를 받았지요.

수집상이 직접 가져오는 경우도 있었지만, 생산자들이 직접 물건을 팔러 산지에서 부락단위로 올라오는 경우도 많았어요. 트럭(삼륜차 또는 타이탄 트럭) 한 대가 올라오면 많게는 사람이 한 20명씩 타고 오고 그랬어요. 버스를 따로 타고 오는 게 아니라 트럭 화물칸에 숨어서 오고 그랬어요. 물건을 내리려고 그랬던 게 아니고 자기들 참외 한 짝이라도 있으면 그것을 팔아서 돈 받아가려고 따라 올라오고 그랬어요. 그렇게 올라와서 판매하면 장기(대금)도 현금으로 받고, 서울 구경도 하고, 아침식사로 돼지국밥이라도 한 그릇 먹는 재미로 오고 그랬어요.

영등포시장은 안장시장에서 시작되었죠. 한강 성심병원 있는 쪽에, 지금 영등포시장 들어가는 로터리 길을 따라가다 보면 구청 쪽에 로터리가 있었는데 그 길로 쭉 내려가면 그게 시장 골목이었어요. 안장에는 우마차로도 물건을 싣고 들어오고 그랬어요. 오류동이나 그런 가까운 데에서는 우마차로 들어왔죠. 영일시장은 1972년도에 당시 하천 복개공사를 하고 시장으로 만든 거예요. 그때 영일실업이라고 몇몇 주주들이 설립한 회사가 하천을 복개한 후 가건물을 천막 식(그냥 말뚝이나 박고 천막만 쳐놓은)으로 짓고, 주주들 아닌 사람들한테 돈 10만 원씩인가를 받고 분양해 줬어요. 점포의 크기는 한 3~5평 됐을 거예요. 나중에는 점점 면적이 커졌어요. 뒤쪽에는 당시에 방림방직이라고 회사가 있었는데 그 담벼락에다 바짝 붙여가지고 가게를 확장하고 그랬어요. 영등포구청에서는 점포 크기를 재서 도로 사용료를 받았어요. 소유권은 없었으므로 점포를 넘길 때는 권리금을 받았죠. 건너편에는 임봉일이라는 분이 땅을 사가지고 12평씩 분양을 한 게 있었죠. 근처의 조광시장은 당시에는 점포가 몇 개 없었죠. 시장이 문래동 쪽으로 나온다고 하니까 안장시장 상인들이 영일이나 조광시장 쪽으로 나오게 된 겁니다.

박금식의 진술

영등포 성심병원 앞에 시장이 있었고 일제 강점기부터 있던 곳입니다. 1967년부터 그곳에서 3년간 장사를 했고, 그 후에 영등포 영일시장으로 옮겼습니다. 영일시장은 시장 사람들이 복개를 한 거예요. 원래 개천이 흘렀는데 국회의원이 알선을 했고, 시장 사람들 뒤를 봐줘서 여기를 복개하고 영등포시장이 이쪽으로 옮기면서 영일시장이 70년대 초에 생기게 됩니다. 임봉일 씨하고 김수홍 씨가 같이 만들었는데, 성심병원 앞이 너무 복잡해서 영등포 교통을 상당히 어렵게 만드니까 정책적으로 나가라 해서 이 두 사람이 주축이 되어 땅을 같이 사고 개장을 했습니다. 개천 이름은 생각은 안 나는데 학교 다닐 때 냄새 때문에 돌아서 다녔던 기억이 있습니다.

영일시장으로 다시 왔지만 조광시장에도 점포를 샀습니다. 조광시장은 원래 연탄공장 자리였는데, 연탄공장 이름은 기억나지 않지만, 사장 둘째 아들이 윤수일입니다. 정리를 하자면, 시장이 생긴 동기는 병원 앞의 시장이 너무 복잡해서 국회의원, 구청장이 정책적으로 정리를 하기 시작한 것이고, 조광시장은 처음에 몇 사람 정도 있다가 용산시장이 없어지는 바람에 용산 사람들이 이주를 해서 커진 것입니다.

윤수일 씨가 아버지가 하던 연탄공장 터의 일부를 쪼개서 조광시장을 만들고 허가를 받았습니다. 그 당시에 영일시장은 복개를 하려고 준비를 하고 있었는데 조광에서 먼저 선수를

친 겁니다. 조광시장은 채소에서 영일시장에 밀렸어요. 과일은 조광시장이 더 활성화되었고 채소는 영일시장이 더 활성화되었습니다. 용산시장이 1985년도에 가락동으로 옮기면서 상인들이 영등포로 옮겨오면서 더 커지고. 청량리에서 영등포로 옮겨온 사람들도 있습니다.

이구복의 진술

영일시장은 두 가지로 나누어집니다. 복개를 한 곳은 자터(자기 땅)가 아니어서 사용료를 내고, 다른 하나는 자터인 가정집을 고쳐서 점포로 만들어 놓은 겁니다. 조광시장은 가건물이 아니고 전부 본 건물이었습니다.

김종수의 진술

저는 처남 밑으로 1972년도엔가 영등포로 오면서 시작을 했는데… 시장 옮기면서 문래동으로 처음 들어왔고, 지금까지 강서시장에서 영업을 하고 있고요. 대금 정산에 필요한 돈이 부족해 사채를 많이 썼는데 백만 원을 쓰면 백일에 10%였어요. 이것을 '달러이자'라고 했어요.

그 중에서도 매일 원금과 이자를 나누어 갚는 일수가 많았죠. 돈 많은 일수쟁이 할머니들이 매일같이 돈 걷으러 돌아다니고 그랬어요. 그리고 그때만 해도 사람들이 순해가지고 안 떼먹고 잘 갚고 그랬어요. 8% 수수료 받아서 일수 쓰고 남는 게 별로 없지만 먹고 살아야 되니까….

그때는 시장에서 가정생활이 이루어지다 보니까 복개한 가게 내에도 살림이 들어오기 시작합니다. 뒤쪽으로 부뚜막을 넣고 방을 내는 것이지요.

조돈희의 진술

저는 10만 원짜리 가게 점포를 받아가지고, 처음에는 앞 건물에 세로 들어가서 있다가, 가건물 두 칸을 사가지고 거기다가 방을 만들고, 난방은 거의 다 연탄보일러 땠고 애들 넷을 키웠어요. 그리고 거기서 한 3~4년을 키웠을 거예요. 한 칸은 아주 살림방으로 만들어서…. 그거 뜯기면 어디 아파트 입주권이라도 하나 받을까 싶어서 거기서 살았어요. 거기서 하다가 본 건물쪽 개인 땅으로 가서 영업을 좀 했죠.

이구복의 진술

제가 처음에 왔을 때는 도로는 다 파여 있어 장화 없이는 못사는 데였어요. 아무 것도 없으니까 물도 반대쪽(복개한 곳에 있던 본 건물)에서 길어다가… 돈 주고 길어다가 먹고, 화장실도 공중화장실 하나 만들어서 쓰고… 그러니까 아침에는 전쟁이죠. 그리고 처음에 여기 왔을 때는 전화도 없었죠. 제가 와서 가게도 이층으로 만들어주고, 물 빠지는 시설도 만들어주고, 사무실답게 만들고 그랬죠. 본 건물은 가정집을 개조해서 가게로 만든 것이었고, 반대쪽에 가건물이 있었죠. 근데 실질적으로 장사 잘하는 사람들은 가건물에 많이 있었어요.

영등포시장이 크게 커진 것은 1985년도에 용산시장이 가락동으로 옮기면서, 가락동으로 옮기기 싫은 사람들이 이쪽으로 들어오게 되었고 저도 그런 경우입니다. 가락동에 1년 갔다가 영등포로 왔죠.

영일시장에 계시던 분들은 주로 산지에서 물건을 받는 분도 계시긴 했지만, 주로 용산에서 갖다 팔던 사람들이 많았는데, 용산 상인이 이곳으로 오면서 자꾸 물량이 많아지고 따라서 영등포시장이 커지게 됩니다. 그래서 제2의 물류시장이 됐죠. 과일이 전국에서 1위 실적을 올렸고, 과일은 조광시장에서 주로 취급을 했어요. 채소는 전국에서 2위로 영일시장을 알아줬고, 홍고추는 전국에서 제일 많이 팔렸어요.

산지에서 수집해서 농민들이 직접 따라오는 거 말고, 하주(荷主)들이 가져오는 비중은 강서시장으로 오면서부터 줄어들었지만, 영등포시장 시절에는 하주들이 돈 가지고 가서 안 갚는 경우가 부지기수였어요. 선대금(先代金) 많이 떼였어요. 저도 많이 떼였었는데, 500평짜리 밭째로 500만 원을 달라고 한다는데 하주가 돈이 200만 원밖에 없다고 300만 원을 대다오, 그러면 아무런 각서 이런 것도 없이 300만 원을 해주면… 500만 원 짜리 물건이 판매를 하다 보면 300만 원밖에 안 나오면 나머지 돈을 받을 길이 없어요. 근데 이 사람들이 다음에 와서 돈을 또 달라고 하면, 또 줘야 한다는 거예요. 이게 한 번 대박이 나면 공제가 되는데 잘못 되면 영원히 시장을 떠나는 거죠.

이것만 문제가 아니었어요. 이게 만약에 밑져버리면 그 사람들이 산지에서 물건을 보내지를 않아요. 그러니까 돈 잃고 사람 잃고 그러는 거지. …그때는 상회 돈이 공돈인 줄 알고 다 갖다 쓰고 그랬지. 그러니까 어렵게 살았던 거예요. 그래도 한 가지 좋았던 거는, 여기 강서시장으로 들어오면서부터는 등수를 매기니까 각박해졌지만, 그 전에는 가족 같은 분위

기였어요. 뭐가 없다고 그러면 갖다 팔라고 하고….

위탁상들의 정규 조직은 없었고 친목회나 향우회 같은 조직만 있었죠. 그땐 충청도, 전라도 이런 식으로 지역 향우회가 많아서 놀러 많이 다니고 그랬죠. 없이 살아도 정겹고 재미있고 사람 사는 맛이 있었죠. 상인연합회라고 하는 것이 설립된 것은 아마 1973년도나 74년도쯤 될 겁니다. 그것도 호남지방에서 맡아가지고 영원히 상인연합회 회장을 한다고 한 건데 그걸 또 깨뜨린 사람이 접니다. 그건 그렇고 트럭 동에 배추, 무가 모두 원물로 들어왔는데, 무, 배추를 대기 위해서는 그만한 자리가 필요했었는데, 그러니까 모든 도로를 다 사용해 버린 거예요. 자동적으로 도로를 폐쇄해가지고 상인들이 다 쓰게 되지요. 차다이(차단위)로 사가지고 우리한테 파는 사람들이 다른 조직인 상인협회를 만들었습니다.

당시에는 운반 수단도 용산에서 영등포까지 리어카로 배달하고 그랬어요. 필요한 물건을 사다가 팔아야 되니까 용산에서 떼다가 영등포까지 가지고 와서 팔고 그랬죠. 물론 오류동, 개봉동 등에서도 리어카를 끌고 왔죠. 그러니까 용산에서 리어카로 한강대교를 건너 노량진을 거쳐 영등포로 오는 거예요. 본인이 직접 하기도 했고. '풍거리(품벌이)'라는 사람들이 있었는데, 쉽게 얘기해서 개인용달인 리어카 끄는 사람을 그렇게 불렀어요. '품벌이'란 품을 팔아서 벌어먹는다고 해서 품벌이가 아니었을까 싶어요. 근데 또 구간 구간에 힘이 드는 구간에 가면, 멀쩡한 장정이 서 있어요. 이 사람들이 뒤에서 밀어주면 한 오백 원 주고. 이 사람들을 '뒷밀이' 또는 '뒷밀꾼'이라고 불렀어요. 거기에는 학생들도 언덕 같은 데서 기다렸다가 밀어주고 돈 몇 푼 받고 그랬어요. 그러다가 삼륜차가 나왔죠. 그게 아마 1970년대 초반쯤에 나왔을 거예요. 그러다가 그게 하도 사고가 많이 나고 하니까 없어져버렸지. 물건 싣고 가다가 얼마 못 가고 넘어져 버리니까.

정흥기의 진술

리어카 끄는 사람을 '아까부'라고 하고, 영등포시장에서 사서 흑석동에서 판매하는 사람들은 '아까부'에게 돈 주고 실으면 뒤에서 미는 '뒷밀이'가 있었습니다. 길거리 장사하는 사람들은 힘드니까 리어카꾼에게 맡기고, 리어카꾼은 이를 모아서 운반합니다. 상인들은 버스 타고 갑니다. 운송 수단이 돈 많은 순서대로 하면 자전거-리어카-지게 순서인데, 리어카는 주로 서울역, 용산역에 많이 있었습니다. 한 탕만 하는 것은 아니고 두 탕은 해야 돈이 모아집니다. 리어카 꾼이 힘은 들었어도 그 당시 5급 공무원(현재 9급 공무원) 월급의 세 배는 돈을 벌었습니다. 삼륜차 이름이 '삼발이'고 0.5톤~1.5톤인데 7.2톤까지 싣고 다니다가 잘 뒤집어졌습니다. 삼발이 차는 70년대 말에 복사차가 나오면서 없어지게 됩니다. 복사차가 나오면서 전국 화물 노선이 터졌고, 그 전(60~70년대)에는 열차로 올라왔는데 큰 것 하나도 운임이 1,000원, 작은 것도 1,000원이었습니다. 그래서 딸기 한 다락에 사 단(네층)을 담았고, 드럼통 절반을 잘라서 담으면 다락이 두 개가 됩니다.

조돈희의 진술

내가 삼륜차를 시골서 타고 오다가 논으로 굴러 떨어진 적이

있는데 그게 아마 73~4년도였어요. 그러니까 70년대에는 삼
륜차가 있다가 후반쯤 가서 없어졌지. 앞바퀴가 하나여서 잘
뒤집어졌어요.

이구복의 진술

지금이야 쪽파, 대파가 소포장이 돼가지고 들어오지만, 그때
만 해도 그냥 막 싸가지고 들어왔어요. 그걸 받아 내려서 가게
에서 소포장을 따로 했지요. 그걸 묶는 기술자 아주머니들이 따
로 있었어요. 한 단에 20원 이렇게 줬던 거 같아요. 지금이야 묶
는 게 있지만, 그때는 시골서 따로 볏짚을 사가지고 그걸로 묶
었어요. 그 당시에는 전화도 잘 안 될 때라서 시장에서 쪽파 시
세가 좋으면 더 가지고 올라오라고 해야 되는데 연결이 잘 안
되니까. 전화 연결해주는 사람들한테 속옷도 사다주고 로비를
했었죠. 진도에서 쪽파 가지고 올 때 배를 타야 되는데, 중간에
도선하는 사람한테 돈을 좀 주고 새치기 해달라고 하는… 그런
일들도 아주 많았죠. 아줌마들이 거의 대파를 묶었는데, 진도는
통일벼들이라 볏단이 짧아서 묶는 데 쓰지를 못했어요. 그래서
그때 '유신 벼'라고 볏단이 긴 것이 있었는데 전방 민통선 있는
데 가서 한 차씩 사가지고 오고 그랬어요. 처음에는 한 단에 3원
이렇게도 주다가 조금씩, 조금씩 올려줬지요. 하여튼 한 사람이
하루에 많이 묶는 사람은 1kg 단위로 해서 천 이삼백 개씩 묶었
어요. 이게 천삼백 개가… 새벽 1시부터 그날 밤 9시까지 묶었
던 거예요. 그러니까 말이 하루지… 이걸 제가 예쁘게 쌓아가지
고 팔고 그랬어요. 제가 많이 세었을 때는 만 이천 단까지 세어
봤어요. 밤에 그걸 세고 있으면 사람들이 그 소리를 듣고 와서

사가는 일이 많았어요.

김종수의 진술
  예전에 내가 배추 같은 걸 사다보면 100개를 사면, 덤을 아주 많이 줬어요. 근데 와서 세어보면 백 개가 안 되는 경우가 있었어요. 그러니까 그걸 숫자 세는 소리를… 손이 가면서 세고 오면서 세니까… 눈속임을 했죠. 그리고 앞자리 아줌마들은 또 연신 밑에서 빼가지고 위에다가 올려서 숫자를 늘리는 거예요. 당시에는 규격 상자가 없어서 전부 중고 박스, 예를 들면 라면박스 같은 것들을 고물상에서 사서 모아 가지고 여기에 담아 가져오고 그랬어요. 또한 그때는 무게보다는 접① 단위로 신고 왔어요. 참외도 접으로 가져오고 그랬죠. 참외의 경우 큰 대바구니에 풀 베서 깔고 참외 넣고 사이사이에 풀을 넣어 가져왔어요. 예전에 참외 같은 건 모두 고봉(위가 올라오게 담는 것)으로 담다가 누르면 깨지니까 올라오도록 안 담게 됐죠. 대바구니에 담아 오기도 했는데, 대바구니도 없을 때는 가마니에도 담아오고 그랬어요. 가마니에다 참외를 담는데 시골에서 깨지지 말라고 풀을 넣어가면서 담는데, 절반은 풀이고 나머지 절반은 참외고 그런 일도 있었어요.

  ①수량 단위로 100개를 말함.

이구복의 증언
  저도 과채를 많이 했는데 오이를 가지고 올 때 사료 포대 같은 걸 쓰다가 그게 이제 박스로 바뀌게 되거든요. 그걸 최초로 박스로 바꾼 사람이 저라고 해도 과언이 아닙니다. 그때 삼양라면, 짱구… 이런 과자 박스들이 나왔었거든요. 그 빈 박스를 쓰면 어떨까 해서 1980년대 초쯤 고물상에 가서 그걸 사다가 시골에 보내주니까 반응이 아주 좋았죠. 이게 1970년대에도 박스에 들어오는 게 있기는 했지만, 본격적으로 박스 포장을 한 건 80년대라고 봐야죠. 이러면서 시장 안에 중고 박스 가게가 생기게 됩니다. 똑같은 라면 박스라도 A급, B급, C급으로 나뉘게 되고… 박스를 재탕해서 쓴 걸 또 쓰고 그랬어요. 그때만 해도 좀 끗발이 좋은 사람들은 박스가 들어오는 대로 A급을 다 갖다가 쓰고 그랬죠. 그래서 이걸 박스를 사다가 지방으로 내려 보내서 물건을 받으니까 좋았거든요. 그 후에 박스공장이 생기고, 거기서 박스를 찍어서 하게 된 거죠.

처음에는 우리가 시장에서 박스를 사서 시골로 내려 보내준 거예요. 그리고 나서 작목반이 생기고, 작목반이 들어온 데에는 박스 작업을 할 수 있게 해야 된다고 해서 그쪽엔 많이 보냈죠. 처음에는 박스에 인적 사항이 안 들어가다가 이름도 적어 넣고… 박스도 다 가격이 다른데 상인들은 산지에서 좋은 박스를 쓰는 게 좋죠. 안에 내용물이 눌리지 않고 보관도 용이하고, 신선도 유지도 좋으니까. 포장용기로 박스를 사용하게 된 것은 농민들이 시작한 게 아니라 도매상들이 먼저 시작한 겁니다. 산지가 먼저 변한 게 아니라 도매시장에서 필요에 의해 시작했던 거예요. 나중에 영등포시장에 나무 상자가 도입되었고, 플라스틱 상자는 강서시장에서 사용되기 시작했죠.

용산시장 시절에는 소위 잘 나간다는 가게들은 다 깡패들을 하나씩 끼고 있었어요. 마늘을 한 '야마' 이런 식으로 불렀어요.

한 무더기를 야마라고 했는데… 지금이야 마늘을 기계로 선별하지만, 그때는 손으로 선별을 했어요. 1압(엄지와 중지를 동그랗게 붙인 크기를 1압) 1지, 2지, 3지(1압에 손가락 마디 하나, 둘, 세 개…)로 크기를 가렸는데, 이걸 막 큰 것과 작은 걸 섞어 버려요. 이걸 막 섞어놓고, 제가 1압 2지를 샀는데 그게 알고 보니 작은 것과 섞어놓은 거예요. 거기다 대고 못 사겠다고 하면, 그때 깡패들이 나오는 거죠. 꼼짝 못 했어요. 그렇게 하는 걸 '데끼'친다고 그랬어요. '속박이'죠.

한필수의 진술

저는 주로 과일을 했죠. 정확하게 1972년 12월 27일에 조광시장에서 '앞자리 상'으로 시작을 했습니다. 제가 시장에 입문하기 전에 '안장'이라고 있었어요. 영신백화점 쪽에 성신병원 가는 통로, 농아학교 있는 데를 '안장'이라고 했어요. 근데 거기 시장이 복잡하고 하니까 상인들을 연탄공장 하던 자리로 이전을 시킨 거예요. 이게 조광시장이죠. 보충 설명을 하자면, 지금 홍익상가 쪽으로 해서 그쪽 철로 건너에는 위탁상이 없었어요. 거기가 잘 아시다시피 1985년도에 용산시장이 가락동으로 옮기면서, 용산시장에서 위탁만 받던 분들이 경매를 하라니까 못 버티고 조광시장으로 합류를 한 거예요. 1973년도에는 거기 위탁상이 11개 밖에 없었어요. 가락동시장으로 옮기고 하는 과정에서 영등포시장으로 유입이 되니까 위탁상이 늘어난 거예요. 11개 위탁상들이 그때는 위탁도 받고 필요하면 농협공판장 가서 입찰도 해오고 그랬어요. 처음에는 공판장에서도 강하게 밀어붙이지는 않았어요. 같이 조화를 이루려고 했었죠. 근데 시간이 지나면서 마찰이 생기다 보니까 나간 사람들도 있고 그랬어요. 그러다가 가락동시장이 개장을 하면서, 영등포로 넘어오는 사람들이 많아져서 시장이 몇 배로 커지고 골목골목에 다 형성이 된 거예요. 또한 영신상가 있는 데서 농아학교로 나오는 골목이 하나 있습니다. 거기에 생선도 같이 하면서 위탁받던 분들이 계셨어요. 그리고 80년도 후반기 노태우 정권 때 노량진 수산시장이 만들어졌는데, 처음에는 구색을 갖춘다고 해서 영등포시장에서 넘어간 사람들이 청과도 하고 그랬습니다.

영일시장 쪽은 채소고, 조광시장은 과일이었어요. 그때 제가 조광시장으로 와서 과일 장사를 하다가 1974년 9월 20일에 농협공판장이 개장된 겁니다. 그때 제가 농협공판장 중매인(번호는 250번)을 시작했습니다. 저희들이 조광시장에 있을 때 영일시장이 길 건너에 있었어요. 판자촌으로 해서 방림방직 뒤로 해서 시장이 있었어요. 주로 채소 위탁상이 대부분이었어요. 조광시장 쪽에도 채소부와 과실부가 있었어요. 근데 농협공판장이 생기면서 채소가 과일에 밀리기 시작한 것 같아요. 그렇게 되니까 몇 분들이……박금식 씨도 최초에 조광시장 멤버인데, 이 분들이 영일시장으로 넘어간 거예요. 공판장에서는 채소를 위탁받을 처지가 못 되다 보니까. 그래서 조광시장에 과일만 잔류하게 된 거예요. 농협공판장에서 과일을 경매하다 보니까 수수료 떼고 하니 힘들어서 많이 영일시장으로 떠났어요. 조광시장에만 쭉 있다가 여기 강서시장으로 들어왔고, 여기 와서 '썬후르츠'라는 브랜드로 홈플러스에 납품을 하면서 손해를 많이 봤습니다. 원래는 중매인이었는데, 이쪽으로 옮겨오면서 위탁상을 시작한 겁니다.

백인기의 진술

저는 실질적으로 1980년대에 장사를 시작했어요. 아버님이 하시던 걸 제가 물려받았어요. 우리 아버님은 한강성신병원 안 장시장부터 시작하신 거예요. 제가 서울 토박이인데, 당시에는 말죽거리에서 닷지(Dodge) 차로 물건을 많이 실어 날랐어요. 그때는 생산자들이 전부 쫓아 올라오고 그랬어요. 올라와서 저희 집에서 주무시고 새벽에 아버님하고 같이 나가서 물건 파는 거 보고 계산서 받아가지고 집으로 돌아가시고 그랬어요. 보편적으로 많이들 오셨어요. 당시에는 운송수단이 안 좋아서 경기도 화성에서 올 때도 시외버스로 오면 영등포구청 있는 데로 오고 그랬어요.

한필수의 진술

영등포에는 지하철역 쪽에서 오른쪽으로 시외버스 정류장이 있었어요. 농협공판장이 생기기 전에, 고촌이나 일산 이런 데에서 아침에 딸기 따가지고 다라(양은으로 만든 용기)에 담아서 조광시장으로 왔어요. 제가 그때는 앞자리를 하고 있을 때니까 받아주고 그랬어요. 그러면 주산을 이용해서 그 자리에서 장기 끊고 돈을 주고 그랬어요. 일산에서 딸기가 많이 들어왔는데 제가 딸기를 제일 많이 받았었어요.

그러다가 용산시장이 폐쇄되고 가락시장으로 옮기면서, 갑자기 조광시장의 상권이 불어났어요. 인천이나 의정부 이런 데서 지방 중상인(중간도매상)들이 물건을 많이 사러 왔어요.

딸기를 5톤 2차씩을 받아도 소비가 되고 그랬죠. 그 과정에서 일산, 능곡, 김포에서 아침에 딸기를 따면 정말 싱싱한 걸 가지고 10시쯤에 옵니다. 그러면 저희 가게에서 딸기를 사려고 새벽에 와서 다른 물건을 산 다음 10시까지 기다렸다가 사가지고 가고 그랬어요. 저는 공판장 중매인으로 위탁도 받는다고 해서 투서도 받고 그랬어요.

백인기의 진술

용산시장이 가락동으로 옮기면서 조광시장만 커진 게 아니라 영일시장도 같이 커졌던 거예요. 제가 1980년도에 시장 생활을 시작했는데, 겨울이 되니까 12월정도 김장철 지나고 나면 가게들이 4분의 1 내지 5분의 1만 남고 다 문 닫았어요. 겨울장사가 안 되니까…. 근데 가락동으로 옮기고 나니까 상권이 커지고 비닐하우스 시작과도 맞물려 겨울에도 장사를 하게 된 거죠. 1982년경부터 품목이 다양해지고 시장이 아주 커졌죠.

한필수의 진술

처음에 잘 될 때는 하루에 딸기가 천 다라가 들어와도 다 판매할 정도였죠. 예전에 딸기 들어오던 걸 보면, 70년대 초반에는 나무 뒷박으로 조그맣게 밀양, 삼랑진에서 부치면 이걸 영등포역 수하물 도착하는 곳에 밤 12시에 딸기를 찾으러 갔었어요. 이후에 양이 많아지면서 나무로 틀을 짜서 거기에 담아 출하를 하거나 양은 다라에 담아서 들어왔어요. 그러다가 2008년에 제가 폐업할 무렵에는 일부는 양은 다라에 받고 플라스틱 다라에도 받았어요. 스티로폼 팩에 소포장해서 들어온 건 고령 쌍림 딸기가 아주 유명한데 팩 딸기의 개척지가 거기예요. 아이스박스 포장해서 랩으로 싸서 온 게 원조입니다. 소포장으로 들어오다 보니 훨씬 가격도 잘 받고 하다 보니까 요즘은 대부분이 소포장을 하게 된 겁니다.

백인기의 진술

제가 처음 시장에 나갔을 때는 아버님께서 상추, 쑥갓, 열무, 얼갈이 같은 엽채류를 주로 거래하셨어요. 당시에 1970년대 초반까지만 해도 상추도 열 몇 관씩 큰 비닐에 담아가지고 도림동 같은 데서 지게로 가지고 오고 그랬어요. 뿌리째 포기상추를 가지고 들어왔는데, 뿌리가 안쪽으로 들어가고 상추가 밖으로 보이게 포장을 해가지고 왔어요. 근데 상추 가격이 비쌀 때는 상추를 꺼내다가 보면 뿌리에 흙이 한 덩이씩 나왔어요. 몇 킬로씩 나오는 경우도 있고 그랬어요. 왜냐하면 농민들이 무게를 늘리려고 흙을 털지 않거나 더 넣은 거죠. 저는 지금까지도 엽채류만 하고 있어요. 당시 송파구 세곡동에 비닐하우스가 아주 많았는데, 제가 물건 가지고 와서 바로 다음날 계산서랑 돈을 해다가 갖다 줬어요. 그러니까 물건 하러 가면 값도 안 물어보고 물건 실어주고 그랬어요. 근데 용산시장은 왜 그랬는지는 몰라도 며칠씩 걸리고 그랬어요. 그러다 보니 용산의 상인들이 물건을 뺏기니까 계산서를 올려서 끊어주고, 따라서 산지에서 물건을 저한테 안 보내고 용산시장으로 몇 번 보냈어요. 보냈더니 다시 계산서를 낮춰 끊어주는 식으로 몇 번 당하다가 다시 용산에는 안 줬죠. 물건이 다 저한테 몰리다 보니까 영일시장에서 소비를 못 하던 때도 있었어요. 그럴 때는 늦은 시간에 조광시장 공판장 쪽에 물건을 집어넣고 그랬죠. 가락시장이 생기기 전엔 세곡동(서초구)에서 물건을 많이 했어요. 그리고 소포장 단위로 변한 시기가 1980년대 초반이 지나면서 소포장으로 변했어요. 상추 포장도 8kg 2관 작업으로 바뀌었다가 한 관 작업은 1982~3년도에 저희 아버님이 처음으로 시작하셨죠. 용산시장에서는 당시에도 다 두 관으로 했는데, 그걸 하면 속박이를 못하니까… 한 관으로 들어가면 안 받았죠. 그리고 영일시장 초창기만 하더라도 기차로 들어오고 그랬죠. 그러다가 화물차가 많이 다니면서 열차는 이용이 줄어들었죠.

한필수의 진술

당시 중부시장, 남대문시장, 염천교시장이 있었어요. 영등포 상인들이 다른 시장에 가서 주판 입찰을 했는데 거기서 물건 사서 삼륜차로도 가지고 오고 그랬어요. 자전거로도 많이 다녔는데, 자전거에 박스를 20개씩 싣고 한강대교를 건너고 그랬어요. 처음에 조광시장으로 오니까 물건이 구색도 안 갖춰져 있고 그래서 다른 시장에 가서 사가지고 오는 경우도 있었어요. 처음엔 시장만 생기고 물건이 없었어요. 그때는 염천교시장이랑 남대문 시장이 규모가 굉장히 컸었어요. 차가 못 다닐 정도로 복잡했고, 사과도 미제박스 큰 거에다가 들어오고 그랬어요. 용산 시외버스 터미널이 있었는데, 용산시장에서 한강대교 넘어오는 길에는 리어카를 뒤에서 밀어주는 사람들이 있었어요. 한 번 밀어주면 30원씩 받고 그랬어요. 사과 나무박스 스무 개를 싣고 올라오면 그걸 밀어주고 그랬어요.

백인기의 진술

그리고 예전에는 통신이 별로 좋지가 않았어요. 그때는 강원도 골짜기엔 전화가 없고 이장 집에만 비상전화가 되잖아요. 그렇게 해서 오늘 가격이 아주 좋았으면, 그것으로 물건을 다시 해오기까지 거의 일주일이 걸리고 그랬어요. 그래서 당시에는 시세가 일주일 정도 가고 그랬다고 해요. 예를 들어 요즘은 어제 100원이었다가 오늘 500원이면, 당장 내일 물건이 밀려들어 오니까 그런 게 없는데 당시에는 시세가 일주일은 갔다고 해요. 그러면 시세가 만약에 오늘 500원이면, 상인들이 이장 집에 전화를 해서 어제 100원 시세로 해서 동네 물건을 싹쓸이해서 오는 일들이 있었어요. 지금은 그게 불가능하지만… 당시에는 이렇게 돈을 쉽게 벌고 하셨다고 해요.

한필수의 진술

통신시설 얘기가 나와서 보충설명을 드립니다. 그때는 작목반에 다니면서 계산서랑 돈만 갖다 주고 가져오고 하는 아주머니들이 계셨어요. 영등포시장, 청량리시장 이런 시장을 쭉 돌면서 돈이랑 계산서를 모아서 산지에 갖다 주고 그랬어요. 그게 보통 3일 이상 걸리고 그랬어요. 그러다 보니 비리도 많고 그랬어요. 지금이야 새벽에 경매한 거 가만히 앉아서 시세를 다 알 수가 있지만, 그때는 그렇지가 않았잖아요. 부조리가 많고 허술하고 그랬어요. 농민들이 판로를 많이 개척해서 정보도 많고 다 알지만, 그 당시에는 죽도록 농사 지어서 억울한 일을 당하는 경우가 많았어요.

당시에 조광시장의 공판장에는 중도매인연합회가 있었고, 연합회 안에 과실부랑 소채부(채소부)가 따로 나눠져 있었어요. 그리고 길 건너 일반 위탁상은 조광시장상인연합회가 있었어요. 우리 이 회장님(이규복)은 문래동 출신이니까, 문래동에도 역시 마찬가지로 상인연합회가 있었어요. 근데 참 안타깝게도 영일시장하고 조광시장은 교류가 없었어요.

정규신의 진술

1985년도에 용산시장이 폐쇄되면서 두 곳으로 갈렸습니다. 용산시장에서 가락동, 나머지는 영등포 조광시장으로 와서 크기가 더 커진 겁니다. 몇 년 뒤 청량리시장이 용산처럼 정리가 되고 구리시장이 탄생하면서 구리시장으로 나가고 소수가 조광시장으로 왔죠.

박금식의 진술

말죽거리(지금 양재동, 양재동 사거리)에서 리어카와 소 구루마로 물건을 가져오곤 했습니다.

정홍기의 진술

말죽거리는 포이동, 양재동, 은현동, 개포동까지 영등포에서 2~30리 될 거예요.

박금식의 진술

구루마와 리어카가 안 되는 곳은 보따리에 이거나 지게에 지고 온 다음 구루마와 리어카에 다시 싣고 오는 거죠. 말죽거리는 후에 1980년대에 개발되죠. 조광시장에 최초 위탁상회는

9~10개 정도 있었고, 상운, 대성, 협신상회 등이 기억이 나네요. 공판장 생기기 전이죠. 영등포시장의 처음 뿌리는 자연스럽게 생긴, 이름도 없는 성심병원 앞 시장입니다. 구(舊)시장이 아직도 있으니까 가볼 필요가 있을 겁니다.

정종도(종도상회 대표)의 진술
저는 영등포시장이 복개·개발되면서 위탁을 받을 수 없으니까 영일시장으로 할 수 없이 왔습니다. 조광시장에 남을 것이냐 영일시장으로 갈 것이냐 갈림길이 있었는데, 채소 위탁상 중 조광에 남은 사람들은 피를 봤죠. 저는 영일시장으로 옮겼는데 탁월한 선택이었습니다.

정흥기의 진술
조광시장의 채소는 농협공판장 한 곳에서만 위탁을 받았고, 산 증인으로 농협공판장에 있었던 우신농산 이병호(77세) 씨가 있습니다.

이구복의 진술
이금무 씨는 영일실업 대표이사인데 대행업체이고 1990년대 지나서 들어오신 분이라 역사는 짧을 수 있습니다.

박금식의 진술
1969년경에 어떤 기사가 큰 타이어 굴리고 와서 오다가 펑크가 났으니 돈을 달라고 하는 겁니다. 물건을 싣고 온 사람인 줄 알고 줬는데 돈을 가지고 그대로 튀었어요. 또 하나는 제 조카가 당한 일인데 어떤 사람이 와서 배추를 팔아달라고 하는 겁니다. 배추밭이 크기 때문에 자기하고 같이 차(오스틴이란 차)를 타고 가야 한다고 해서 조카가 20만 원을 가지고 같이 차에 탔죠. 그 사람은 운전석, 옆에 조카가 타고 20만 원을 맡겼는데 영등포시장 뒤의 복잡한 데로 차를 끌고 가더니 잠깐 다녀오겠다며 감쪽같이 사라졌답니다.

비닐하우스도 없는 시대여서 영등포는 겨울에 거의 놀았습니다. 1970년도 후반기까지 하우스 재배가 없어서 1년에 두세 달 정도 쉬었죠. 시설재배가 생기고 나서 철이 없어졌지만요.

정홍기의 진술

토마토, 딸기, 수박, 참외는 원래 채소이고 과일 종류의 채소라고 해서 과채류입니다. 그런데 경매시장에 가보면 딸기, 토마토, 수박, 참외는 과일 경매장에서 경매가 됩니다. 원래는 채소이므로 다른 나라에서는 채소 매장에서 경매되지만 우리나라만 유일하게 과일 쪽에서 경매됩니다. 그래서 영일시장에서 취급한 게 아닙니다. 옛날에는 신선도 유지가 힘들어 수박 같은 경우 70% 익은 걸 땄어요. 억지로 익히면 살이 하얗던 것이 좀 붉어집니다. 그때는 먹고 살기 어려울 때라 하얘도 먹었을 때죠. 그때 포도나무를 박피하기도 했습니다(나무껍질에 상처를 내서 수분 공급이 중단되면 성장이 멈추고 시퍼렇던 게 익게 됨). 그래서 당도가 낮았고 신맛이 강했죠. 농산물 경매는… 서울 남대문시장, 동대문시장, 왕십리중앙시장에서 주판 입찰을 했었는데, 왕십리중앙시장은 역사가 굉장히 깊은 곳입니다

박세근의 진술

저는 1968년 용산시장에 들어왔고 가락동으로 옮기기 두 달 전(1985년 4월) 영등포시장 농협공판장으로 왔습니다. 당시 조광시장 생기고 점포가 하루에 5개도 생기고 10개도 생기고 번지더라고요. 농협공판장에서 조광시장으로 옮겨 거기서 관리를 맡게 됐죠. 앞쪽이 지금은 상회로 변했지만 그땐 찻집, 술집이었는데, 포장마차 50개쯤… 새마을 애들(조폭들)이 있었죠. 처음에 조광시장 쪽에는 가게가 하나도 없더라고요.

몇 년 뒤에 가게가 쭉 생기니까 주위에 건달들이 와서 뭐 있는가 싶어서 기웃거리고… 서울청과 석화라고 알 거에요. 석화하고 둘이서 근무를 하는데, 이틀마다 와서 시비를 걸고 때려 부수는 거예요. 이런 식으로 상회에 가서 개판치고 갈취하면 안 되는데, 참는 김에 참자해서 무지하게 참았어요. 1년을 참다가 석화가 도저히 못 참겠다고 오늘 붙어보자고 하데요. 6월인가 7월에 건달들이 오더라고요. 쇠파이프로 때려 부수려고 해서 그것을 뺏었더니 쳐다보더라고요. 오늘 그러지 말고 2대 1로 붙던지 하자고 해서 원 없이 팼어요. 제가 팬 사람은 12주 진단 나왔고, 석화가 팬 사람은 8주. 합의 보는 데 1,200만 원 달라는 거예요. 농협공판장 서기창 씨가 500만 원, 충남상회가 100만 원, 또 차 부장님이 뒤에서 도와주시고 해서 합의가 잘 되었어요.

그 뒤로부터 우리가 안 물러섰어요. 한 번은 느닷없이 골목에서 나오더니만 돌아서는데 여기(뒷머리) 맞아가지고. 얼마나 아픈지… 애들(건달들) 불러서 술집에서 이야기를 했죠. 뭐가 필요하면 이야기를 해라. 술이 먹고 싶으면 술이 먹고 싶다고 이야기를 하라고. 그래서 좀 진정시키고… 한 마디로 건달들이 괜히

와서 행패를 부린 거죠. 돈 빌려 달라 그러고, 술 사 달라 그러고. 건달들 정리하는 시간은 얼마 안 걸렸어요. 포장마차가 철우아파트에서 밑으로 쭉 많았어요.

포장마차가 있으면 (건달들이) 술을 먹고 계속 올라오니까 안 되겠다 싶어서 포장마차마다 언제까지 철거하라고 공문을 붙였어요. 그러니까 장사하게 해달라고 300만 원을 들고 왔더라고요. 한 번은 물건이 많이 들어오는데 도로 중간에 차를 세우고 며칠을 안 빼는 거예요. 빼라고 그랬는데 말을 안 들어 거기서 한 번 붙어버렸지. 잡아서 목을….

용산시장에 있었을 땐 좋은 선후배들이 많았는데, 영등포에 와서는 고생 엄청 했습니다. 사람한테 시달리다보니.

권창순의 진술
원래 영등포 김안과 앞쪽이 쪽방 집에다가 술집이에요. 쭉 철길이 있었어요. 그래서 불량배가 많이 끓었던 거예요.

이구복의 진술
조광시장에 과일 가게가 형성되고 공판장이 있어서 채소가 있긴 있었는데 과일에 치다 보니까 채소는 전부 영일시장으로 넘어가더라고요. 영일시장 앞 하천을 영일실업주식회사가 반, 반은 또 사채업자가 복개공사를 같이 해서 점포 100개를 만들고 월 임대료를 받아간 거예요. 그 분이 임봉일 씨. 조광시장이 채소는 약하기 때문에 그쪽으로 보낸 겁니다. 조광시장 전부 거기가 술집, 유흥업소였으나 하나둘씩 점포로 바뀌게 되었죠.

이분(박세근 씨)은 처음 용산시장에 있다가 용산이 옮겨가니까 다시 영등포로 온 거죠. 조광시장에 뿌리를 내린 거예요. 이 분도 용산시장 시절에는 깡패단체 소속이었죠. 그 당시에도 운동을 했으니까. 조금 전에 이야기했던 김병남(아가씨파) 씨는 용산에서 놀고 있던 사람들을 모아 노조 결성해서 세력을 확장했고, 박세근 씨는 거기서 떨어져 나와서 영등포로 오게 되죠. 그래서 혈혈단신으로 하다 보니까 힘이 부쳐서 자기 세계에 있던 다른 사람을 부른 거죠. 둘이서도 힘이 부치니까 둘을 더 불러서 네 명이서 박살을 낸 거지.

박세근의 진술

이런 일도 있었죠. 가락동시장에서 영등포시장으로 들어오는 상인이 자꾸 늘어나면서 자꾸 이상한 사람들이 들어오는 것 같다고 날보고 파악을 해서 보고를 하라고 하는 거예요. 아 그래서 "제가 처리하겠습니다." 하고 나서 이상한 사람에게 어디서 오셨냐고 하니까 가락동에서 왔다고 하더라고요. 뭐 하러 오셨냐고 하니까 긴가민가 빼더라고요. 그래서 보냈는데 그 이튿날 또 오더라고요. 상인들이 나한테 패대기치고서라도 범접을 못하게 하라고 시키더라고요. 조광시장의 가게가 그렇게 생긴 거예요. 처음에 가락동시장에서 (정부의) 압박이 무지하게 심했어요. 그래서 조광시장이 점점 활성화가 된 거예요. 정홍기 씨도 늦게 들어왔고 병남이 형도….

제가 20년 동안 조광시장 쪽에서 수금을 했거든요. 청소비하고 연합회비. 당시 조광시장에는 점포수가 한 250개~280개 정도. 골목마다 다 들어가 있었어요. 농협까지 치면 300개가 넘죠. 제가 단속을 한 것은 건달들이었어요. 건달들 술 먹고 가다

연합회 사람들을 발로 차고 그러니까. 옛날에는 컨테이너에 담아서 파는 것이 아니라 '야마'로 팔았죠.

이구복의 진술
그때 '야마'라는 것은 수박을 예쁘게 20~30개 선별해서 쌓아놓은 것을 말합니다.

박세근의 진술
매장 앞 도로에 '야마' 쌓아놓으면 술 먹고 건달들이 가다가 발로 차고 그러는데 상인들이 얼마나 마음이 그렇겠어요. 제가 출근하면 한 바퀴 싹 돌면서 직원들한테 인사를 합니다. "안녕하세요. 별일 없습니까." 이렇게 인사하며 근무를 시작하죠. 그러면 어디서 누가 저쪽에 내려가 보라고. 그래서 건달들하고 싸우다가 여기 열여덟 바늘인가 스무 바늘 꿰맸습니다.

회사 체제로 근무를 하면 좋은데 전부 개인 건물이다 보니까 골목이 많잖아요. 분실 사건도 하루에 여러 번 터지고. 몇 년간 오전 6시부터 보통 주야로 근무한 것 같아요. 청소비, 협회비, 상인연합회비를 수금해서 연합회에 갖다 주고 월급은 연합회에서 받았습니다. 상인연합회장은 이용호 씨도 있었고, 한상일 씨도 있었고요. 처음에는 여섯 사람을 데리고 하다가 네 사람으로 줄었죠. 청소비는 한 달에 6~7만 원 받았어요. 연합회비까지 도합 해서 13만 원인가.

한 번은 수금을 하는데 제게 돈을 13만 원 줘야 하는데 경진상회 거기도 바쁘고 하니까 실수로 103만 원을 준 거에요. 수금을 하면 수표 뒤에 어디서 받았다고 사인을 하거든요. 아무리

봐도 이게 100만 원 짜리에요. 그래서 다시 가져다드렸지. 그리고 한 번은 길에서 120만 원을 주웠어요. 비 오는 날 근무하는데 밟고 지나가서 보니까 120만 원이더라고. 그래서 연합회로 들어와서 상무님한테 "돈을 주웠는데 어떻게 하면 좋겠습니까?" 하니까 어디어디 연락을 해서 돈을 잃어버린 상회를 찾았나 봐요. 사무실에 앉아 있는데 찾아와서 5만 원을 주면서 밥을 먹으라고 줘요. 그래서 30만원을 떼고 주었어요. "당신 내가 이거 안 주웠으면 어떡할 뻔했어. 이거라도 받고 싶으면 내려가고, 그냥 내려가라고." 그것으로 직원들하고 회식한 적도 있고. 그때는 상인들이 정은 무지하게 많았죠.

또 한 번은 포장마차 열다섯 개 정도를 혼자서 철거를 다 했거든요. 가면서 다 엎어버렸지. 그랬더니 다방에서 만나자 하더니 돈 300만 원을 가져왔더라고요. 웬만한 사람들이면 받았겠지만 받지 않았죠. 그때 300만 원이면 꽤 큰돈이었거든요. 포장마차를 철거한 이유는 술만 먹으면 (건달들이) 거기서 올라오는 거예요. 깡패들 소집 장소죠. 혼자서 그걸 다 철거를 했죠. 포장마차 다시 못 치게 바리게이트 쭉 쳐놓고.

골목에 가면 노조가 하차를 해야 하는데 생선가게에 좌판까지 있어 바로 하차를 하지 못하고 돌아가야 하니까 좌판을 떼라고 했는데 안 떼는 거예요. 몇 번을 이야기했죠. 한 번은 생선 대가리고, 이빨이고, 창자고 담아놓은 것을 머리에 붓는 거예요. 머리 다 썩는 줄 알았어요. 일주일 내내 씻어도 냄새가 나더라고요. 몸이 미끌미끌하고. 결국 거기를 다 정리했죠. 정말 일 많이 했습니다.

저는 52년생 용띠고 고향이 안동인데 원래 체구가 작았어요.

왜 맞고만 다니느냐고 해서 운동을 많이 했고 공부를 많이 못 했습니다. 중학교 때 고등학생들도 한 방 맞으면 쓰러지고… 중학교 때 퇴학당해서 서울로 올라왔습니다. 서울로 올라와 다른 데 조금 있다가 용산시장으로 들어갔죠. 허상(전 가락시장 노조 위원장) 형님을 아주 잘 알고요.

특별히 기억나는 분은 조광시장의 이용호 회장님이 있죠. 출근을 하면 인사를 하고, 밤에 근무를 서다 보면 "이런 일이 있는데 저하고 한 번 시장 도시죠." 해서 다녀온 다음 차 한 잔 같이 하고…. 수금을 쭉 하는데. 옆에서 듣다 보면 옥신각신 돈을 줬니 아니니. 그래서 제가 "어이 물건을 가져갔으면 돈을 줘야지." 그런 사람들하고도 많이 싸웠어요. 그런 거 진짜 우리는 못 보거든요. 그래서 회장님이 고맙다고 회도 사주고 과일도 가져가라고….

또 분실 사건이 많았는데, 6시나 7시쯤 되면 영일 사거리에 사람이 택시를 잡으려고 서 있거든요. 제가 가서 "사과 좋습니까?"하고 물어보고, 얼마 줬냐고 물어봅니다. 그럼 그 사람이 저기 가게에서 샀다고 하고는 택시를 잡아요. 택시에 타려고 하면 제가 점잖게 택시비는 제가 드릴 테니 물건 좀 확인해도 되겠냐고 하죠. 그렇게 하고는 골목으로 데리고 가면은 아주 잘못했다고 싹싹 빌어요. 그 사람이 도둑이었던 거예요. 그리고 골목 같은데 순찰 돌면 밤에 퍽치기 있잖아요. 그때 많았어요. 돈 같은 것 뺐고. 그런 것도 두 번 잡아서 경찰서에 넘겼고요.

신동섭의 진술

(박세근 씨가) 화가 나실 때가 있어요. 영등포시장에서 품거,

앞자리 상이었던 분들이 성공을 해서 여기(강서시장) 사장이 된 분들도 있는데, 갑자기 안면을 바꾸거나 하시면…. 2004년부터 지금까지 사건 사고를 한 번도 일으키지 않으셨어요.

이구복의 진술

보살핌 받았던 놈이 살만 해지니까 우습게 보는 거지. 운동하는 사람이라 참는 거지.

박세근의 진술

제가 조광시장 삼거리 쪽 교통정리를 하는데 일방통행을 시켰습니다. 큰 도로가 쭉 나 있으니까 일방통행이 상인에게는 좋지요. 그런데 경찰서에 신고가 들어와 누가 일방통행을 시켰냐고 해서… 그래서 "제가 그랬습니다."라고 했죠. 경찰차에 실려 교통과에 가서 "왜 일방통행을 시키느냐?" 해서 "일방통행 시키지 않으면 한 시간에 빠질 게 두 시간에 빠집니다. 그러면 나와서 교통정리를 해주시지요."라고 했죠. 당시 잘 알던 영신파출소장이 계셔서 그분에게 이유를 설명하니까 가라고 그러더라고요. 그래서 아침 시간에만 일방통행 계속 시켰죠.

한 번은 광주에서인가 한 부부가 올라와서 먹고 살기가 힘들다고 제발 좀 시장에서 먹고 살게 해달라고 하더라고요. 불쌍해서 리어카를 하나 줘서 여자 분은 국수장사 하도록 하고, 남자는 노조로 들어가게 했더니 나중에 우리 식구들 오면 국수도 말아주고…… 몇 년 있다가 돈을 벌었는지 어디서 가게를 하나 샀더라고요. 개업한다고 오라고 해서 갔더니 근사하게 차려놨더라고요. 얼마 있다가 가게 팔고 다른 것 하더라고요. 몇 년 있다가 대접한다고 자가용을 딱 몰고 와서 앞에 서더라고요.

또 한 사람은 올라와서 국수장사 해서 노조 품팔이 하더니만 돈 좀 벌었는지 영일시장 가서 감자 장사를 하더라고요. 시장에 20년 넘게 있으면서 상회 분들이나 직원 분들과 다투어 본 적이 없습니다.

청량리시장

청량리(유사)시장 역시 사설시장으로 1946년 3월 청량리시장 주식회사(대표 신태호)가 동대문구 청량리동에 설립하였고, 점포수는 250개였다. 6.25 전쟁으로 피해를 입었다가 1952년 5월 160개 점포를 가진 시장으로 회복되었다. 같은 해 기준으로 서울의 사설시장 중 남대문, 성동, 동대문시장 다음으로 많은 점포수를 갖고 있었다.

1961년 6월 대규모 화재로 거의 전소되어 1963년 점포 수 187개의 콘크리트 2층 건물로 재건되었다. 당시 청량리 일대는 청량리역, 성동역이 인근에 있음은 물론 서울의 동부지역에서 도심으로 들어오는 길목에 있어 농산물, 특히 청과 및 견과류 도매시장으로서의 입지가 확대되었다. 1960년대에는 청량리 일대에 청량리(유사)시장 외에 경동시장[1]과 농협공판장[2]이 있었으나, 1970년대 들어 동서시장[3]과 동부청과시장[4]이 추가 되어 더욱 상권이 확대되었다.

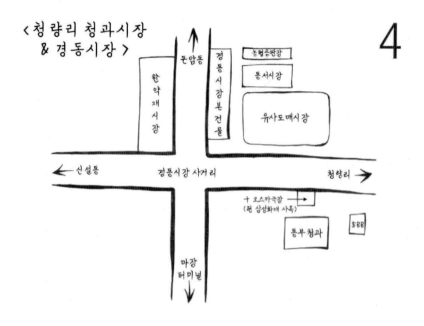

<청량리 청과시장 & 경동시장>

① 1960년에 개장되었음.

② 1965년에 개장하였음.

③ 1972년 농협공판장 옆에 개장하였음.

④ 1976년 청량리시장의 상인 중 67명이 길 건너편 오스카 극장 옆에 건물을 신축해 개장한 것임.

경동시장은 한약재, 동서시장과 농협공판장은 과일로 특화되어 있었으며, 또한 동부청과시장 내에는 수협공판장이 함께 하고 있었다. 농협공판장에서는 경매에 의해, 나머지 시장에서는 수의매매에 의해 거래가 이루어지고 있었다. 정량리시장이 커지면서, 1960년대에는 동대문시장 상권이, 1970년대에는 성동시장 상권이 이곳으로 흡수되었다.

1980년대 청량리 청과물시장은 골목은 비포장도로이었던 까닭에 비만 오면 상인과 소비자 모두 곤혹스러운 환경을 경험하였다. 1992년 8월 다시 화재로 인해 상당수의 점포가 피해를 입었으나, 1990년대 중반까지 서울의 대표적인 청과 도·소매시장으로 유명하였다.

김덕영의 진술
청량리시장은 용산시장 패턴하고 비슷해요. 거기가 오픈한 시점이 1977~78년경입니다. 경동시장은 그보다는 앞섰지만 거긴 소매시장이니까요. 그리고 왕십리시장도 위탁상이 조금 있었어요. 청량리시장의 주역들이 유한상회 유병호, 대농상회 김선도… 동부청과에는 과일이 많이 있었는데 이쪽(구리시장)으로 거의 많이 왔죠. 1977년도쯤에 왕십리시장 사람들이 일부 청량리시장으로 유입이 됐던 걸로 기억합니다. 왕십리 황학동 쪽으로 도로가 나는 바람에 시장이 청량리로 옮겨왔어요. 그러다가 왕십리시장은 거의 위탁상이 사라지게 된 겁니다. 불광동, 경동시장 일부분, 왕십리시장 쪽으로 위탁매매가 성행했었거든요.

배말석의 진술
저는 청량리시장 내 동부청과에서 1983년 4월에 위탁상을 시작했어요. 1996년 6월 24일 구리도매시장이 개장됨에 따라 청량리시장에서 구리시장으로 상권이 이전된다고 해서 1996년에 구리도매시장 내 고려청과의 주주(채소 상무이사)로 갔죠.

1996년도에 가서 4년 동안 있다가 14억 원을 손해 보는 등 결과적으로 망했죠. 가락동도매시장 내 동화청과 대표를 지낸 이소범 씨가 구리시장으로 와서 인터넷청과를 하게 됐죠.

그러다가 아들이 군에 갔다 와서 같이 2000년에 영등포시장으로 가서 다시 위탁상을 시작했죠. 그렇게 해가지고 강서도매시장의 시장도매인으로 들어올 자격을 받아서 2004년 6월 13일에 강서시장으로 왔죠. 그렇게 와서 하다가 2012년도에 감자 계약재배를 CJ제일제당과 같이 했는데 감자가 흑색병이 걸려서 폭삭 망했죠.

(참고): 당시 청량리시장은 제기동 쪽에 동서시장이 있었고, 그 옆으로 농협공판장과 청량리유사시장이 있었으며, 길 건너 편 오스카 극장 뒤에 동부청과(동부시장)가 있었다. 위탁상은 동부시장에 150명, 전체로는 400여 명 수준이었다.

임완상의 진술

과일은 전부 동서에서 했고, 동부는 다 채소였어요. 점포수가 아마 한 400여 개 됐을 거예요. 저는 군대 가기 전부터 조금씩 시작을 했어요. 제 고향이 부여인데 부여 특산품이 당근이에요. 당근 때문에 시장에 들어왔어요. 제가 부여에서 당근 농사를 지었는데, 군대 가기 직전에 당근을 4,000평 농사지었는데 그걸 거기서는 팔아먹을 데가 없는 거예요. 그래서 무작정 용산시장으로 가져왔는데 아주 잘 팔았어요. 그래서 다음날 돈을 얼마나 주려나 그러고 있는데, 부여에서는 4,000평 밭째로 얼마를 준다고 했는데 그거에 3분의 1도 안 주는 거예요. 그래 가지고 큰일 났구나 싶었죠. 그런 걸 바로잡아야 하겠다는 생각을 했죠.

그러고 나서 군대 갔다가 와서부터 본격적으로 한 거죠.

처음에는 용산시장에서 서사(서기)를 조금 했죠. 1975년도에 월급 40만 원 받고 상회의 서사를 했어요. 근데 이게 비리가 엄청나더라고요. 그래서 그걸 1년 하다가 청량리시장 쪽으로 간 거예요. 청량리 동부청과로 가서 채소를 시작했죠. 그때는 시장에서 노름도 많이 했는데 거기 휘말려서 실패도 많이 했어요. 그래서 1977년도에 송파구 가락동으로 가서 최초로 직거래 시장을 시작했어요. 송파 사거리에서 직거래를 하면서 채소건 과일이건 물건을 갖다 놓기만 하면 다 팔리니까. 사실 지금 원마운트 뒤로 있는 소매시장을 제가 다 만들어 놓은 겁니다. 거기서 이제 직거래만이 살길이라는 것을 터득한 거죠. 그걸 하다가 가락시장이 들어온다고 하니 잘 안 될 것 같아서 1983년도에 영등포시장으로 옮겼죠. 영등포에서 주로 과일 위탁을 했어요. 그러다가 대형 유통업체가 들어오면서 도매시장을 거치지 않으니까 물량이 많이 줄어서 2002년까지 하고 그만뒀죠. 그랬다가 상인회 쪽에서 시장도매인을 만든다고 해서 영등포시장에서 상인회장으로 임명을 받아가지고 여기(강서시장)로 들어온 거죠. 채소는 외상을 안 주고 현금장사를 많이 했어요.

배말석의 진술

여기 도매시장은 후불인데 돈이 없으면 장사를 못 하는 거예요. 저희는 전국에 출장을 다니면서 선대는 안 주고, 물건을 받아와서 정산을 빨리 바로바로 해준 거죠. 그렇게 하다 보니 신용이 쌓이고 그랬죠.

저희는 장사가 하도 잘 돼서 농협 직원들이 우리한테 와가지고 수금을 해가고 그랬어요. 장사가 안 된다는 생각은 해보지를 않았어요. 장사가 안 돼서 남의 돈을 쓴다는 생각 자체를 안 했어요. 그러니까 산지에 송금도 잘 해줬어요. 당일에 바로바로 해줬어요. 돈이 남아돌아서 밀릴 일이 없었어요.

임완상의 진술

제가 용산시장에서 서사 노릇을 할 시기에는 비리가 말도 못했어요. 지금이야 유통인이라고 직업적으로 대접을 받고 하지만, 당시에는 장사꾼이었어요. 제가 아까도 말씀드렸다시피 3분의 1 가격도 안 주니까. 뭐 그 정도로 후려쳤다고 하기는 그렇고… 적당히 팔아서 준 건데… 그때는 제재할 수 있는 방법이 없으니까. 교통도 안 좋고, 통신도 안 좋고 하니까 오늘 시세가 좋아서 작업해서 가지고 오라고 얘길 하면 4~5일이 걸리니까 그땐 시세가 또 달라지는 거예요. 그만큼 느리고, 가격도 장사꾼이 부르는 게 값이었죠. 분명한 것은 직거래하는 것만큼 좋은 물건을 싸게 파는 게 없어요.

배말석의 진술

동부시장에는 상인연합회가 있었죠. 물건 위탁받는 사람들, 그리고 '앞자리 상'들 조직이 따로 있었죠. 동부시장이랑 동서시장에 따로 있었어요. 동부는 채소고 동서는 과일이니까. 회사도 달랐고, 품목도 달랐으니까요. 동부시장은 이사장이었던 이정희 씨가 9,000평의 땅을 다 가지고 있다가 건물을 지은 거예요. 우리는 월세로 들어가서 한 달에 12~15만 원씩을 냈죠. 근데 이 사람한테 직접 세를 준 게 아니고 주주가 있어서 우리는 그 주주들한테 돈을 줬어요. 가게는 아마 20평 정도였고 점포수가 200개 정도 됐고요. 그때 제가 한 번 큰 일이 날 뻔한 적도 있어요. 청량리시장에서 알타리무를 파는데 우리가 서산에서 좋은 걸 받아서 팔았어요. 처음에는 시세를 잘 내주더라고요. 근데 그다음부터 난리를 치는 거예요. 깡패들이 칼을 가지고 와서….

임완상의 진술

그때만 해도 김장철이 되면 배추 차가 답십리 태양아파트 있는 데까지, 도로를 4~5km는 점령했던 거 같아요. 근데 그 배추가 다 팔린 거예요. 그리고 지금이야 냉장, 냉동시설이 잘 돼 있지만 그때는 그런 게 잘 안 돼 있잖아요. 그래서 통금이 있던 시절이었지만 채소 실은 차가 지나가면 그 차는 통금에 안 걸리는 거예요. 그럴 때 야간에 돌아다니고 싶으면 아무 거나 채소 싣고 있으면 그냥 막 돌아다니는 거예요. 그때 통금 넘어서 돌아다니는 거는 대통령 빽보다 채소 차가 더 좋은 거였어요. 그러니까 야채 싣고 돌아다니는 거예요. 야간에 통행금지가 없는 그런 특혜가 있었어요. 당시 박정희 대통령이 지방에서 농산물 싣고 올라오는 차가 있으면 그냥 지나가게 했어요. 그리고 시장보러 간다고 해도 봐줬고요. 냉장시설이 잘 안 돼 있으니까 통금시간 기다리다가 농산물이 다 상해버릴 수가 있잖아요. 그래서 통행금지 없이 다 다녔던 거예요.

배말석의 진술

그때는 수수료 8%를 떼면서 하차비는 출하자가 부담했어요. 다른 물가는 다 올라가는데 시장도매인제 수수료(현재는 7%)가다 내려가니까 그게 참 안타깝습니다.

설동운의 진술

저는 청량리 경동시장에서 1968년도 18살에 시작을 했습니다. 또래에 비해서는 일찍 상업을 시작했죠. 처음에 고향 임실에서 화주 자격으로 물건을 가지고 왔어요. 품목은 건고추였고, 당시만 해도 구백정규화물로 해서 들어왔습니다. 생고추를 사가지고 그걸 연탄불 피운 건조장(예전 담배건조장)에서 말려서 가지고 왔습니다. 아무 경험도 없이 건고추를 청량리 경동시장에 가지고 와서 팔면 되겠다는 생각을 가지고 모 상회에 갖다 맡겼어요. 그런데 그 상회가 부도가 나버린 거예요. 그러니까 위탁판매를 하던 주인은 이미 마음이 떠났고, 제가 돈을 받으려고 2년을 그 상회 일을 봐준 거예요. 건고추를 가지고 왔을 때는 제가 16살이었고, 18살에 그 가게를 인수했죠. 30만 원에 가게를 인수하고 그때는 백색전화가 참 귀한 거였는데 그걸 32만 원에 샀습니다. 그러다가 또 제가 부도가 났죠. 저는 상업을 시작할 때 두 가지 신조가 있었어요. 신용과 책임감으로 승부를 보려고 했습니다. 경동시장이라는 데가 처음에는 소매시장이었어요. 그러다가 마장동 시외버스터미널이 들어오고 나서, 성동역도 있다 보니까 시골에서 아주머니들이 나물 같은 걸 많이 해가지고 올라와서 팔았죠. 그러다가 물량이 많이 모이니까 도매시장으로 바뀌게 된 겁니다. 그 시장이 형성이 되다 보니까, 품목을 따지자면 수백 가지가 될 겁니다.

제가 영업 1순위 목표를 신용으로 하고, 2순위 목표를 부지런함으로 하다 보니까 상상외로 물건을 많이 받았어요. 예를 들어 경기도 이천에 율명이라는 데가 있는데, 거기서 고추를 많이 받으면 복사차로 5차에서 6차까지 받았어요. 보편적으로 3~4차를 받는데 저는 많이 받은 거죠. 구례에서 밤, 남해 유자, 고흥마늘 이렇게 다양하게 했습니다. 그러다가 부도가 나게 된 이유는 인맥 관계죠. 당시 제기동 한옥 한 채 시세가 200~300만 원 갔는데, 수수료 수입만 하루에 20~30만 원 정도를 했습니다. 돈이 돈 같지 않더라고요. 그러다 보니 지방에서 영농자금을 달라고 하고, 상인들은 물건 가지고 올 테니 선대금을 달라고 하고… 또 경동시장에서 소매를 하는 아주머니들이 저한테 물건을 사러 오는 분들이 200명 정도 됐어요. 근데 외상 관리가 제대로 안 된 거죠. 물건을 이름만 적고 줬는데 어느 날 보니 안 나와버리고 하니까 그렇게 되더라고요. 외상값이 1,000만 원인데 이걸 어떡합니까. 거기서 정확하게 20년을 하고 1988년도 6월에 가락동 한국청과로 왔어요. 오게 된 건 옥수수 때문이고, 현재는 밤, 대추, 곶감을 하고 있습니다.

청량리시장에서 같이 사업하시던 분들 지금은 거의 없을 겁니다. 경동시장에 가면 제 큰 처남이 견과를 하고 있습니다. 처남이 아마 한 40년 정도 했을 겁니다(한주상회, 대표 우진명). 처남이 59세인데 그 시장에 가면 또래들이 아주 많습니다.

경동시장에도 하역노조가 있었고 위원장은 강두원 씨라고 전라도 보성 사람이었습니다. 그 동생은 강흥원(1949년생) 씨고요. 강두원 씨는 지금 돌아가셨고, 동생은 아직까지 경동시장에서 인삼을 크게 하고 있습니다. 강두원 씨는 주먹으로 경동시장과 청량리시장에 노조를 결성하신 분입니다. 당시에 경동시장하고 청량리시장하고 하역노조가 따로 있었습니다. 처음에 강두원 씨가 경동시장 노조를 하고 계셨는데, 하루아침에 청량리로 쳐들어가서 청량리 노조까지 차지해 버린 겁니다. 그분이 힘이 얼마나 좋으냐면, 90kg짜리 쌀 두 가마를 번쩍 들고 경동극장 앞에서 경비실까지 걸어간 사람입니다. 그러니까 천하장사였죠. 아마 그게 힘을 보여주는 거였지요. 사람들이 감히 그분 앞에서는 꼼짝을 못 했죠.

제가 무, 배추도 많이 받았는데 경동시장에서 고려대로 올라가는 도로가 포장이 1차선만 되어 있었습니다. 차가 지나가면 먼지가 엄청나게 나죠. 당시에 하루에 배추를 15대씩 받았던 기억도 있는데, 다섯 알로 된 주판을 상인들이 옷 안에 숨겨가지고 입찰을 했습니다. 입찰방식은 '상점입찰'과 '차점입찰'이 있었는데 사실 '차점입찰'은 제가 만든 겁니다. 건달들이 입찰을 하러 많이 왔는데 '상점입찰'을 하니까 무조건 높은 가격으로 입찰을 해가지고 나중에 와서 떼를 쓰면서 값을 내려버리는 겁니다. 그래서 '차점입찰'을 시작한 거죠.

그때 청량리에 들어오던 정기 화물차는 7.5톤~8톤 정도였던 걸로 기억합니다. 임실에서 고추를 시키니까 그 화물차가 4일 만에 오더라고요. 임실에서 싣고, 또 다른 데 가서 싣고… 여러 군데를 돌아다니면서 물건을 해가지고 올라왔죠. 서울에 와서도 여기저기 나눠주고, 제가 물표를 가지고 가서 물건을 찾고 그랬죠. 화물차 말고 기차로도 들어왔습니다. 기차에 사람 칸이 있고 화물칸이 있었는데, 임실에서 서울 오는데 정상적으로 오면 9시간이 걸렸습니다. 근데 화물을 실어야 하니까 보통 3~4시간이 연착되고 그랬죠. 다른 지역에서 올라오는 것은 잘 모르겠고, 전라도에서 올라오는 건 청량리나 성동역으로 들어온 게 아니라 서울역으로 들어왔습니다. 그래서 서울역에서 청량리로 가지고 오는 사람들이 있었습니다.

제천 쪽에서도 청량리로 바로 들어오고 그랬지요. 거기가 고추가 유명합니다. 청량리시장에서 멀지 않은 곳에 왕십리중앙시장이 있었는데 그쪽에도 도매시장이 형성됐었습니다. 왕십리 지역개발을 하기 전에는 채소나 과일, 견과 도매시장이 있었고, 곡물도 도매 기능을 많이 했습니다. 하지만 그 시장은 교통이 좋지 않고, 물건이 들어오고 나가는 게 아주 불편해서 자연스럽게 없어졌죠. 왕십리 시장은 1985년도에 가락시장으로 오는 즈음해서 없어지지 않았나 생각됩니다.

한상희의 진술

저는 좀 늦게 시작을 했습니다. 가락시장에서 영업 시작한 지는 20년 정도 되고, 그 전에는 유통회사에서 바이어로 있었습니다.

설동운의 진술

그때는 대부분이 주로 위탁판매를 했었습니다. 가평에서 잣이 주로 올라왔는데, 국내 잣만 가지고 먹을 때니까 제철에 사가지고 오면 다음 해에 4~5배 가격이 뛰었어요. 경동시장에 초리김이라는 분이 계셨는데, 그분은 물건을 외상으로 가지고 와서 집을 사고 외상값은 푼돈으로 갚았어요. 요즘 같으면 신용을 안 지켜주면 거래를 안 하는데 당시에는 외상으로 주고 그랬어요. 그분 별명이 초리김인 이유는, 아주 물건을 자잘한 것들만 사가지고 가서 가격이 몇 배로 올랐을 때 소매로 팔아서 조금씩, 조금씩 외상값을 갚고 그랬습니다. 푼돈으로 갚으니까 그분한테 물건이 가면 언제 돈이 들어올지를 몰라요.

당시에 탈피가 안 된 피잣이 75~80kg짜리 한 가마에 2만 5천 원이었어요. 잣은 동대문구 창신동 산비탈에서 까고, 마늘은 성북구 미아리에서 까고, 도라지는 동대문구 전농동과 답십리에서 까고, 밤은 중림동에서 했고, 은행은 상암동에서 깠습니다. 주로 서민들이 밀집되어 있는 지역에서 그런 일을 많이 했습니다. 그걸 초리김 같은 사람들이 잣을 열 가마씩 사가지고 리어카에 실어서 경동시장에서 창신동까지 가지고 가서 까고 그랬어요. 신설동으로 해서 동대문 지나서 오르막 올라가야 하는 건데, 가다가 보면 뒷밀이라고 리어카 밀어주는 사람들이 있고 그랬습니다. 또 리어카꾼을 품걸이라고 했는데, 그 사람들이 전문 운반꾼입니다.

그걸 가지고 가서 까면 다시 경동시장으로 가지고 오는 거죠. 탈피한 잣을 실백이라고 부르는데, 그걸 한 며칠씩 까서 다시 가지고 오고 그랬죠. 그리고 잣을 까면 속에 비늘이 있는데 그걸 솥에 부어서 열을 살짝 가해 손으로 비벼서 바람을 불면 깨끗하게 됩니다. 여담으로 지금 중국에서 곶감이 많이 들어오는데, 계림 곶감이 좋고 산동 쪽에서는 청주가 좋습니다.

처음에 경동시장에서 밤을 거래할 때 밤은 볏짚 가마로 많이 들어왔죠. 그리고 당시에 미국에서 옥수수가루 원조가 들어왔는데 그것이 마대자루에도 들어오고 그랬습니다. 그게 90kg짜리였던 걸로 기억합니다. 그렇게 들어와서 말 단위로 판매를 했습니다. 이걸 말질을 하고 나면 엄청나게 힘이 듭니다. 근데 말질을 하다가 보면, 10말을 가지고 11말을 만들어① 팔아먹을 수가 있었어요. 선배들이 좋은 거 가르쳐준다고 해서 배웠는데 사실 속여먹는 거지 않습니까. 그래서 저는 손님들하고 신용을 쌓고 하다보니까 그런 장난은 안했죠. 그리고 하주들이 돈 해가지고 가다가 마장동 터미널 있는데 가서 '야바구'② 하다가 돈 다 뜯기고 차비 빌리러 오고 그랬어요.

①말에 붓는 각도와 속도에 따라 양을 많게 하거나 혹은 적게 하는 기술을 사용한 것임. 이를 통해 물량 마진(quantity margin)을 취했음.

②야바위의 경상도 방언임. 야바위란 교묘한 수법으로 남을 속여 돈을 따먹는 노름을 말함.

유인화의 진술

저는 1981년도 경동시장에서 시작했습니다. 그때는 거의 다 위탁이었죠. 수산물은 1992년도 가락동시장에서 경매하기 전에 경매가 산지 외에는 없었어요. 농산물도 거의 없었고. 우리는 인천 연안부두에서 패류를 주로 가져왔고요, 모자란 부분은 용산시장에서 구매했고요. 인천에서 가져올 때는 그쪽 중매인에게 사달라고 한 다음 가져오는 거죠.

그때는 산지로부터 기아 1톤 트럭으로 많이 운송해 왔죠. 삼발이는 1970년대 이전이고요, 70년대 넘어서는 기아 1톤, 사발이로 운반하고 그랬죠.

밤에는 12시부터 새벽 4시에서 5시까지 도매하고, 그 뒤에는 소매하고. 처음에 경동시장에는 하역노조가 따로 없었고 직접 위탁상이 내렸죠. 청량리시장은 하역노조가 있었고 경동시장은 없었어요. 청량리시장은 배추가 위주여서 하역노조가 있었지만,

경동시장은 산나물, 도라지, 고사리 같은 게 위주이기 때문에 노조가 없었죠. 당시에는 딸딸이 끌고 하나에 얼마씩 받고 운반해주는 사람도 있었어요.

그때 용산시장 물건을 주로 거래하던 사람들은 일부 계를 모으거나 사채를 쓰기도 하긴 했지만 저는 그렇게 크게 하지 않았어요. 돈 있으면 사다 팔고 없으면 안 하고… 처음에는 외상판매도 했는데 그게 안 맞더라고요. 2~3년간 외상을 주고 팔아봤는데 결과적으로 밑지는 장사더라고요. 마진을 많이 붙이지도 못하는데 슬쩍 도망가는 사람들도 있으니까요. 식당 위주로 거래를 하면서 외상은 하지 않았죠.

용산하고 인천하고 거래할 때 그때는 바닷가 사람들이 순했어요. 저희가 패류라 껍데기 깐 게 많지 않습니까. 물건이 사실 많이 늘어나는 건데 민물 집어넣으면 40~50%까지 늘어납니다. 그런데 바닷가 사람들이 그것을 덜 하더라고요. 가락동 넘어가면서 자리가 넓어지고 상인이 많아지면서 충무 물건이 많이 왔는데. 그런 것은 물을 많이 부어가지고 올라오더라고요. 4kg 박스 다음날 달아보면 양이 줄어들어요.

용산시장

19세기에 가까워지면서 민간시장이 전국으로부터 세곡(稅穀)과 양반 지주들의 지대가 유입되는 곳인 경강(京江) 주변까지 확대되었다. 용산 지역은 3강의 하나인 용산강에 인접해 있고 경강 변 중에서도 초기에는 세곡을 운반하는 조운선(漕運船)이

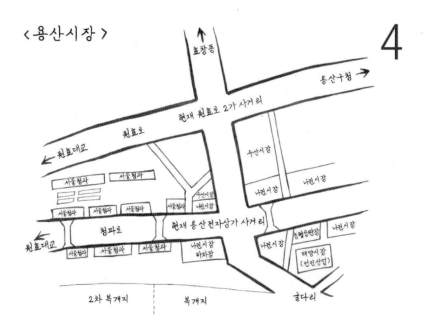

〈용산시장〉

효창동

용산구청

현재 원효로 2가 사거리

원효로

원효대교

수산시장

나전시장   나전시장

서울청과   서울청과

수산시장   나전시장
서울청과   서울청과   서울청과   서울청과

청파로   현재 용산전자상가 사거리   능협응판장   나전시장

원효대교

서울청과   서울청과   서울청과   나전시장   나전시장   해양시장
파지장   (선인산업)

2차 복개지   복개지   굴다리

정박하는 곳의 하나였던 까닭에 다양한 물품의 집산지로서 시장이 확대되었는데, 특히 용산은 미곡의 집산지로 유명하였다. 하지만 성종 때 이르러서는 용산강 변에 모래가 퇴적되어 수심이 낮아져 용산지역의 상권은 크게 위축되었다.

일제 강점기인 1921년 용산에 공설(公設)소매시장이 개설되어 이 지역에 많이 거주하였던 일본인이 주 고객이었고, 해방후에는 미군 부대가 조성되는 등의 이유로 소매시장으로서의 명맥은 이어지고 있었다. 나진산업주식회사가 용산역 뒤편 용산천 복개공사를 하고 그 대가로 시장을 건설하여 10년간 시장운영권을 갖기로 하면서 그곳에 3동으로 이루어진 청과물 전문

도매시장①인 나진상가(나진시장)가 1969년 초 개설되었다.②
나진상가는 점포수가 80개에 불과하였으나 염천교시장에서 상
당한 경험을 축적해 왔던 위탁상과 서울청과 산하의 중도매인
이 이전해 입주함으로써 상권이 빠르게 활성화되어 1969년 9
월 기준으로 청과물의 1일 평균 반입량은 10톤 트럭으로 100
여 대 정도에 달했다고 한다.③ 해방 후 개칭된 서울중앙도매시
장이 1969년 한강로3가에 용산분장을 설치하고 30개 점포의
청과부④ 운영을 시작하면서 용산시장은 서울 최대의 청과물도
매시장으로서 입지를 구축하기 시작하였다. 1974년 9월 용산
역 뒤 2차 복개지에 선인산업이 점포 수 80개의 건물(이중 청과
물이 70%)을 신축하여 새로운 시장인 태양시장이 개장되었다.
1975년에는 염천교시장에 있던 서울청과가 용산시장에 세원실
업이 이미 건설해둔 시장시설을 인수하여 이전함으로써 용산시
장은 서울의 최대 청과물도매시장이 되었다.⑤

①3분의 2는 채소 도매상, 3분의 1은 과일 도매상이었음.
②당시 서울역에 여객 및 화물이 폭주하게 됨에 따라 용산 및 노량진역을 화물
종착역으로 하려는 계획에 맞춘 것임.
③매일경제, 1969년 9월 6일 기사 참조.
④나중에 농협공판장이 되었음.
⑤용산시장에도 수산부문이 있었으나 당시 수산물 도매의 최대시장은 노량진
시장이었음.

용산시장 중 서울청과와 농협공판장은 경매에 의해, 나머지
시장에서는 수의매매에 의해 거래가 이루어지고 있었다. 1984

년 4월 기준 용산시장의 연간 청과물 거래금액은 3천 7백억 원으로 서울시의 연간 거래금액인 5천억 원의 70% 이상을 차지하고 있었는데, 이중 경매에 의한 거래금액은 용산시장 전체 거래금액의 6.75%인 250억 원 수준이었다.[1] 하지만 용산시장은 1985년 6월 가락동농수산물종합도매시장이 개장되면서 서울시의 폐쇄 명령이 내려지게 됨에 따라 문을 내리게 되었다.

[1] 매일경제, 1984년 4월 25일 기사 참조.

강효운의 진술

용산시장은 1차, 2차 복개사업을 통해 이루어졌어요. 소설가이면서 연세대 교수였던 이병주 씨와 이병두 씨가 자금을 대서 1차 복개공사를 서울시로부터 따냈어요. 이 사람들이 오주상사 상인연합회 회장으로 있던 이병태 씨랑 같이 했어요. 개천이 흐르던 데를 복개해서 기부 채납을 한 겁니다. 돈을 이병주 씨가 대고 상인을 모으는 건 이병태 씨가 했지요. 이게 도로가 나면서 점포가 갈라지고 안 좋게 되니까 제3 복개지에 점포를 하나씩 줘서 영업을 하게 해줬어요. 나진시장에는 1개 점포가 한 20평 정도 됐을 거예요. 아마 그때 돈으로 매매가가 150만 원 정도 했던 것 같습니다.

김병남의 진술

나진산업에 위탁상이 꽤 많았어요. 대표가 이병두 회장이라고.

허상의 진술

이병두 씨는 한국은행 일본 지점장 하신 분이죠. 재력을 가지고 계시고 지금 그분이 금년 연세가 97세이신데 지금 삼성병원 16층에 계시는데 아무 것도 모르는 상태고, 이병태 씨, 이병주 씨 두 분은 다 돌아가셨고….

허상의 진술

용산시장으로는 1968년도부터 오기 시작했어요. 복개하기 전에 양쪽 둑이 있고 원래 거기가 개천이었는데 둑에서부터 시작을 했죠. 그때만 해도 공사를 준비하고 있었고 복개 준비하는 과정에 들어 온 거죠. 지금은 전자상가지만….

이효구의 진술

처음에는 1차 복개를 했던 나진시장으로 염천교시장으로부터 거의 넘어왔었어요. 그러다가 쭉 번창해 나간 거예요.

송재일의 진술

용산시장이 만들어진 곳은 서울역에서부터 내려와서 한강으로 빠지는 강(용산강)이 있었는데, 거기를 복개를 한 건데 처음에는 일본 교포가 했어요. 그런데 중간에 부도가 나서 이병두 씨가 자본 투자를 해서 완전 복개를 한 거죠. 1968년도에 일부 대상인이 염천교시장에서 용산시장으로 내려갔고요. 완전히 이사 온 것은 1969년도 11월에 왔어요. 복개 다 끝나고 그래도 염천교에 일부가 남았고 대다수가 왔죠.

권창순의 진술

2차 복개지에 건설된 태양시장의 대표 한광수 씨는 나중에 가락시장에 강동국제청과를 만들었죠.

설병진의 진술
태양시장이 터 고르기 이전에는 유수지였어요.

정홍기의 진술
용산시장에는 서울청과, 나진산업, 태양시장 세 개가 붙어 있었어요. 태양시장 내에 농협공판장이 있었어요.

정동원의 진술
태양시장은 허가권을 갖고 개개인에게 판매를 한 거죠. 임대차계약. 그것도 아무나 못 받았죠. 돈 주고 받고 그랬죠.

이병윤의 진술
저는 나진시장에 있었고 태양시장에도 가게가 하나 있었어요.

손삼열의 진술
저도 처음에는 나진시장에 있다가 태양시장으로 왔는데, 그쪽(나진) 분들이 많이 나오시고 그랬죠. 한광수 씨도 다 그쪽에서 내려왔죠.

이병윤의 진술
한광수 씨도 처음에는 위탁을 했는데, 상당히 악랄하게 했죠. 물건을 많이 받았어요. 독점하다시피 했죠. 같은 업자라도 그 사람을 갖다가 모함하고 물건 뺏고 한 사람이죠. 호평을 못 받앴죠. 상당히.

양희출의 진술

저는 용산에서 마늘 위탁을 처음으로 시작했어요. 그때는 점포 하나에 150~200만 원 정도 했어요. 평수는 한 20평정도 됐고요. 제가 마늘가게 할 때 200만 원에 샀거든요. 그리고 처음에 여기 가락동시장으로 왔다가 미나리 같은 걸 경매하니까 못 있겠다고 하고 나가는 사람들이 종종 있었어요. 당시 용산시장은 태양시장 쪽하고 2공구(복개공사 2공구) 쪽 두 군데로 나뉘어져 있었는데, 태양시장 쪽에 가게는 76개가 있었고요, 가게의 수는 2공구 쪽이 더 많았어요. 한광수 씨는 전경환 씨가 밀어줘서 강동국제청과를 여기(가락시장) 오면서 만들어 준 거예요. 배경이 좋았어요.

손삼열의 진술

태양시장에 있으면서 지금 말하는 한국청과 쪽에 같은 주주로 있었습니다. 이 사람들이 그때부터 잔머리를 쓰기 시작한 게, "사람은 큰 나무 밑에서는 자랄 수가 없다. 그러니까 태양시장 선진사업 밑에 있어서는 우리가 안 되니까 우리 순수한 상인들끼리 뭉쳐야 한다."고 해서 '한국청과'라는 법인을 새로 하나 만들었습니다.

가락시장으로 이전하면서 '강동국제청과'가 설립될 때가 전두환 대통령이 권력을 잡았을 때인데, 한광수 형제가 전경환 씨하고 유대가 있어서 이들이 일본 견학을 갔다 왔습니다. 갔다 와서 태양시장 주주들이 임원들을 배척시키고 자기네 것으로 만

들려고, 공동대표 한 사람이 지방 출장 가고 난 뒤에 주총을 열어서 "증자를 해야 한다. 대표이사 한 사람이 잘못하면 우리 모두가 상당한 자산의 손해를 볼 수 있으니 공동대표는 안 되고 한 사람이 해야 한다."고 해서 일사천리로 자기(한광수)가 대표이사를 맡았습니다. 임원들을 제거하고 자기 사업을 해야 하니까, 농안법도 아마 그렇게 했을 겁니다. 주주는 중매인이 될 수 없다가 첫 번째 항목이었어요. 순수한 우리 중매인들이 주주가 되어서 법인을 만들었는데 그때 그 사람이 그 법을 만들어서 이사들을 전부 제거했습니다. 이사들이 "우리가 전부 영업할 사람들이지 경영할 사람이 아니지 않느냐?"고 했는데, 배척을 시키고 자기들끼리 '강동국제청과'를 시작했습니다. 우리 마늘 쪽 사람들이 90%가 '강동국제청과'에 다 있었습니다. 태양시장 '한국청과' 쪽에 있다가 '강동국제청과'로 빠져나왔는데 가락시장으로 오기 직전에 결국 저 사람 밑에서는 안 된다고 여겨서 다시 한국청과 쪽으로 들어왔습니다. 그래서 마늘쪽이 지금도 한국청과 소속이 많습니다. 80~90%가 한국청과입니다.

정홍기의 진술

용산으로 서울청과가 옮긴 뒤로는 약 5개 점포가 있었을 거예요. 태양시장 안에 농협공판장이 서울청과 있는 데서 용산역 나가는 쪽 왼쪽에 있었어요. 나가기 전에 중간에 하차장 있는 데가 나진산업이었어요.

정광은의 진술

아직도 나진산업은 용산전자상가 밑에 있어요. 처음에 한광수 씨는 한광상회라고 큰 위탁상이었어요. 돈을 벌고 새마을운동 본부 전경환 씨랑 가까워서 특혜를 받아 법인체를 가지게 되었어요.

김용길의 진술

아무도 한광수 씨를 못 이기는데 그 사람을 이기는 사람이 딱 한 사람이 있어요. 동화청과에 가면 쌍권총이라고 있었어요.

강현권의 진술

용산시장에서 가락시장으로 옮긴 후 당시 농협에 있던 이소범 씨가 한광수 씨한테서 '강동국제청과'를 사서 '중앙청과'로 이름을 바꾸고, 다시 다른 사람한테 넘기고 지금은 구리로 나가서 '인터넷청과'를 하고 있죠.

강효운의 진술

용산시장이 커지다 보니까 염천교시장에서도 들어오고 왕십리에 있던 중앙시장에서도 많이 들어오고 그랬어요. 왕십리에서도 위탁을 했었는데, 역시나 자리도 좁고 나진시장에서 이쪽으로 옮기면 우대를 해주겠다고 하니까 많이 옮기게 된 거죠.

이효구의 진술

사실 왕십리는 당시에 번창한 곳이었고, 용산은 변두리였거든요.

이구복의 진술

제가 태양시장에 있었는데, 태양시장 설립자 유한규 씨 바로 밑에서 시작했습니다. 유한규 씨가 개인 특허를 6~7개 가지고 있었어요. 태양시장 쪽에는 위탁상 점포가 군인 신발처럼 되어 있어서 수가 많았습니다.

정홍기의 진술

제가 태양시장 쪽을 잘 아는 게, 일수 돈 장사를 했어요. 장사를 하면서 장사 끝나면 자전거 타고 전체를 다 돌았어요. 서울청과도 애시 당초 용산으로 오기 전에 세원산업이라고 있었어요. 세원산업 윤삼병 씨가 인수를 해서 서울청과로 등장을 했어요. 태양시장을 자전거 타고 다니다가 좋은 물건 있으면 토마토 같은 것도 200짝이고 300짝이고 끌어다가 손질을 해서, 옛날에는 궤짝으로 오면 전부 뜯어서 모양새 좋은 것 한 박스를 만드는데 이것을 '도리다시'라고 그래요. 위에다 올려놓은 것. '도리다시'만 나오면 물건이 좋다 그랬어요. 위에다가 실을 수 있는 것만 나오면 좋다 그랬어요. 태양시장은 과일이 별로 없었고 거의 채소가 많았어요.

전상균의 진술

그리고 상회 앞으로 '앞자리 상'들도 많이 있었어요. 앞자리 상들은 상회가 물건 해오면 그 물건을 받아가지고 가서 팔고, 저녁이 되면 상회로 입금을 해줍니다. 상회에서는 그 돈으로 장기 끊어서 돈 보내고 그랬습니다. 그러니까 상회는 앞자리 상에게서 세도 받고 물건도 많이 갖다가 팔게 하고 그랬죠. 대표적으로 한준수 씨는 앞자리가 30명도 넘었을 겁니다. 안 팔면 쫓겨

나니까 강매를 하고, 그 집은 물건을 아무리 많이 가져와도 남는 것 없이 다 팔았습니다.

강효운의 진술
근데 당시에는 분산 목적으로 앞자리를 둔 거였어요.

조석규의 진술
당시에는 자리 세를 받는 목적이라기보다는 자기 상회 물건을 팔아주니까 그냥 앞자리 상을 허용하는 경우가 많았죠.

이증규의 진술
앞자리 상에게는 그냥 자리를 내준 경우도 있었고, 세를 받기도 하고 그랬어요. 저는 1972년도에 용산시장으로 들어왔습니다. 지금도 그렇지만 당시도 안면만 있으면 외상을 많이 주고 그랬어요. 생물이다 보니까 빨리 팔아야 돼서….

김병남의 진술
저는 용산시장의 나진산업에 1970년도에 왔어요. 그전에는 군대에 있었죠. 지금 전자상가 있는 곳이죠.

정광은의 진술
대학 졸업하고 2년간 직장생활 하다가 아버지가 나오라고 해서 1978년도에 제가 들어갔어요. 상회 잘 닦아놨더니 1985년도에 이사를 가라고 하더라고요. 저는 안 갈 줄 알았어요. 장사다 잘 되는데 가느냐. 그때 공권력이 전두환 시대니까 대단하더라고요. 전기 끊고 수도, 전화 끊고 하니까 어떻게 할 재간이 없잖아요. 버티다가 하루아침에 싹 갔어요. 1985년 6월 14일 가락동으로 갔는데 처음에는 자유방임이었어요. 개인 상회로 들어오는 걸 상장경매라고 해가지고 노트에 적기만 한 거예요. 천개면 거기에 대한 수수료를 법인체(도매시장법인)가 가져가는 거예요. 그때 당시 8% 떼었죠. 1991년도부터는 개인 위탁을 받고 계산서를 끊게 되면 법에 위반이 된다고 하더라고요. 공영도매시장에서 개인 위탁 받으면 형사 입건된다고 해요. 그래서 1991년 9월에 다시 영등포로 왔어요. 영등포시장으로 오니 또 자리가 없어요. 세 번 옮기면서 적금 깨고 보험 깨서 권리금 단단히 주고 제일 꼭대기에 하나 얻어가지고요. 골목밖에 자리가 없어서요. 수수료 8% 떼는데 1~2%(출하자 장려금)는 다시 돌려줬어요. 그래서 당시 작목반이나 조합이 활성화가 되었죠. 기금 모아놨다가 회합을 한다던가.

이구복의 진술

이 내용은 박스 작업에서부터 시작합니다. 지자체에서 뭉쳐라 해서 작목반이 생기고 법인체로 만듭니다. 작목반이 생기니까 농협에서 계통출하를 하라고 해서 농협에서 수집을 한단 말이죠. 수집료라고 해서 1~2%. 전례가 돼서 지금까지 내려온 거예요. 환불 수수료 내는 게 그게 시발점이 되었죠.

정홍기의 진술

위탁상 제도가 신용이 좋은 사람들은 10% 떼건 8% 떼건 간에 자기 물건을 사다 팔아주는 사람한테 환불 수수료를 주었어요.

거의 공식적으로 1%는 다 줬어요.

　다른 사람들은 한 시장에서 물건 오는 거 팔고 했는데, 저는 어려서부터 시장을 돌아다니면서 경동시장, 동대문, 중부, 염천교, 남대문시장 다 돌아다니면서 물건을 샀어요. 여러 가지 품목을 맡았고, 여러 시장을 다니다 보면 색다른 품목도 있고, 다른 시장에 더 좋은 품질의 물건도 있고요. 부산 토마토가 30kg, 사과가 큰 상자에 25~30kg 들어가요. 경매시장 자체에 그런 물건을 내리는 노조들이 있고, 또 개인 위탁상에도 물건을 내리는 하역반이 있어요. 그 사람들이 물건을 내리면 무조건 실어주게 되어 있어요. 그 사람이 실어주고 물건을 받아야 돼요. 물건이 100개다 하면, 그 사람들 입장에서는 200개에요. 내리는 것 100개, 싣는 것 100개… 그런 식으로 거래가 되었어요.

김병남의 진술
　허상 씨는 용산 태양시장 쪽에서 노조를 결성했고, 한준호 씨는 용산 나진산업 쪽에서 발족을 했어요. 한준호 씨가 옛날에 용산역에서 건달 생활 했어요. 1969년도 상인들이 오니까 나진산업이 결성이 돼서 점포가 들어왔잖아요. 그래서 허상 씨하고 한준호 씨가 하역반을 만든 거죠.

허상의 진술
　저는 용산에서 노동조합을 1969년도에 시작했어요.

송재일의 진술
　유통 과정에 노동조합이 중요했잖아요. 허 위원장(허상)이 전체 시장파트 노동조합 선구자예요. 부분적인 노조가 많이 있지만 원(주요) 운동을 전개해서 하신 분이 허 위원장이고, 여기뿐만 아니라 서울지역에도 요소요소에, 부천지역도 노동조합 결성해서 근로자들이 먹고 살게끔 개척하신 분이 위원장님이에요.

허상의 진술

노동조합이라는 것은 단결권, 교섭권, 행동권 3권이 있지 않습니까? 불행하게도 단결권만 있지 교섭권이 없어요. 불특정 다수인의 사용자를 가리키기 때문에 단체협약을 체결할 수 없습니다. 단체 협약 없는 곳이 여기밖에 없습니다. 항만노조의 사용자가 물류회사로 만들어져 있지 않습니까? 물류 사용자와 근로자의 관계는 사용자는 임금을 적게 주려고 하고 근로자는 임금을 더 받기 위한 관계. 사용자와 근로자가 서로 올라가려는 것은 노동조합이 아니죠. 그런데 물류회사는 3할을 떼어가고, 7할을 노동자가 가져갑니다. 돈은 화주가 내죠.

정광은의 진술

과일과 채소가 1970년대 초까지는 그다지 많지 않았는데, 70년대 말부터 벼농사의 수입이 줄고 소비자의 소득이 오르다 보니까 과일과 채소가 대량 생산되면서, 하역작업을 처음에는 직원 분들하고 했는데, 양이 많아지니까 (하역을) 맡길 수밖에 없더라고요. 그때부터 이 사람들이 노조를 만든 거예요. 저희보고 하차비를 부담하라는 개념이 거기서부터 생겼더라고요. 청량리시장은 아직도 직원들이 하차를 하거든요.

노조 결성의 시발점이라면, 예를 들어 위탁상이 5개가 있는데

2개는 거래물량이 많아 그 물건을 내릴 수 있는 인력이 몇 사람이 필요해요. 나머지 3개는 물건이 안 들어오다 들어오면 내릴 사람이 없어. 그러다 보면 한 사람 한 사람 증원이 되다 보니 증원이 될 적에 그때 이거라도 할 줄 아는 사람이 하역을 하고, 점포가 날로 늘어나서 하역하는 사람이 많아지니까 노조가 결성된 거예요.

정홍기의 진술

1968년경인가 겨울에는 농사를 짓지 않아 농산물 도매시장에도 판매할 물건이 별로 없어서 4월부터 시작하기도 했죠. 하우스 재배는 경남 밀양이 제일 처음이었어요. 취급품목은 주로 딸기, 토마토. 예전에 딸기 팔다가 감방에 갈 뻔했어요. 딸기 속에 안 좋은 것 팔았다고 종로경찰서에서 하루 동안 거기 있었어요. 물건이 올라오면 서울역, 용산역 두 군데에 내렸고 영등포역은 안 내렸어요. 딸기는 양은 다라로 들어왔고, 한 5관정도도 됐지요. 저울 가져다 놓고 한 다라에 얼마, 단가를 매기는 거죠. 옛날에는 전부 주판으로 했는데 쇠로 된 거가 있고 나무로 된 게 있어요. 대나무로도 만들었는데 주판이 오래되면 쌀가마니에 넣어서 문지르면 고동(주판알)이 잘 오르락내리락 했지요.

옛날 저울은 추 저울 15근짜리, 20근짜리 등이 있었는데 고리가 있어 드는 거죠. 추 저울은 앉은뱅이저울하고는 다른 거예요. 추 저울이 어떻게 생겼냐면, 쇠가 끝에 깨지지 말라고 달려 있고 추 다는 곳이 있으면 고리가 물건 달려 있어요. 눈금이 있고 한 근, 두 근, 세 근 가는데 추 저울에 끈이 달려서 밀었다 당겼다 하는데 물건이 무거울수록 추가 뒤로 가지요. 가운데 손잡이 끈이 있죠.

30근 미만은 손으로 직접 달고, 30근 이상짜리는 줄이 큰 게 있어서 장대를 끼워 둘이서 들어요. 나쁜 예를 하나 들어주면, 트랜지스터 자석이라고 동그란 게 있는데, 주머니에 자석을 넣으면 자석의 힘으로 추가 올라갈 것이 못 올라가요. 그러면 물건이 많이 나갈 때 그렇게 하면 몇 근은 이익을 보게 되죠. 사기를 치는 사람들이 그랬고, 고추 장사들이 제일 많이 속였어요. 건고추는 한 근에 400g인 가벼운 품목이니까.

추 저울은 1970년대 후반까지 사용했고 일부 재래시장에서는 1980년대 중반까지 썼어요. 60~70년대는 전부 다 추 저울로 했어요. 그게 속이기가 좋아요. 속임수 통달이 되면 저울을 들면서 손잡이 끈을 딱 오므려서 손 사이에 저울을 살짝 눌러주면 저울이 많이 못 올라가요. 이렇게 해서 돈 많이 번 사람들이 있어요. 저울 같은 경우 구청에서 매년 점검이 나왔죠. 저울을 뜯으면 안에 용수철 스프링이 들어 있어요. 저울 스프링이 원래 다 똑같은데 쓰다 보면 저울이 다 틀려요. 어떤 식으로 했냐면 저울을 뜯어서 스프링을 뺀 다음 연탄구멍에다가 스프링을 달구어서 스프링을 그대로 식히면 탄성이 약해지고, 물에 넣으면 더 강해져요. 더 강해지면 눈금이 잘 안 돌아갈 것 아니에요? 그래서 자기가 받는 것은 세게 만들고 파는 것은 약하게 만들어서 하루에 수십 근씩 속이기도 해요. 그래서 이런 걸 누가 밀고를 하면 구청에서 단속이 나와요. 1년에 몇 번씩 나오는데 단속 나오면 (벌금) 스티커를 붙여요. 걸리면 벌금 많이 물었어요.

손삼열의 진술

저는 늦게 들어와서 1981년도에 용산시장에 들어왔어요. 제가 1983년에 제주도에 마늘을 사러 갔었는데 그 당시는 돌리는 전화로 연락이 될 땝니다. 연락 받고 갔는데 주로 제주도에는 남자보다 여자가 지방상인 역할을 하고 계셨습니다. 이분들이 해주시는데 1980년도만 하더라도 70년대 후반부터 나온 빨간 망을 사용했죠. 완전 건조가 안 되어서 무게가 많이 나갔어요. 한 망에 양파를 넣으면 요즘은 20kg 들어가도록 만든 망인데 건조가 덜 돼서 23kg 정도 나가요. 저울을 보니까 서울에서는 앉은뱅이저울을 쓰는데 제주도에서는 전부 드는 걸로 다는 겁니다. 저하고 직접 연결되는 하주였는데 저울을 달아주는데 가만 보니까 분명히 내가 봤을 때 20kg가 넘는데 달면 무조건 20kg인 거예요. 그래서 오히려 장사꾼인 제가 "똑바로 달아주십시오."라고 했습니다.

무게가 더 나가도록 해야 (장사의) 원칙일 텐데 전부 낮게 다는 거예요. 그래서 물었더니 그분이 "차에 옮겨서 싣고 다시 내려서 차에 다시 실으면 감량이 많이 됩니다."라는 거예요. 나는 그때 초년병이었고 그분은 수 년 동안 하다 보니 몇 번 움직이면 얼마나 감량이 된다는 것을 알고 있더군요. "우리는 돈이 많이 남는데 사장님도 돈이 나와야 우리 물건을 많이 팔아 줄 것 아닙니까?" 오히려 이런 소리를 들었습니다.

이구복의 진술
저는 용산시장에 1981년에 들어왔는데 양쪽으로 나진시장, 한쪽으로 농협공판장이 있었고. 대로변 옆에 상가가 쭉 있었죠. 저는 태양시장에 있었고 같이 한 사람이 유한규 씨 태양시장 설립자인데, 용산시장에서 가락동시장으로 갔다가 2년 있다가 영등포시장으로 왔습니다.

용산의 태양시장에서 시작하게 된 계기는 제가 그때 공백기가 있었고 힘들었을 시기인데, "상회에서 일 좀 봐줘라. 한 3개월만." 해서 시작하다 보니까 또 재미있더라고요. 물건 파는 것도, 사람 상대하는 것도 재미있더라고요. 그래서 거기서 3개월만 하면 시장 다 잡아버린다고 나한테 그랬어요. 손님을 잘 끌었어요. 물건만 들어오면 내가 다 팔았고, 그 당시만 해도 계절 품목이 있단 말이에요. 오이가 많이 들어오니까 거기를 관여를 해봐라 해서 들어가서 오이가 첫날 발 들여놓은 순간부터 한 35년 되어가는데 지금까지 하고 있죠. 그래서 1대, 2대, 3대까지 넘어간다는 소리가 나오는 거여요. 거래하는 사람들이 지금까지 많은데, 이제 거기에 뿌리 내리게 되었지요. 총 관리하는 사람을 '서사'라고 했고, 지금은 실장이라고 합니다.

서사는 모든 걸 다 통틀어서. 장부도 작성하고, 물건과 사람 확보도 하고. 서사한테 물건을 주었죠. 일단 물건이 좋은 건지 나쁜 건지 그것을 배우기 위해서 경기도 안성의 산지로 가서 노력을 했지요. 지금도 안성 물건이 90% 이상 됩니다. 용달을 하나 빌려서 그때만 해도 총각 시절이니까 의욕이 충만했지요. 그래서 안 팔린 걸 쏟아놓고 도보(도로가에 놓고 물건을 파는 것)를 치려고 손 마이크 들고 오이 몇 개 얼마 하다 보니까 손님들이 모이자 주위 상가에서 가만히 있겠어요? 협박하니까 피해서 도망 다니다가 물건을 못 팔게 되는 거죠. 그래서 도매 시간이 끝나면 소매시장에서 팔았죠.

당시 용산시장은 지금처럼 고층의 빌딩들이 아니라 천막촌도 있었죠. 어떻게 해볼까 해서 여자 직원 둘을 고용해 포장(천막)을 바닥에 깔고 오이를 쏟아 붓고 "열 개 천 원."을 불렀죠. 근데 한 짝에 100개면 슬쩍 더 가져가는 사람이 있어서 보면 70~80개 값밖에 안 나왔죠. 그래서 시작했던 게 제가 바구니에 오이를 7개, 8개 담아서 천 원. 해서 셈도 빨라지고 더 가져가는 사람도 없고 하니까 깔끔하게 됐지요. 그리고 손 마이크 가지고 멘트를 했지요. 그게 퍼지고 해서 시장 전체가 시끌벅적해졌지요. 하루에 312짝을 팔았어요.

또 그것만 한 게 아니라 세트 품목이 있어요. 오이 하면 따라오는 게 호박과 가지인데, 세 가지만 놓고 하는 거예요. 오이를 1,300개 짝을 쏟고 고르느라고 나중에는 일당을 주고 여덟 사람까지 샀지요. 나중에 하역반 구성이 된 것은 용산 건달로 놀았던 사람들이 들어가서 시작된 거죠.

신동섭의 진술
그 설명을 잠깐 드리면 1990년대에 마트가 들어왔어요. 이마트, 롯데마트가 생겼는데 부어놓고 파는 게 있잖아요. 오이를 가져다가 10짝을 부으면 산처럼 쌓일 것 아니에요? 그리고 소비자들이 알아서 고르는 거예요. 이걸 마트에서 '벌크 판매'라고 불러요. 지금 소포장 판매를 '봉지치기'라고 하고. 용산시장에서 마이크를 잡았다는 것이 특이한 건데, 지금 마트 가면 재미있게 말도 하고 마이크 들고 하잖아요. 동네 마트는 안 하고, 대형마트에서 마이크를 처음 잡기 시작했어요. 팀장급들이 마이크를 잡고 유도를 하니까 판매에 크게 도움이 됐습니다.

이구복의 진술

그리고 반짝 세일이 있었어요. 시간을 보고 "11시 50분! 10분 남았구나! 30분 간 30포대만 세일입니다!"라고 하면 사람이 엄청 모였죠. 진도 대파를 하는데, 대파가 올라오면 시장에다 하역을 해놓고 그걸 예쁘게 쌓아 놓고 팔았죠. 대파 산지가 나중에 진도에서 부산 명지 대파로 이동했죠. 대파가 쌀 때는 운임도 안 나왔고… 시금치는 20kg 이상씩 받고, 시금치가 목포, 무안, 비금도에서 나왔고, 마늘종은 2kg, 4kg로 묶었어요. 50단씩 묶어서 화물차에 실었죠. 1980년대 들어와서 복사 차(4톤)가 나오고, 그게 5톤 차로 발전하고 그랬지요.

운임은 기억이 잘 안 나는데. 빨리 좀 오라고 해서 오면 운임을 더 주는 등 융통성이 있었죠. 산지에서 기사가 물건 실어 오면 장기 끊어서 돈이랑 같이 그 편으로 다시 보냈죠. 시골 사람들이 은행가는 거를 할 줄도 몰랐거니와 잘 안 했고, 기사도 진도 화물, 일신 화물 등 쓰던 사람을 계속 썼지요. 딸기 같이 변질되기 쉬운 건 기사들이 오히려 변상하고 그랬어요. 기사들도 노름하는 사람들이 한둘이 아니었죠. 생산자들한테 가져다 달라고 하면 노름판에 가서 떼먹고 도망가기도 하고… 나도 몇 번 떼였죠. 기사들이 술 먹고 돈을 전달하지 않으면 산지에서 손해를 보니까 이때는 상회에서 물어줬지요. 기사는 회사 소속도 있었지만 회사 차보다 자차가 많았지요.

또 상회에서는 어떻게 했냐 하면 상회에도 나쁜 사람이 많았어요. 돈을 안 내려 보내요. 돈을 안 내려 보낸 이유가 한 달이고 두 달이고 산지에서 밭떼기 장사를 해요. 그래서 옥신각신하고. 그 돈 밑천 삼아서 밭떼기 장사를 한 경우가 있었죠. 그 다

음에 '칼치기' 또는 '칼질'이라는 것이 있었는데, 그때 통신시설
이 지금처럼 되어 있지 않아서, 원래 물건을 만 원에 팔았는데
연결이 안 되니까 그냥 8,000원으로 써놓고 2,000원은 상인 주
머니로 들어가는 걸 말하죠.

지금 그런 식으로 장사하면 문 닫아야 돼요. 시세를 가락동시
장이랑 비교해서 바로 알아버리니까. 최소한 동일한 값은 줘야
돼요. 지금은 '칼치기'라는 것은 생각하지도 못하지만, 그때는
허술한 점이 있었으니까. 지금은 밭떼기 장사가 수집상, 산지
유통인으로 용어를 바꾸었죠. 이 사람들한테 허가를 내줬어요,
수집상 법인이라고. 최고 많이 번 사람은 한해 겨울에 400억 원
을 벌었어요. 어떻게 벌었냐 하면 양배추 한 망이 1,000원 하던
것이 15,000원, 20,000원으로 갑자기 올라서 한 겨울에 그렇
게 벌었어요. 이건 역대 전무후무한 이야기죠.

또 나쁜 이야기는 시금치를 받았는데 8톤 차를 받으면 이상
하게 시든 거예요. 왜 이렇게 물건이 나쁘냐고 알아봤더니 화주
가 여러 가게를 다니면서 거래하다 보니까 다른 가게에서 전날
안 팔린 물건을 여기로 가져온 거예요. 품목마다 다른데, 한 차
를 내가 다 받는 것도 있고, 똑같은 물건을 여러 군데 나눠주는
것이 있었어요. 또 하주들이 물건을 가지고 와서 자기 물건은
왜 그렇게밖에 가격이 안 나오느냐고 따지는 사람들도 꼭 있었
죠. 기본적으로 화물 운송업을 하는 사람이 짝짐은 짝당 얼마씩
작목반하고 합의를 하지요. 수송을 해야 하는데 또 이 사람들의
농간이 심했죠. 옆에서 살짝 돈을 찔러주면 물건을 다른 쪽으로
돌리기도 하고….

또 짱구과자, 삼양라면 박스 등을 사서 산지로 보내고 오이를

담아서 올려 보내라고 하니까 반응이 좋은 거예요. 박스 A급, B 급, C급 이렇게 있었고. 박스에 얼마 이렇게…. 나중에 정부가 박스 규격화를 실시했으나 전국 박스 규격을 cm로 맞추다 보니까 농작물이 100개 들어갈 게 80~90개밖에 안 들어가는 등 문제가 있었죠.

산지로 직접 갈 경우도 있었죠. 밭 누구누구 꺼 있으면 이 밭은 누가 샀는지 알지요. 생산자하고 다방에 앉아서 물건 안 보고 그냥 흥정하는 등 직접 거래를 했죠. 물건들이 확보가 안 되었을 때 물건을 확보한 기사가 있으면 몇 프로(%)를 주마 해서 그렇게 확보하기도 했지요. 기사가 또 수틀리면 안 실어버려요. 다른 데다 실을 때도 없잖아요. 그래서 생산자들하고 기사하고 싸우기도 하고… 그리고 품목을 바꾸라고 초창기에 농약 값도 대주고 그랬어요.

정홍기의 진술

저는 남대문시장, 용산시장, 가락동시장, 영등포시장, 강서시장 이렇게 있었죠. 다른 사람들은 상회 주인 밑에서 일만 배웠지 스스로 뗀 사람들이 별로 없어요. 내가 아는 걸로는 한 시장에 있었던 사람은 잘 모르고, 젊었을 때는 신경을 안 쓰고 대충만 알지 머리에 새긴 사람은 별로 없어요. 애시 당초 강남, 압구정동, 반포가 개발되기 전에 양재역 있는 쪽으로 해서 전부 다 들판이었어요. 그 시절 강남에는 길이 차가 쌩쌩 달릴 수 있는 도로가 없고 4대문 안쪽에는 큰 길이 있어서 차로 달릴 수도 있었어요. 그때 당시 나 같은 경우는 처음부터 이 분야에 있었어요. 내가 직접 가서 농사지은 것도 보고, 밭떼기로 사보기도 하고 어떻게 유통이 되는지도 봤지요. 내가 현찰 들고 가서 산 건 내가 직접 품질 평가를 해요.

특히나 내가 박스를 처음으로 만들어서 농가에 보내주고 규격을 맞춰서 보내도록 했어요. 종이박스는 동판에 찍는 것이 지금은 약 300만 원, 옛날에는 스티로폼 박스 8kg… 스티로폼 박스는 투자한 돈이 옛날 돈으로 700만 원. 그 정도 돈이면 집도 한 채 샀었죠. 그런 돈을 투자했어요. 옛날 배 같은 건 신문으로 쌌었고, 1987년도 나주에 가서 내가 박스를 대줄 테니 대신 알맹이 값만 지불하겠다 하고 백화점 바이어들하고 가서 계약도 했어요. 1970년대에 새마을 슈퍼, 성장하니까 포스코 슈퍼라고 했어요. 그 다음에 제일슈퍼 생기고, 한양건설이 강남에 승승장구로 아파트를 지어가면서 자기 브랜드로 건물을 많이 지어서 아파트 상가에 한양마트가 등장한 거지요. 그때가 80년대인데, 그때 무지무지한 물량을 해태, 한양에 내가 대줬어요. 세일 하면 물량이 모자라다 보니 세일하기 전에 만 원 가던 것이 세일하면 농산물 도매가격이 급상승했어요.

옛날에는 박스가 30kg, 20kg든 운임이 똑같으니까 시골 사람들이 운임 적게 들이려고 한 곳에 꽁꽁 담았어요. 그래서 한 가구(바구니)에 80kg도 나가고 60kg도 나갔어요. 물건이 없으면 강남, 반포 넘어서 말죽거리 쪽으로 많이 갔었죠. 할머니들, 아주머니들이 길거리에서 파는 것을 내가 20대 초에 "한 개씩 팔지 말고 좋은 걸로 골라서 다 담아주시오." 해서 사고, 이게 농산물 재래시장으로 발전해 갔지요. 옛날에는 수수료 개념도 없어서 10%가 아니라 15%도 수수료를 떼었어요.

제가 대한생명 공채 7기로 당시 월급이 13만 원이라 좋은 직장이었지요. 누나 일 돕느라 그 전부터 시장을 왔다 갔다 하다가 정식으로 짐을 싸서 올라온 게 1972년도예요. 시장에 급한 사람들 돈 빌려주면 근거가 미미해서 예전에는 많이 떼였는데, 나는 나름 금융회사를 다녀서 계산서 이런 걸 전부 다 해서 서울에 올라와서 일수 달라 장사를 했어요. 서류를 만들어서 거기에 서명, 보증인 2명 세우고 해서 어떻게 해서든 보증인을 데리고 왔죠. 급한 돈은 가져가면 한 달에 30% 이자. 급하니까 이 돈도 썼어요. 그 돈을 한꺼번에 받기보다 일수로 받는 거예요. 50만 원 빌리면 만 원씩 60일간을 내라. 그러면 50만 원씩 열 사람에게 주고 하루에 10만 원씩 걷으면 열흘 만에 두 명에게 또 50만 원씩 줄 수가 있어요. 일 년 돌리면 20% 장사가 회전하면 40%이 돼요. 돈 떼일 위험이 있으니까 또 일수 계를 만드는 거예요. 그 목돈 받을 때 곗돈에서 받는 거지. 그래서 돈 장사가 돈이 조금 떼일 위험이 있어도 엄청 많이 남았어요. 그때는 급한 사람들이 급전 50%라도 떼었으니까. 백색전화가 1970년대에 200만 원 갔어요. 그 전화기 잡혀서 그 안에 돈이 안 들어오면 그대로 들여왔죠. 그때는 시장이 그렇게 어려웠어요.

일수는 1970년대 초부터 1980년대 초까지 했지요. 달라 일수라는 것은 원래 시장이 형성되면서부터 급전 형태로 돌았었어요. 일수 계는 매일 10명 10만 원씩 모아서 300만 원이면 써내는 것 있어요. 총금액이 300만 원이면 50만 원 쓴 사람도 있고 40만 원 쓴 사람도 있는데 최고 낙찰자한테 낙찰을 시켜 줘요. 일수를 타게 되면 250만 원 찾아가고 나머지 50만 원은 안 타간 사람들이 나누는 거죠. 여유가 많은 사람은 나중에 타가고, 급한 사람은 얼른 많이 쓰고 돈을 가져가죠. 그래서 이자 더 많이 받으려고 바람 잡는 사람도 있었어요. "아. 이번에 정말 급해서 큰일 났네." 하면 옆 사람이 못 탈까 봐 엉뚱하게 많이 써요. 이게 뭐하고 같은가 하면 경매하고 똑같아요.

일수 돈 떼먹고 도망간 사람도 많았죠. 요즘은 발달되어서 그런 경우가 없지만. 옛날은 열 명 사라지면 세 명 잡기도 힘들었어요. 가장 큰 타격이 용산시장에서 오뎅 공장의 경우인데 직원이 30명이 있었어요. 그때 돈으로 350~400만 원이면 2층짜리 양옥집을 샀을 때인데 그때 그 사람한테 1,200만 원 빌려주고 10번 받고 도망가서 거의 다 떼였어요. 직원들인 보증인도 싹 데리고 사라져버린 거죠.

허상의 진술
용산시장에 기차로 들어오던 것이 한 1977~78년도에 끊어졌어요. 그때부터는 화주가 열차로 안 보내요. 자동차(화물차)가 있으니까요. 열차 비용이 더 많아지니까.

송재일의 진술
염천교시장에서 용산으로 오자마자 상인들 연합회에서 회장 맡으라고 해서 맡았습니다. 연합회장은 1970년에 시작해서 79년도 즈음까지 했습니다.

나중에 용산에서 가락동으로 이전 준비하는데, 처음에 시에서는 시장 부지를 양재동에 샀어요. 그런데 땅값이 올라서 양재동을 취소하고 가락동으로 부지를 책정한 겁니다. 가락시장으로 이전 준비를 하면서 법인을 구성할 여건이 되어 동화청과를 만들게 되었고, 당시에는 동화청과가 상인 분포도로 봐서는 핵심을 이뤘습니다. 처음에 저는 동화청과 대표였고 나중에 한국청과에 몸담았습니다.

지금은 질서가 있고 하지만, 용산시장 그때는 상인연합회 역할이 첫째는 건물주의 임대료 정하는 것, 둘째는 청소용역을 주고 시장의 쓰레기 치우는 역할을 했죠.

주식회사를 만들 때도, 상인들이 영세해서 처음에 주식 살 사람이 없었죠. 가까운 사람들이 맡아서 가락시장으로 이전이 임박해지면서 활기를 띠게 됐죠.

이영규의 진술

용산 시절 우리들 호칭은 장사꾼이었다가 점점 유통인이나 상인이라는 소리가 나오게 됐어요. 그때만 해도 육두문자 썼었고… 특히 채소시장이요. 생산자는 한 테두리(포장용기) 안에 많이 담는 걸 선호했어요. 감자도 큰 가마니에 많이 담는 거예요. 과일이고 뭐고 일단 겉만 보고 속은 안 좋은 경우가 많았죠. 여기(가락)까지 와서도 그게 해결이 많이 안 되었어요. 그러다 보니 무작위로 샘플을 채취해서 검사하고… 그나마 지금은 많이 개선이 된 거죠. 모르는 사람들은 우리 위탁상이 돈 많이 벌었을 것이라고 생각하겠지만, 청과시장에서 돈 번 사람이 별로 없어요. 위탁상을 하면서 겉으로 보면 칼질하고 그래서 많이 벌고 할 것 같은데. 이것도 신용사업이라 몇 번 거래하면 다 아니까 크게 성공한 사람이 별로 없어요. 땅을 사놓고 부동산을 한 사람은 부자가 되었지만, 이거 한 가지 한 사람들은 그냥 먹고 살 정도의 수준이에요.

예전에는 상인들만 쓰는 은어(隱語)가 있었어요. 숫자를 말로 하는 거죠. 1이 먹주, 1 단위를 먹주라고 해요. 1, 10, 100, 1000 모두 다 먹주죠. 화주나 옆 사람이 모르게 이런 은어를 썼어요. 상인들만 알았어요. 숫자 말고는 딱히 은어는 없었어요. 먹주-1, 대-2, 태삼-3, 을시-4, 을시본-5, 살-6, 살본-7, 땅-8, 땅본-9, 먹주-10, 주본-11, 선이-12, 선이본-13, 꽁-14, 꽁본-15, 능-16, 능본-17, 짜돌-18, 짜돌본-19, 이제 21은 대먹주, 22는 대대 이렇게 가는 거죠.

양희출의 진술

용산시장에서는 중매인이 따로 없고, 가게 주인이 대표자였거든요. 위탁이 많았고요. 자기 품목을 딱딱 가지고 있었고, 용산에서는 동그랗게 둘러서 가게들이 있고 가운데 광장이 있었어요. 그 광장에 물건이 들어오면 차상판매(차에 실려 있는 상태에서 판매하는 것)도 하고 그랬어요. 거기에 주판 하나씩 가지고 다니면서 물건 사는 중판들이 물건 사가지고 가고 그랬습니다. 그러다가 한 절반이나 팔고 남으면, 중판 다음으로 사는 사람들이 있었어요. '아도'라고. '아도'를 친다고 그러면, 남은 걸 다 사가는 그런 걸 얘기하는 거예요.

또 용산시장에서는 '야바구'라고 있었어요. 출하주나 기사들이 물건 싣고 올라와서 돈 받아가지고 시장에서 '야바구' 하다가 돈 다 떼이고… 돈 달라고 했다가 두들겨 맞고 빈손으로 내려가는 경우가 많이 있었어요.

김용길의 진술

처음에 산지에 가서 출하하는 사람들한테 시장에 올라가 봤자 돈 얼마 못 받는다고 얘기를 그렇게 하죠. 그렇게 해서 저한테 얼마에 그냥 팔라고 해서 사가지고 올라오면 그때는 시세가 또 많이 올라있거든요. 그런 식으로 시골 사람들이 뭘 잘 모를 때 그렇게 속이고 그런 일도 있었어요. 그게 뭐 시골에서 한 차에 40만 원에 산 다음 서울 와서 60만 원에 팔고 그런 거죠. 근데 사실 물건을 팔다가 보면 '속박이'가 어마어마했어요. 하주라고 다 착한 사람들이 아니었어요. 뭐 40만 원에 사가지고 60만 원에 파니까 20만 원을 남겨먹는다고 생각하는데, 알고 보면 '속박이'다 뭐다 해서 물건 사간 사람들이 찾아와서 난동을 피우면 다시 돈 빼주고 하면 남는 것도 없었어요. 어떨 때는 손해를 볼 수도 있고 그래요.

그리고 또 이런 일도 있어요. 물건을 판 다음 장기를 끊어놓고 하주한테 장기랑 돈 가지러 오라고 해놓고 술을 먹기 시작합니다. 그러다가 하주가 늦고 그러면 또 장기 끊어놓은 걸 고쳐서 돈 빼서 술 한 잔 더 마시고 그랬죠. 장기를 많이 고치고 그랬죠. 이런 게 다 에피소드입니다. 다 배고픈 시절 이야기 아닙니까. 외상 주고 외상 못 받고, 선대 주고 선대 못 받고… 그리고 칼질 같은 것도 다 나쁘게 볼 게 아니에요. 당시에는 가지고 오면 '속박이' 해놓은 것들도 많이 나왔고, 물건 팔아도 외상값을 못 받는 일이 부지기수였으니까. 그런 걸 다 감안하면…….

지금하고 위탁상 할 때하고 비교해 보면 위탁상 할 때가 더 좋긴 했지만, 그게 돈을 더 많이 벌어서 그런 게 아니에요. 장사를 자유롭게 하니까 더 좋았다는 것이죠.

양희출의 진술

예전에 용산 태양시장에 가보면 김용길 사장님이랑 다른 분이랑 두 분이 입구 쪽에서 장사를 하고 계셨어요. 근데 저울질하고 그러면은….

김용길의 진술

그게 뭐 저울질은 아니고, 시금치 같은 물건이 들어오면 안에 물을 묻혀 가지고 들어와요. 그럼 사는 사람들이 와서 그 박스를 기울이면 물이 떨어지잖아요. 그렇게 해가지고 물을 다 빼고 사가지고 가는 사람들이 있었고, 또 사는 사람들이 물건을 사면서 양쪽에 무릎을 대가지고 물건을 들어주면 무게가 덜 나가잖아요. 그런 장난을 하는 사람들이 있었어요. 그리고 제가 시금치 팔 때 저울질했다고 하는 건 뭐냐면, 무게가 조금이라도 더 나가야 되니까 어떨 때는 물 칠을 조금 더해서 팔 때도 있었고, 시금치 박스에 지푸라기라도 붙어 있으면 저울질을 할 때 발로 그걸 누르면 무게가 몇 킬로 더 나가니까요. 그런 걸로 남겨 먹었다는 거죠. 이게 나쁜 짓은 아니니까요.

김창수의 진술

예전에 차다이로 받을 때 차가 들어오고 경비들이 여기서 저기로 살짝 옮겨주고 만 원씩 이렇게 받아가는 사람들이 있었어요. 그게 경매하면서 없어진 거예요.

양희출의 증언

주먹들 행패도 많았어요. 경비들이 작대기 들고 다니면서 엄청나게 보냈어요. 여기 가락동 와서도 경비들이 그렇게 많이 보냈어요. 지금이니까 많이 없어진 거죠. 그리고 일수는 지금도 있어요. 이자가 지금은 많이 싸졌는데 예전에는 많이 비쌌어요.

박만현의 진술

그리고 그때는 외상을 사가는 사람들이 있었어요. 홍길동이가 외상이 30만 원이 있다고 하면 저한테 와서 외상은 없냐고 물어봐요. 그럼 홍길동한테 30만 원이 있다고 하면, 그 외상을 20만 원에 외상 사가는 사람이 사는 거예요. 그럼 그 사람한테 외상을 팔고 수금은 그 사람이 하는 거죠.

허상의 진술

쌀장사, 과실 장사, 채소 장사, 생선 장사 등 네 가지가 있는데 제일 돈 잘 쓰는 사람이 생선 장사예요. 용산에 있을 때 생선 장사는 돈 남을 때 엄청 남았고, 채소도 좀 비슷해요. 과실이 제일 짜요. 남는 마진이 적으니까 큰돈은 못 벌어요. 채소는 남으면 엄청 남고.

정용섭의 진술

외상거래를 하다 보면 조금씩 늘어가요. 1억, 2억까지도 넘어가요. 상대방이 부도가 나면 파산되고 받을 길이 없어요. 중매인들이 이런 점이 어려운 점이죠. 제가 청과사업을 48년간 했어요. 저 할 때까지만 해도 외상거래를 하면 많이 떼였어요. 법으로도 안 돼요.

송재일의 진술

용산시장에도 새마을운동이 전개되면서, 새마을운동의 일환으로 새마을 금고를 만들었고 제가 초대 책임자였어요. 같이 있던 사람들이 고리를 쓴다니까 할인을 해줬는데 부도가 나버린 거예요. 상인들이 계를 모아가지고 부도낸 것을 막았습니다. 새마을 금고로….

이영규의 진술

용산시장 1983-85년 무렵 위탁상은 채소와 과일 다 합쳐서 430명이었어요.

송재일의 진술

용산 시절 가게가 하나 있었다면, 여기(가락)로 오면서 3~4개로 분포작용(확산)이 된 겁니다. 여기(가락)로 오면서 가게 앞에서 장사하는 사람도 상권을 가지게 됐어요. 직판장 상인들이 여기로 와서 자리 배분을 받았어요. 그래서 숫자가 기하급수적으로 크게 늘고 발전이 되었던 거죠.

김덕영의 진술

소포장이 시작된 것은 용산시장으로 오면서부터라고 보시면 될 겁니다. 그 전만 하더라도 생강도 가마니에 들어왔고, 양파도 가마니에 들어왔어요. 시금치 같은 건 그냥 오면 썩어 버리니까 가마니를 뜯어서 물을 줘가지고 들어왔어요. 그러니까 이런 여름에는 못 올라왔죠. 제대하고 용산에 갔을 때는 제가 24살(1973년)이었을 거예요. 그러다가 가락동에 왔는데 위탁만 하다가 경매를 하려니까 힘들더라고요. 그래서 제가 한준수(한광수 동생)랑 엄청나게 싸웠어요. 그러니까 한준수가 저를 중매인에서 취소를 시켜 버리더라고요.

허상의 진술

염천교시장 시절에도 노동조합은 있었지만, 옛날에는 건달들이 자릿세 받는 부류도 있고 그런 권리를 행사했죠. 무질서했어요. 용산시장 시절에도 건달들이 있긴 했는데 얼마 없었고 몇 명에 불과했죠. 자릿세는… 지금도 있긴 있어요. 용산 시절 노동조합 인원수는 200여 명밖에 안 됐어요. 서울청과까지 합하면 300명이 되었고, 지금 가락시장에는 1,300명쯤 됩니다.

노동조합을 계속 맡아 하다가 그만둔 지는 12년 됐습니다. 지금은 가락노인회장을 맡고 있는데, 회원은 처음 예순 몇 분이었고 지금은 57명~58명이에요. 많이 돌아가셨어요. 노인회 구성은 여기에서 종사하신 분들이에요. 법인에 상관없이. 은퇴하신 분은 많지만 다 참여하는 것이 아니죠. 강제 규정이 아니니까. 노인회에서 제일 연세 많은 분은 94세 이병태 씨에요.

이영규의 진술

현재 가락시장에는 노인회 말고도 자기 고향 사람끼리 만나는 호남친목회, 영남친목회 등이 있어요. 법인별로 또 있어요. 동아청과 내 호남친목회 등 이렇게요.

정용섭의 진술

용산시장에서 가락시장으로 옮길 때 애로사항이 있었어요. 여기(가락시장)는 변두리다 이거지. 상인들의 그때 당시 생각은

"변두리로 가면 고생 한다."는 것이었어요. 안 가려고 데모하고 굉장했어요. 경찰들 와서 막고…….

손삼열의 진술

제가 용산시장을 1981년도에 올라왔는데, 올라오기 전에는 경남 남지에서 온실 농사를 지었습니다. 농사지을 당시에 남지에서 오이와 고추 온실을 해서 서울로 보냈는데, 그때만 하더라도 포장 형태는 오이는 사과 상자(나무 상자)를 구해다가 사용하거나 상자 만드는 곳에서 판자를 사와서 직접 만들어서 보냈어요. 사과 상자가 하나에 30kg 정도 되었습니다. 우리 지역에서 생산자들이 생산을 해놓으면 화물 트럭이 수집을 해다가 수화물로 해서 열차로 보냈는데 마산으로 싣고 갑니다. 마산에서 용산역까지 오고 시장까지는 마차로 왔는데, 마차를 사람이 끌었거든요. 마차에 사과상자를 실어서 각 점포에 배달을 해주는데 그때 형태가 제가 기억하기로는… 여러 마을이 농사를 짓지 않습니까. 그럼 한 마을이 한 상회를 지정합니다. 그러면 가령 대정상회라면 우리 작목반장이 한 명 선임을 해서 서울로 보냅니다. 올라가서 위탁상과 협상을 해서 선대자금을 가지고 옵니다. 이런 사람을 '주재'라고 했죠. 당시에는 선대자금을, 가을에 하는 건 8월에 모종을 기르기 시작해서 생산되기 직전에 추석이 됩니다. 그래서 그 선대자금으로 추석을 지내고 했거든요. 보통 9월~10월 초에 서울로 보내는데 그때만 하더라도 택시, 전화는 없었고(70년대), 사람이 올라와서 이렇게 해 주십시오 하면, 생산자들이 매번 받으면 목돈을 못 받기 때문에 우리 마을 같은 경우는, 보통 오이 하면 두 달 정도 수확 기간이었는데 그동안에 돈을 빨리 보내지 말고 되도록 한 번 아니면 두 번에, 천천히 보내달라고 했고, 그 중간에 내역서가 편지로 내려옵니다. 판매 내역서 해서 내려오면 누구 것은 얼마에 팔렸고 이것을 우편으로 받았고, 70년대 하반기쯤 되어서 돌리는 전화가 마을에 생겼습니다.

최매환의 진술
그 전에 전보를 많이 했어요. 그게 간첩으로 오해를 받은 적도 있었고….

손삼열의 진술
전보는 조그만 소규모고, 마을 전체에서 물건 올라가는 것은 물건은 매일 올라가도 내역서는 일주일에 한 번, 열흘에 한 번 내려왔어요. 몇 장을 해서 내역서에 누구 오이는 얼마 해서 한 번에… 우스운 이야기는 우리 마을에 아까 말씀하신 주재(작목반장)가 서울에 정산하러 갔다가 마지막에 끝나고 나면 돌아갔어요. 중간에 금액을 우체국으로 돈을 보내면 한 번 찾고 마지막은 돌아가서 정산하는데, 한 마을 돈이면 상당히 많지 않습니까. 갖다 오시면서 엉뚱한 짓을 하신 모양이에요. 그래서 자기 말로는 돈을 가지고 오다가 소매치기 당했다고 하는데, 노름을 좋아하셨어요. 그래서 한 마을이 돈을 못 받고… 요즘 같으면 큰 사건이 되었겠지만 그때는 그래도 순수한 사람들이라 그냥 지나갔어요. 알면서도 모른 척도 해주고 그랬죠.

최매환의 진술

'경락야채'라고 수송회사가 있었어요. 기차 화차를 빌려서 물건을 실어주고 하는데. 부산 지방은 화차를 이용해서 서울역으로 보내고, '경락야채' 쪽으로 현금과 명세서를 보내가지고 수령하는… '경락야채'가 그때 역할을 많이 했어요. 부산 쪽은 그렇게 이용을 많이 했어요. 부산처럼 기차역이 있는 곳은 그렇게 화차를 이용해서 수송하고 보내고 명세서를 받았어요. 현금은 송달원을 통해 보내죠. 밑에서 책임자가 있고, 생산자 누구누구 전달, 지불해주기도 하고.

하호용의 진술

그때는 화주들이 경찰에서 수사를 받기도 했어요. 저도 남대문경찰서도 가고 서울역에도 가고요. 계산서 돈을 가져갔더니 이 많은 돈을 어디서 가져 왔느냐, 훔친 거 아니냐고 증거를 대라. 그래서 가게에 연락을 해요. 가게에서 "우리가 준 돈이다."라고 해명해야 비로소 나와요. 돈 계산서가 다 있어도 경찰이 안 놔주었어요. 훔친 돈이라고…. 경찰이 돈 있는 길 이떻게 알았냐 하면 불심검문이 많았어요. 가방 같은 걸 불시에 검사해서 주민등록 조사하고 돈도 발견하고요.

이병윤의 진술

산지를 확보하는 것이 쉬운 일은 아니었죠. 예를 들어 전라도는 가령 주재원을 둔다든지, 그 사람들에게 소개를 받기도 하고 알음알음 들어오는 것이지 그것이 어렵습니다. 은행 송금이 잘 안 되기 때문에 말한 바와 같이 돈을 짊어지고 오고… 서로 통화도 잘 안 되고요.

손삼열의 진술

지금 말씀하시는 대로 지금 회장님(이병윤)은 진주에서 오셔서 하셨고, 최 사장님(최매환)은 부산에서 오셔서 형태가 다 틀렸을 거예요. 온실이 김해가 제일 먼저 발달했으니까 선진화된 온실 농산물이 나온 것이 획기적이었죠. 김해에서 기술 배워서 남지에서 오이, 고추를 했는데 그때만 하더라도 요즘처럼 박스에 담지도 않았고 비닐로 기다랗게 생긴 데에다 넣어서 보냈고 그랬거든요. 온실이 늘어나면서부터 통신도 처음에는 우편도 어려운데 나중에 전보도 했고요. 서울엔 전화가 있어도 지방엔 없었죠. 마을 단위마다 행정 전화라고 해서 한 대가 있어서 받는 전화만 주로 하고 그랬습니다. 나중에 통신시설도 발달하고… 산지에 위탁도 발달하면서 생산자들이 염천교시장, 용산시장에서 채소 취급하는 상회 사람들을 다 알고 있었으니까 중간에 주재하려는 사람들이 상회에 와서 "사장님 어디서 제가 이런 걸 하는데 선대를 좀 주시죠."라고 했죠.

설 사장님(설병진)도 1983년도에 처음 만나서 첫 대화가 "돈이 엄청나게 벌리는 곳입니다. 대신 선대 관리를 철저히 하십시오. 대금 관리만 잘하면 엄청난 돈을 버는 곳입니다." 그랬는데 잘못 관리해서 30% 정도 외상 떼이고, 그 30% 이상도 손해를 볼 수 있다는 게 위탁상입니다. 선대자금 주고 외상 많이 깔리면 돈이 많이 필요했죠. 은행에서 빌리기는 힘들어서 사채를 주로 썼었죠.

김영철의 진술

저는 처음에 진주에서 받기 시작했는데, 진주에서 강동주라고 그 양반이 올라와서 그 양반하고 동업하기 시작했어요. 강동주 씨가 진주 조합에 있었죠. 그래서 물건 받기 시작했어요. 진주에 내려가서 오이 농사짓는 방식을 배웠어요. 그래서 쭉 배운다음 춘천 하우스 오이를 많이 받았는데 거기 가서 가르쳤어요. 그래서 그 일대를 제가 다 장악을 했어요. 신내면이라는 곳에서 처음 했거든요. 거기를 파고들어서 가르치고 하니까 저한테 신용이 있다고 해서 많이 거래를 했어요. 다른 사람들의 경우 지방으로 알음알음 들어가서 선대 많이 주기도 했고. 저는 그 당시 선대를 많이 주지는 않았어요. 그때만 해도 돈만 가지고 있으면 경상도 사람이 전라도 가서 물건을 받을 수 있고 물건이 많이 난다 싶으면 직접 가서 선대를 준다고 하면 얼마든지 받을 수 있었죠. 돈이 없어서 그렇지.

최매환의 진술

위탁상들이 나쁜 쪽으로만 매도되고 그랬는데, 생산자들 기술 향상은 위탁상들의 영향을 많이 받았어요. 김해에서도 이해수 씨가 밀양, 창원 쪽으로 오이, 토마토를 전파했고, 전주 쪽에서 미나리 올라오는 게 품질이 안 좋았어요. 그래서 김해 조수갑 씨가 부산 종자를 옮겨서, 지금 전주 미나리가 전부 부산 품종으로 되어 있어요. 나쁜 쪽으로만 매도되고 그랬는데 사실은 한국농업 발전에도 상당한 기여를 했어요.

김영철의 진술

유통과정 발전시킨 건 위탁상들이고, 위탁상 이 사람들이 하우스 농사, 농사 기법을 발전시켰다고 봐야 돼요. 당시에는 농촌지도소(현재의 농업기술센터)가 역할을 제대로 못 했죠.

설병진의 진술

제가 직접 영업을 시작한 것은 1983년도 용산시장에서였고요, 1970~73년도 대구 협성농산에서 근무하면서 양파 수집, 저장, 출하하는 과정을 배웠죠. 아까 말씀하신 얘기는 거의 60년대쯤 되는 것 같은데… 그때 성기택 씨가 화창상회를 맡아서 했는데 그 협성농산의 판매처가 화창상회였습니다. 협성농산이 어떻게 했냐면, 양파를 수확해서 저장고가 없어서 그냥 집 처마 밑이나 집안에 매달아서 다음 해 봄까지 먹었는데 거의 다 변질되어 버리고 마지막에 햇양파 나오기 전에는 금값이나 마찬가지였거든요. 그렇게 비싸게 팔리는 것을 알고, 협성농산 성재경 사장이라는 분이 일본에 가서 양파재배 등을 공부해서 창녕군에 양파 재배를 권장하고 협성농산에 양파 저장고를 지었죠. 6월에 수확한 걸 전부 사다가, 그 이전에는 양파를 전부 가마니에 담았으나, 70년대부터는 망(20kg)이 나와서 수매를 해 와서 냉장고 저장을 하고 여름 양파가 끝나갈 무렵부터 출하를 시작합니다. 그때 이윤이 얼마가 나왔냐면 10배 이상이 나왔습니다. 그래서 오후부터 시작해서 저녁에 8톤 트럭으로 싣고 용산시장 화창상회에 가져다 놓으면 그것을 사가려고 애쓰는 사람들이 많아서, 다 못 나눠줄 정도니까 가격을 더 올릴 정도로 그런 식으로 독점을 했거든요. 그렇게 팔고 다음날 오기 전에 다 수금을 해서 돈을 정리하다 보면 방에 무덤만큼 쌓였습니다. 돈 덩어리를 직원들이 헤아려서 계산하고 장부 맞춰가지고 돈을 어떻게 보냈냐면 양파 싣고 갔던 그 차로 싣고 내려갑니다. 은행

거래 없었으니까. 돈을 마대에 담고, 한 서너 마대 싣고 내려갔습니다. 그때 당시는 양파 한 가지만 취급을 해도 독점을 했고 웬만한 사람들은 매달리지 않으면 한 망도 못 받았으니까요.

1983년에 직장이 마음에 안 들어서 용산시장에 올라왔죠. 처음에 화창상회에서 한 걸 봐와서 가게를 차리면 되겠다 싶었는데 가게가 금방 나옵니까. 그래서 조그만 가게 반쪽(11평 중에서도 반의 반쪽)을 얻어서 했습니다. 가게를 산 게 아니고 동업을 하듯이 한 거죠. 같이 팔고 했는데 1년 하다가 큰 가게를 하나 얻었습니다. 마침 이 사장님(이병윤) 가게 맞은편 광북상회라는 데에서 할 때는 처음에 가게를 차리고 고향에 안 갔습니다. 다른 사람들은 고향을 우선적으로 했는데 왜 다른 곳부터 먼저 갔느냐 하면 고향에 있을 때 제가 공직에 있었거든요. 지도소에 있으면서 그래도 농민들에게 대접받는 활동을 했거든요. 그러면서 제가 시장에 나가서 장돌뱅이 한다는 소리를 듣기 싫어서 고향에는 알리지도 않았습니다.

처음에 발을 뻗은 데가 전라도 쪽, 제주도 쪽으로 나가서 "협성농산에 근무를 했고 지금은 용산시장에서 가게를 한다."고 하니까 그 사람들이 믿어 줍디다. 13개 업체가 전국에 냉장고 지어서 출발했는데 다 망해버리고 협성농산만 제대로 되었거든요. 중간상인들과 수집상들, 협성농산이라 하면 그대로 믿어주더라고요. 한 사람씩 연결하다 보니까 연결하는 사람들도 화주가 따라오는 것도 물론이고, 기사한테라도 제가 잘해 주었습니다. 식사 한 끼라도 대접하고, 그러다 보니까 기사가 소개를 또 해줍디다.

제주도에서도 그런 식으로 하다 보니까 연결이 되고. 1년쯤

하다 보니 제 고향에도 저절로 알려질 것 아닙니까. 지도소에 있을 때 농민들 300~400명 모이는 데서 농사 기술 교육도 하다 보니까 제가 창녕군에는 많이 알려졌습니다. 용산시장에서 현대상회를 한다는 이야기를 듣고는 저절로 밀려오는 거죠.

그렇게 넓혀지고 그 다음에 또 어떻게 넓혀졌냐면, 제가 협성 농산에 있을 때 협성농산 사람들이 전국 냉장업체들을 전부 모아서 냉장협회라는 것을 구성했는데 이것도 큰 도움이 됐죠. 그때 당시에 제가 시장에 있으면서 산지 생산량, 유통과정, 재고를 나름대로 분석했습니다. 도표까지 만들어서 농수산부에 자료를 제공했거든요. 그러다 보니 관리공사(서울시농식품공사)는 물론이고 농수산부 직원까지도 산지에 나가면 우리 현대상회 이야기를 해주었습니다. 아까 냉장협회 임원들이 협성농산에 근무했던 사람들이 주축이 되었으니까 행사가 있으면 저를 부릅니다. 그럼 업체들이 모여 있는 데서 저를 소개할 것 아닙니까. 시장 유통과정이라든지 실태를 이야기해주면 자기들도 도움이 되거든요. 협회 회장이 하는 말이 "현대상회 설병진에게 보내라." 그런 식으로 한 3년 만에 1988년도부터 양파는 최고로 많이 받았습니다. 그래서 급성장을 한 편이죠. 이익금이 1년에 약 3억 나왔습니다. 1991년에 경매제도로 바뀌었지만…… 옛날 위탁상 시절과 지금 중도매인을 비교하면 예전이 좋았죠. (옆에 분들도 동의)

손삼열의 진술
용산시장은 염천교시장에서 오신 분들도 있고, 아까 밑에 상주 아닌 분들도(앞자리 상) 오고요. 용산시장으로 올 적만 하더라도 산업화가 되면서 1970년도부터 상당히 좋아지면서 소비도 많이 하고 해서 주로 1970~80년대에 많이 늘어났어요. 그때 선대 자금을 무슨 돈으로 주었나 하면, 80년대만 해도 마늘철이 되면 마늘 하는 사람들 자금이 생산지에 내려가야 하지 않습니까. 선대 자금이 내려가야 하는데 그때만 하더라도 은행을 이용할 수도 없었고, 주로 개인 사채를 활용했는데, 심할 때는 '반 달라'라는 것도 사용했습니다. '반 달라'라면 한 달에 이자율이 50%였는데, 선대로 주고 그 다음에 바로 물건이 올라오지 않습니까. 올라오면 공제를 하고 하는데, 1980년대 이후 지금은 바로 돈이 내려갔지만, 그때만 하더라도 아까 말한 것처럼 주기가 있었습니다. 가령 여러 품목을 하시는 분들은 수확 시기가 각각 다르니까 자금이 회수되면 이 자금이 나가야 하고, 단일 품목 양파나 마늘 하면 5월 말이나 6월 초 되어야 생산되니까 4월이나 5월 되면 자금 나가고, 6~7월에 들어와서 한 달간 쓰는데 그만큼 이자를 많이 주었죠.

정동원의 진술

이자율이 보통 한 달 30일 기준으로 30~40% 되었어요. 싼게 30%였어요. 한 달 계약을 해서 얻었는데 25일만 사용했다 하면 30일 기준으로 해서 환산해서 지불했죠.

손삼열의 진술

월 단위로 해서 빌려 쓰는 자금이 있었고, 지금 말씀하신 일수라는 것은 100만 원을 빌리면 120만 원을 갚습니다. 120일 동안 매일 만 원씩 해서 주는 거예요.

최매환의 진술
일수 이자랑 달라 돈이랑 명칭이 다릅니다.

손삼열의 진술
그러면서도 그 사람들 역시 상당한 역할을 했죠. 오래전부터 지속적으로 염천교시장부터 해 오신 분들은 자금이 확보되어 있고 능력도 있지만 가령 앞자리 하시는 분들이 가게를 준비하려면 자금이 없으니까 그 당시에 역할을 한 것이죠.

최영수의 진술
1960년대 들어서면서 기차 대신 화물차로 들어오기 시작했죠.

하호용의 진술
화물차는 고속도로 생기기 전부터 있었는데 포장도로로 다니는 화물차가 무슨 차냐면 그 앞에 전쟁 때 쓰던 지에무시(GMC). 지에무시는 느려서 서울까지 잘 못 와요. 그 다음에 앞부분 예쁘게 생긴 일본제 이지쯔, 그 다음에 미국서 온 앞부분 몽땅한 7톤반 차로 실어 나르고 그랬어요. 고속도로로 한강까지 오면 한강에서부터 용산시장까지는 비포장도로였죠.

손삼열의 진술
1968년도 경부고속도로가 개통되면서 본격적으로 화물차 수송이 많아졌죠.

하호용의 진술

고속도로가 개통된 뒤에는 미국서 큰 차 8톤 차가 나와서 짐을 엄청 많이 싣고 들어왔거든요.

정동원의 진술
그리고 6~70년도만 해도 지방에서 날씨가 나쁘면 호남 쪽에서 올라올 때 전라남북도 경계, 김제 그 선에서 하룻밤 자느라 수송도 제대로 안 되고 그랬어요.

하호용의 진술
길이 얼마나 나쁘냐 하면, 내가 산 증인인데 포항서 화물차를 타고 서울까지 오면 도로 상태가 나빠서 난닝구(속내의)가 다 떨어져요.

손삼열의 진술
지금은 비포장도로도 잘 되어 있는 겁니다. 그때만 해도 자갈도 있고 파여 있는 것도 굉장히 심했어요. 요즘 비포장도로가 40~50km/h를 달릴 수 있는 길이라면, 그때는 30km/h도 달리기 어려웠을 거예요.

하호용의 진술
그래도 위탁상들은 어쨌거나 잘 살았다고 봐야죠. 그때 수수료가 8%거든요. 선대 떼이고 외상 떼여도 수수료가 좋으니까 유지를 해나갈 수 있었죠.

손삼열의 진술

수입 좋았죠. 그때 농사지어도 판매할 곳이 어디 있습니까? 지방 도시에 판매하다가 1970년대 경제가 부흥하면서 그나마 소비가 좀 되니까 서울로도 오고 했지, 그 외에는 산지 근처에서 파니까 먹고살기도 바빴죠. 경상도에서 생산하는 걸 경상도 내에서 팔기도 바빴지, 서울까지 싣고 올 수도 없었고요. 제가 1981년도 처음 외삼촌이 경영하시던 가게와 거래할 때 외사촌 동생이 와서 하는 말이 "아버님이 아무리 해도 돈을 100만 원 가지고 가게에 넣으면 3개월이 못 가서 없어진다. 형이 맡아서 좀 해야겠다. 자금은 얼마든지 대줄 테니까. 돈 걱정은 하지 말고 형이 경영을 해 달라."고 합디다. 와서 딱 보니까 내가 5월 달에 올라왔는데 그때만 해도 5월 20일 되어야 호남 것이 먼저 나오고 할 적인데 시장 파악을 해 보니까 마늘쫑이 올라오더군요. 마늘쫑을 4kg 한 단씩 묶은 게 한 차에 300~400만 원이에요. 선대 가져가면 수수료가 무조건 8%, 선대 안 가져가면 6~7%도 해주고. 옆집 물건 들어온 걸 팔아 달라고 하면 공식적으로 2%. 이런 식으로 하는데 400만 원의 8%는 32만 원이에요. 시골에서 농사짓는 수익이 온실 하는 쪽인 남지 쪽이 가장 좋다고 했는데 보니까 여기는 별천지에요. 마늘쫑 한 차 파는데 30만 원이 떨어지니까 화주 올라오면 화주 밥 사 먹이고 여관방에 잠재우고 차비로 1~2만 원까지 해서 줘도 한 차 팔면 30만 원 떨어지니까 별천지인 거예요.

5월 달부터 올라와서 했는데 선대 자금에, 외상에 정신이 없었어요. 8월 말쯤 되면서 이제 잠잠해지는데 장부상으로는 돈을 엄청나게 벌었는데도 돈이 없는 겁니다. 선대 못 받은 것, 외상 떼인 것, 못 받는 액수가 엄청 많은 거예요. "선대 관리, 외상 관리만 철저히 하면 돈은 엄청나게 벌리는 곳이 이곳입니다."라는 말이 이런 뜻이에요. 제가 시작할 때가 1980년대 초니까 그나마 경제가 부흥하고 돈도 들어왔지만, 우리 어르신들 할 적에는 사채 구하기도 어려웠을 겁니다.

김영철의 진술
위탁상 하면서 사채 안 쓴 사람 없습니다.

하호용의 진술
떼먹는 사람도 먹고 살고, 선대 가져간 사람도 돈 벌었는데 위탁상들은 다 퍼주느라 빈 깡통만 남았어요.

김영철의 진술
요즘 말로 빛 좋은 개살구.

최규택의 진술
제가 남대문에서 염천교로 옮겨서 생강이랑 양파를 같이 했고, 용산으로 옮겨서는 양파를 크게 했어요. 가락동에서도 양파를 전문으로 하다가 아들한테 물려줬어요. 제주도 양파는 배로 목포까지 와가지고 거기서부터 화물차로 올라왔고, 육지 양파들은 화물차로 바로 올라오고 그랬어요. 양파는 40kg 가마니에 주로 들어왔습니다.

강현권의 진술
상회를 시작한 건 용산시장에 와서부터입니다. 그것도 우연히…. 겨울이 되면 제주도에서 샐러리하고 양상추를 계약 재배하는데, 그걸 상회에 갖다 주고 그랬어요. 근데 상회에서 돈을 다 안 주고 가게를 맡아달라고 한 거예요. 그래서 1976년인가 77년도에 위탁을 시작했죠. 당시 돈 200만 원을 못 갚고 저한테 가게를 맡아달라고 해서 시작을 했어요.

저는 용산시장으로 와서도 양채류만 했어요. 용산에서 1978년도에 제가 납세조합장을 6년을 했어요. 나진산업이 사실은 원래 상인들이 맡으려고 했었어요. 중매인들 돈이 이십 몇 억 원이 있었고, 나진산업을 사려고 했더니 45억 원을 달라고 하더라고요. 그 흥정을 하려고 제가 들어갔는데, 마지막에 한광수 씨가 틀어버리더라고요. 그리고 납세자조합은 염천교시장 때는 없었고요, 용산시장에 와서 생긴 겁니다.

제가 위탁상을 하면서 양채류에 대해 선대 자금을 주고 재배를 하게 시켰는데, 제주도나 대관령, 해남 같은 곳에 돈을 많이 내려 보내줬어요. 그 돈을 많이 떼였죠. 선대 자금보다는 외상을 많이 떼이기는 했는데…. 납품을 했을 때는 돈 떼일 일이 없었는데, 위탁을 하니까 돈 떼일 일이 많이 있더라고요. 외상으로 물건 주고, 산지에 현찰 내려 보내고 하니까 힘들죠.

이종일의 진술

여기 계신 분들이 시장의 역사라고 보면 될 겁니다. 예전에 대추를 판매할 때는 주판을 가지고 판매한 적이 있고요. 수어가 있고 수식이 있고…. 주판에서 그 뒤로 수지로 하고, 전자경매로 바뀌면서 이런 부분도 묻혀가고 있거든요. 수어는 일반인이 모르는, 상인들끼리 통하는 은어죠.

김기용의 진술

서울청과의 점포수가 용산시장 시절에는 얼마 없었어요. 개인적으로 앞자리 상을 하고 있었죠. 여기(가락시장) 와서는 채소점포만 120~130개 정도였죠. 중매인이 회사가 만들어져서야 가락으로 오게 되어 있었던 것 같아요. 한국청과, 동화청과, 중앙청과, 농협, 서울청과 이렇게 5개 법인회사가 설립이 되어서 출발한 거죠.

이달우의 진술

저는 1978년도까지 직장에 다니다가 들어왔어요. 전라도 친구가 용산시장에 있었는데 그 친구가 오이 위탁을 받는데, 그때 오이 값이나 지금이나 비슷해요. 오이 한 짝이 겨울에 4만 원씩. 가서 보니까 돈을 세는데 그때 돈으로 600만 원이 넘더라고요. 그때가 3월 중순이었는데 한 천여 짝 팔았다고 하더라고요. 한 짝 무게가 25~30kg 가까이 나갔어요. 나무 궤짝이었는데, 집에서 궤짝을 다 짭니다. 그래서 어떻게 하는지 가만 보니까 8% 수수료를 떼더라고요. 한 100만 원을 떼더라고요. 이런데도 있구나 싶더라고요. 직장에서는 한 달 죽기 살기로 해서 한 달에 18만 원 받았거든요.

제가 한 회사를 12년이나 다녔는데 다니기 싫어지더라고요. 그래서 나도 좀 할 수 없나 물어보니까 앞자리로 30짝을 사놓고 자기 오이를 팔라고 하더라고요. 조금 하다가 그래 가지고는 돈이 안 되겠다 싶어서 집 하나를 팔고 서울청과로 가서 가게를 900만 원에 샀어요. 근데 장사를 하는데 문제점이 있었어요. 그만큼 돈이 되는데 사람들이 꼭 돈을 빌리러 오더라고요. 저는 하루 돈 벌리는 것만 보고 달려든 거예요. 함정이 뭐냐면 전부 선대를 달라고 하는 거예요. 그리고 한 1,000짝씩 들어오면 다 팔 수가 없는 거예요. 선대 주는 것도 선대 조합을 통해서는 괜찮은데, 그걸 통하지 않고 달라고 하는 사람들이 있는 거예요. 석 달 정도 하는데 선대도 외상도 많이 떼였어요. 그러니까 직장에 다닐 때보다 더 못한 거예요. 실제로 손에 들어오는 돈이 없더라고요.

처음에 가게를 사서 할 때 화주가 없잖아요. 나하고 같이 하던 사람이 있었는데 그 사람 형이 맨날 와가지고 저한테 욕을 하는 거예요. 자기 동생 꾀어냈다고…. 동생이 지방 다니면서 물건 잘 받는데 데리고 나왔다고 해서 입장이 참 곤란하더라고요. 그러다가 차츰 아무튼 돈이 되더라고. 서산 감자든지 한 차만 잘 받아도 돈이 조금 되더라고요. 여기 가락시장에서는 버섯 주로 하고 호박, 고추 받아서 했죠.

이증규의 진술

그 당시 천만 원 매출하면 80만 원인가. 돈이 되는 것 같았지. 그런데 농산물 쪽이 앞으로 남고 뒤로 밑진다는 말이 그 말이에요.

이달우의 진술

제가 조합장 출마해 당선되고 조합 일을 3년간 도와줬는데 힘들더라고요. 그때 당시 시장에 장화 신고 들어왔어요. 질퍽해서. 그래서 처리하기 위해 가게마다 빗자루, 쓰레기통, 비닐봉지 해서 가게에 배치하고 장사 끝나고 자기 가게 앞은 완전히 청소를 하게 했어요. 배추면 이파리는 이파리대로 선별해서 쓰레기장에 딱 모아놓고 퇴거를 하게 했죠. 안 된 가게에 책임 추궁하겠다고 하고 서울청과에서 한 달을 하니까 시장이 깨끗해지는 거예요. 그걸 가락시장 상인들이 전부 실현을 시킨 겁니다. 그걸로 제가 서울시장에게 표창까지 받았어요.

용산시장 시절에는 경비들이 와서 상회 주인들 마음에 안 들면 주먹으로 찍고 그런 거예요. 주먹 세계니까.

김기용의 진술

용산시장 시절에는 리어카로도 많이 오고, 구루마로도 많이 싣고 왔죠. 아현동 고개 넘어서 마차로 싣고 오고 그랬어요. 뚝섬에서 오이가 용산으로 많이 들어오고. 뚝섬이 오이 전문 고장이었어요. 나루 건널 때는 배 타고. 동대문시장에 가져다주면 하루 일당 나오고 그런 거예요.

양승천의 진술

뒷미리 없으면 갈 수가 없어요. 1970년대만 해도 미아리나 아현동까지 뒷미리가 다 밀고 당기고 해서 수송을 했어요. 저는 처음에 과일 시장에 들어갔다가 월급을 15,000원 받고 용산시장에 들어갔어요. 그때가 1975~76년인데, 그때 15,000원 받고 시작해서 몇 년 뒤에 위탁도 받고… 채소 장사가 왜 재미있었냐면 그때 시세가 지금보다 더 좋았어요. 그때 당시 겨울에 들어오면 양상추 같은 경우 한 박스에 3~4만 원 나갔어요. 양채류는 김해 쪽이 제일 세고요.

지금이야 배추도 다듬어서 들어오고, 무도 씻어서 들어오지만, 그때는 그렇지가 않았잖아요. 그러다 보니 시장에 가지고 와서 다듬어서 팔고 하니까 쓰레기가 그렇게 많이 나오고 했어요. 시장에는 그런 속담도 있지 않습니까. "마누라 없이는 살아도 장화 없이는 못 산다."고 하는. 그만큼 비만 오면 질척거려서 다닐 수가 없었어요.

파세리가 1987년도에 8만 원쯤 했는데 제주도에서만 나왔고요. 한 박스에 8kg, 두 관. 지금은 잘 나오잖아요. 어쨌거나 제일 없는 물건을 가져다 놔야 돈이 되었어요.

메추리알이 귀했고, 양상추도 귀해서 배당을 했어요. 적게 판 집은 2짝, 많이 판 집은 30짝. 귀한 물건은 밤잠 안 자고 구하러 다니고 그랬어요.

김기용의 진술
용산시장 시절 일수는 이자율이 평균 30% 정도였죠.

이증규의 진술
일수가 제일 비싼 건 '달라'라는 말이 있어요. 이게 100만 원 쓰면 하루에 10%. 이게 달라 이자였어요.

이달우의 진술
보통 일수 쓰는 사람들이 1,000만 원 쓰면 1,300만 원을 내요. 100일 동안 100만 원 빌려서 하루에 1만 원씩 130일.

김도국의 진술
가락시장이 생겼고, 그때 용산시장에는 수산물 점포가 양쪽으로 열 몇 개밖에 없었어요. 수산은 점포가 골목으로만 있었으니까. 저희 집안에서 충무에서 물건을 받는데 8톤 차가 수산시장 못 들어갔어요. 중매인 수는 얼마 안 되고 사러 오는 사람이 많아서 돈을 더 주는 사람한테 팔아서 그때 중매인들 돈이 많이 있었어요. 저도 집안에서 불러서 주재를 보려고 용산으로 들어갔지 않습니까. 돈이 정말 많았어요. 돈들이 워낙 많다 보니까 쉽게 말해서 사람들이 할 일이 없어요. 그게 변해서 가락시장으로 뜨다 보니까 가락에서는 강동수산에 점포가 100개, 수협이 7~80개, 열 배 이상 되지 않습니까. 그래서 중매인이 많고 사는 사람은 적어요.

저는 용산시장에서 가락시장으로 갔다가 구리시장으로는 1997년도 개장될 때 왔어요. 가락 때는 중매인이 아니고 직원이었고, "여기(구리시장)가 좋다."라는 바람이 불어서….

수산물은 선도가 제일 중요한데 예전에는 바닷가 사람들이 원액(바닷물) 자체를 주었거든요.

용산시장에 있을 때는 물건이 좋으니까 선도 유지가 잘 되었고, 물량도 그만큼 많지는 않았어요. 대부분 소모되었고, 바닷물이 지금처럼 없었죠. 제일 처음 굵은 소금으로 하다가 가는 소금 들어오니까 더 좋더라고요.

유인화의 진술

당시에는 생선은 나무 궤짝에 올라오고 패류는 kg과는 관계가 없고 그냥 페인트 깡통으로 올라왔어요. 갑오징어는 5마리, 10마리 꿰어서 팔았습니다. 나무 궤짝이나 페인트 깡통이 바뀔 때는 가락동시장으로 와서 1987년에 스티로폼 박스로 받기 시작했어요.

조주석의 진술

저는 수산 영업한 지 20년 됐는데, 가게를 한 지는 3~4년 했어요. 17년을 수입 수산물 회사 다니다가요. 15년간 가락동시장에 있다가 구리로 왔는데 지금은 엄청나게 후회를 하고 있죠.

중부시장

남대문시장과 동대문시장 중간에 위치하는 중부시장은 1957년 2월 개설되었고, 1959년에는 대지 5,000평에 3층 건물 19개 동의 현대식 시장이 되었다. 건어물과 해산물을 도매하는 위탁상이 주로 자리를 잡았다. 중부시장이 급성장한 것은 1965년 무렵이다.

그 당시 동대문시장의 북어와 오징어, 남대문시장의 마른 멸치와 김 시장이 중부시장으로 옮겨왔다. 갑자기 상권이 커지면서 중부시장은 인근 주택가까지 확장되었다. 1981년 기준 도매상이 180여 명, 중간도매상 200여 명 외에도 청과물 직매장 40여 개소, 견과류 판매장 29개소, 노점 250여 개소 등이었다. 중부시장은 1980년대 중반까지 우리나라에서 가장 큰 건어물 시장이었다.

성동시장

사설시장인 성동시장은 임치호가 1946년 5월 성동구 신당동에 설립한 시장이다. 당시 점포수는 263개로 서울에서 가장 점포수가 많은 시장이었다.[1]

[1]같은 해 점포수는 남대문시장 215개, 동대문시장 188개, 돈암시장 105개였음.

1949년 말에는 점포수가 309개로 증가하였으나, 6.25 전쟁으로 완전히 파괴되었고, 전쟁 후 원래 시장에서 다소 떨어진 곳에서 새롭게 223개의 점포를 가진 시장으로 다시 태어났다. 하지만 1970년대 이 지역에 대한 도시정비 사업이 시작되고, 교통 조건 등이 월등히 유리한 청량리시장이 부상함에 따라 청과 위탁상이 청량리시장으로 이전함에 따라 소매시장이 되었다.

제3부
최근 농수산물도매시장의 변화
(1985년~2021년)

여기서는 가락동 도매시장을 포함한 서울시 양곡·수산·축산도매시장의 변화 모습과 현재 상황을 살펴보고, 필자가 관여했던 도매시장 정책의 속 이야기를 '못다 한 이야기'에 담아 보았다.

농안법과 가락동 도매시장의 탄생

1970년대 초 '농수산물도매시장법'이 있었지만 용산시장, 청량리시장, 영등포시장, 중부시장(건어물), 노량진시장(수산) 등 유사도매시장이 날로 번창하고, 불투명하고 불공정한 위탁거래가 성행했다. 특히 우리나라에서 가장 큰 청과물시장이던 용산시장은 부지만 94,545㎡, 연간 채소가 120만 톤, 과일은 30만 톤이 거래됐으며, 상인 수는 3,500여 명에 달했다. 밤 11시부터 아침 7시까지 도매거래가 이루어졌는데, 1,000대가 넘는 화물차들이 한꺼번에 진입하는 바람에 용산시장이 있는 원효대로 일대는 반입 시간만 되면 차들로 몸살을 앓았다. 불법주차는 예사였고, 보도를 넘어 차도까지 상품이 쌓였다. 주민들의 불만이 커졌고, 시장 이전 요구가 거세졌다. 건어물의 대표적인 시장인 중부시장 역시 사정이 비슷했다.

'농수산물도매시장법'의 결정적인 결함은 '1도시 1시장제'와 '강제 상장제'라는 조항이었다. '1도시 1시장제'는 1개 도시 내 농수산물도매시장 설립을 단 한 곳으로 제한했다. '강제 상장제'는 농수산물을 해당 시(市)의 지정된 도매시장에만 상장하도록 의무화하는 것으로 출하 선택권을 침해함은 물론, 한 도매시장으로만 출하가 집중되어 농수산물 유통에도 심

가락시장 개장 이전 용산시장의 모습(출처: 서울시 농수산물공사)

각한 비효율을 초래했다.

이러한 문제점을 근본적으로 해결하기 위해 1976년 12월 31
일 '농수산물 유통 및 가격안정에 관한 법률(농안법)'이 제정·공
포됐다. 농안법의 핵심은 크게 '강제 상장제'의 폐지, '1도시 1
시장제'의 폐지, 공영도매시장의 도입과 이곳에서의 거래 방식
으로 '경매제'의 본격적인 도입 등 세 가지라 하겠다. '강제 상장
제' 대신 '임의 상장제'로 개방해 생산자가 자유롭게 시장을 선
택해 출하할 수 있도록 했다. '1도시 1시장제'의 폐지로 한 개의
도시에 다수의 도매시장이 개설될 수 있게 되었다.

앞의 두 가지는 전혀 논쟁의 여지가 없었으나 문제의 발단은

'경매제(상장 경매제)'의 도입이었다. 공영도매시장이란 중앙정부와 지자체 예산으로 건설하는 곳이며, 이를 관리하는 주체로 관리공사 또는 관리사무소를 두게 되어 있다. '상장'이란 생산자가 출하한 상품을 도매시장에 매물로 내놓는 것을 뜻하며, '경매'란 다수의 매매자가 수지식, 기계식, 전자식 등의 방법으로 거래하는 것을 말한다. 농안법에서는 '상장'을 도매시장이 아닌 공영도매시장 내 '지정도매법인'에게 상품 판매를 위탁하는 것으로 정의함으로써 공영도매시장 건설에 전혀 기여하지도 않은 '지정도매법인'에게 특권을 부여한 결과가 된 것이다.

'경매제'를 도입한 이유는 기존의 '위탁상'의 거래방식에서 발생하는 '칼질'과 같은 불공정성, 대금 정산에 있어 불투명성과 같은 문제를 해결하려는 대안이라는 점에서는 충분히 이해가 간다. 하지만 '경매제'의 단점인 거래시간의 지연, 가격의 불안정성 등을 고려하면 우리의 고유 상행위인 수의매매를 하는 '위탁상' 방식을 도입하되 이를 보다 투명하고 공정하게 하는 보완장치를 마련했더라면 하는 아쉬움이 남는다.

1977년 8월 3일 당시 농수산부는 세계은행(IBRD)으로부터 차관 5,000만 달러를 도입해 청과와 수산, 축산 모두를 포함하는 대규모 공영도매시장을 가락동에 건설한다는 계획을 발표하였다. 1979년 8월 6일, 경제장관협의회에서 가락시장 건설이 최종 확정됐다. 부지면적 515,702㎡, 건설자금은 공공투자를 포함하여 모두 933억 원이었다. 1982년 4월 13일 건설이 시작되었고, 도매시장의 관리감독 기구로서 '서울시 농수산물도매시장 관리공사(현재 서울시 농수산물공사, 이하 공사)'가 1984년 4월 10일 정식으로 출범했다.

이전 대상 시장은 용산청과시장을 비롯해 축협 서울공판장, 수협 청량리공판장, 중부건어물시장, 용산·청량리·중부·남대문 시장의 좌판 형태의 유사 수산시장 등이 포함되었다. 서울시의 농수산물도매시장 권역별 정비 및 현대화 계획에 따라 우리나라에서는 최초로 현대화된 시설을 갖춘 공영도매시장인 가락동농수산물도매시장이 1985년 6월 동남권 공영도매시장①으로 개장되었다. 아무튼 새롭게 건설된 가락동 도매시장에서는 1985년 8월 1일부터 '상장 경매제'를 도입해 단계적으로 정착시켜 나간다는 계획이 확정되었다.

①중앙 및 지방정부가 공동으로 투자한 시장임.

용산시장 상인들이 가락동 도매시장으로의 이전에 크게 반발했던 가장 큰 이유는 '상장 경매제'를 시행한다는 점이었다. 오랫동안 거래해 온 산지의 거래대상을 포기하고 경매를 통해 상품을 확보해야만 한다는 것은 그들의 상행위 기반을 송두리째 바꾸는 혁명과도 같은 것이었다. 이들의 이전 반대로 가락동 도매시장의 1985년 2월 개장이 물 건너가고, 6월이 되자 정부의 강제적인 조치가 시행되었다. 용산시장의 수돗물 공급이 차단되고 복개 상가도 철거에 들어갔으며, 외부에서 용산시장으로 접근하는 길이 완전히 차단되었다. 최고의 강경 조치는 용산시장으로 가는 화물차량의 진입 통제였다. 한강대교 위에 바리케이

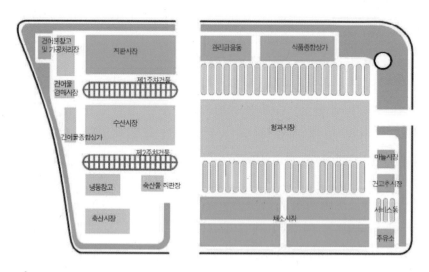

1985년 가락동농수산물도매시장의 건물 배치도(출처: 서울특별시사편찬위원회, p.351)

1986년 축산시장 개장 모습(출처: 서울시 농수산물공사)

드를 치고, 화물차량을 통제했으며, 농산물 차량은 무조건 가락시장으로 유도했다. 결국 마지막까지 버티던 용산시장 상인들은 가락동 도매시장 이전을 선택할 수밖에 없었다. 1986년 6월 건설공사를 시작한 지 2년 만에 축협중앙회 서울공판장이 가락동 도매시장으로 이전해 축산시장이 개장되었다. 축산시장은 주위에 아파트단지가 들어서면서 소음, 악취 등의 민원이 커지게 되어 25년간의 가락시장 시대를 마감하고 2011년 2월 25일 충북 음성으로 이전하였다.

주요 도매시장의 변화

가락동 도매시장

물리적인 이전은 이루어졌으나 기존의 상행위를 전면적으로 변화시키는 일은 쉽지 않은 과제였다. 몇 년 동안 경매와 위탁거래가 병행되다가 1991년 7월 1일부터 사과, 복숭아, 자두, 수박, 참외, 토마토 등 청과류 21개 품목 및 수산물 15개 품목 등 36개 품목에 대해 의무적인 '상장 경매제'가 시행됐다 1992년 1월 1일부터는 나머지 29개 과실, 채소, 버섯류와 수산물 44개 품목도 추가로 '상장 경매제'가 시행되었다. 1992년 7월 1일부터는 무, 배추, 양배추, 파 등 모든 농산물에 대해 '상장 경매제'가 적용됐다.

'상장 경매제'가 제대로 작동하기 위해서는 지정도매법인의 산지 수집 능력과 적정한 인원의 거래참가자가 있어야 한다는 전제조건이 필요하다. 하지만 이 같은 전제조건을 만족시키지 못하는 품목이 상당히 많아 애초부터 전 품목에 대한 '상장 경매제'는 이룰 수 없는 것이었다. '상장 경매제'를 원하는 지정도매법인과 위탁거래를 희망하는 중도매인 간의 밀고 당기는 논쟁이 이어지다가 결국 1995년부터 일부 품목에 대해 '상상예외품목'이라는 이름으로 출하자와 중도매인 간의 직거래, 다시 말해서 위탁거래가 허용되었다.

1996년 1월 11일부터는 '상장예외품목'이 청과 부문의 경우 건고추 등 32개 품목으로 확대되었고, 이후 점차 증가해 2021년 현재 145개 품목이 되었다. '상장예외품목'의 지정조건은 연간 반입물량 누적 비율이 하위 3% 미만에 해당하는 소량 품목이므로 품목 수에 비해 가락시장 전체 거래물량에서 차지하는 비중은 그다지 크지 않다. '상장예외품목' 거래에 있어 대금 정산의 투명성 확보를 위해 취급 중도매인과 서울시 농수산물공사 공동으로 2013년 정산회사를 설립해 오늘에 이르고 있다.

용산시장 등에서 이전해 온 보조중매인(중간 도매상과 소매상)들의 영업공간은 경매장 옆 푸른 천막의 가건물이었다. 이들을 시장의 북문과 남문을 연결하는 중앙 통로 건너편에 새로 건설한 직판시장으로 이전하는 계획이 1987년 11월 초로 예정돼 있었다. 하지만 이전하는 공간이 경매장 및 중도매인 점포와 떨어져 있고, 점포 면적도 천막에 있을 때보다 좁아 영업에 불리하다고 판단하여 이들은 이전을 완강히 반대하였다.

1988년 2월 보조중매인 500여 명이 직판시장 이전 반대 시위를 위해 관리공사 앞에 모였다. 당시는 88올림픽 직전으로 세계의 이목이 서울로 집중되던 때여서 천막으로 된 가건물은 도시 이미지에 타격을 줄 것을 우려한 정부는 공권력을 투입했다. 전경들이 가락시장을 포위하고 서울시 각 구청에서 온 청소차가 천막들을 쓸어 담았다. 그 많던 천막이 몇 시간 만에 모두 사

푸른 천막의 가건물(왼쪽)과 완공된 직판시장(오른쪽)(출처: 서울시 농수산물공사)

못다 한 이야기 1

1994년 5월 3일 저녁 11시에 농림부장관으로부터 전화를 받았다. 농수산물도매시장이 마비가 되어 농민과 소비자들이 아우성치고 있는데 어떻게 하면 좋겠느냐는 것이었다. 이른바 '농안법 파동'이었다.

그때로부터 1년 전 '농안법' 개정안이 국회를 통과하였다는 소식을 접하였는데, 그 내용을 보고 소스라치게 놀라지 않을 수 없었다. 당시 국회 농해수위 소속 어느 국회의원이 발의하여 통과시킨 내용은 도매시장 중도매인의 '도매' 행위를 금지하고 이를 1년 후인 1994년 5월 1일부터 시행한다는 것이었다. 이유는 개정 전 「농안법」에서는 중개수수료의 상한을 거래금액의 7%로 하고 있었는데, 중도매인 대부분이 이보다 많은 이윤을 취하고 있어 유통마진이 증가해 소

비자들의 부담이 크므로 이를 바로 잡겠다는 것이었다.

경매에 참여하는 중도매인의 거래 방식은 크게 2가지 유형이 있는데, 하나는 중도매인이 소매상의 주문을 받아 경매를 통해 물품을 확보한 후 소매상에게 건네주고 중도매인은 그 대가로 수수료를 받는 유형인 이른바 '중개'이고, 다른 하나는 중도매인이 자기책임 아래 경매에서 물품을 구매한 뒤 소매상에게 판매하고 차액을 가져가는 방식, 즉 '도매'가 있다.

'도매'의 경우 소매상에게 팔고 남은 매잔품은 중도매인의 몫이 되므로 '중개'에 비해 위험성이 크고, 따라서 중도매인이 가져가는 매매 차익이 '중개' 활동에서 발생하는 '중개수수료'보다 큰 것은 지극히 당연하다.

하지만 국회의원은 물론 당시 농림부 관리들 역시 '농안법'에서 규정하고 있는 것은 '중개수수료'이며 '도매' 행위에서 발생하는 매매 차익과는 다른 것임을 제대로 인식하지 못해 '도매' 행위를 금지한 것이다.

당시 도매시장에서의 상거래 방식은 '도매'가 90%, '중개'가 10% 정도를 차지하고 있었다. '도매'를 금지한다는 것은 중도매인이 경매에서 자기계산으로 물품을 구입하는 행위를 금지한 것이므로, 중도매인의 경매 참여 비율은 급격히 떨어지게 되어 소매로 가는 물량은 크게 줄어들고 소비자들은 급등한 농산물가격으로 인해 아우성치게 될 것이며, 산지에서는 도매시장으로 가는 물량이 감소해 적체 현상으로 생산자 농민들은 고통을 받게 될 것이라고 충분히 예상할 수 있었다.

이에 필자는 여러 차례에 걸친 공청회 등을 통해서 정부는 물론 국회를 향해 개정안의 문제점을 제시한 후 '도매' 행위를 되살려야 하며, 그렇게 하지 않을 경우 커다란 혼란을 초래할 것임을 경고하였으나, '쇠귀에 경 읽기'였다.

예상했던 대로 1994년 5월 1일 '도매'를 금지한 개정 법률이 시행되자마자 도매시장은 혼돈 속으로 빠졌고, 일부 언론에서는 "중도매인들이 자기 밥그릇을 챙기기 위해 일부러 경매를 거부하고 있다."는 기사를 싣기도 했다. 당시 농림부장관은 임명된 지 몇 달이 안 된 상태여서 저간의 사정을 알 수가 없었을 것이다. 해서 필자는 장관에게 개정 법률의 문제점을 재삼 설명한 후 "법 시행을 당장 중지하여 혼란에서 벗어나게 한 후 빠른 시간 내에 '도매' 행위를 다시 허용하는 법 개정이 필요하다."고 말씀드렸다.

5월 4일 농림부장관이 대국민 담화문을 발표하였다. 개정 농안법의 교육·홍보 및 계도 기간을 당초 1개월에서 6개월로 연장하며, 이 기간 동안 도매시장 제도 및 운영 개선 등을 포함하여 농수산물 유통 전반에 걸친 문제점을 신중히 검토하여 새로운 유통 개혁 대책을 마련하겠다고 약속하였다. 같은 해 정기국회에서 중매인의 도매거래를 허용하고 중매인의 명칭을 '중도매인'으로 변경하며, '지정도매법인'의 명칭도 '도매시장법인'으로 바꾸는 법률 재개정이 이루어졌다.

1990년대 말까지 경매의 방식은 손을 사용하는 '수지식'이 사용되었다. 수지식은 경매의 속도가 빠르다는 장점이 있지만, 경매사가 중도매인들의 손가락을 일일이 확인하는 과정에서 실수가 있을 수도 있고 경매사와 특정 중도매인 간에 야합 행위가 발생할 수도 있는 등 공정성과 투명성 측면에서 문제가 제기될 수 있다. 그래서 2000년도부터 가락동 도매시장을 포함한 전국 15개 공영도매시장에서 무선 응찰기를 사용한 기계식(현재 도매시장에서는 전자식①이라고 부르고 있음) 경매 시스템이 본격적으로 도입되었다. 참고로 일본은 수지식에서 기계식으로 전환하였다가 경매 속도가 느리다는 이유로 다시 수지식으로 돌아갔다. 아무튼 기계식 경매 방식의 도입은 경락가격 정보의 실시간 전파 등 도매시장 정보화에 도움이 된 것이 사실이다.

①엄밀하게 말하면 전자식 경매(Electronic Auction)란 상품을 도매시장으로 가져오지 않고 모니터를 통해 경매하는 방식을 말함.

수지식 경매 모습(위)과 기계식 경매 모습(아래)(출처: 서울시 농수산물공사)

가락동 도매시장은 개장한 지 20년 가까이 되도록 포장이 되지 않은 채 도매시장으로 오는 배추, 무, 주대 마늘(줄기가 붙어 있는 마늘) 등에서 발생하는 쓰레기로 몸살을 앓았다. 특히 배추와 무는 수도권 전체 양의 60% 정도가 가락시장으로 반입되었다. 배추와 무의 포장화가 지연된 이유는 쉽게 짓무르는 상품의 특성과 포장화에 필요한 인건비와 박스 값이 만만치 않았기 때문이다. 주대 마늘의 유통은 수입산과 차별화된다는 잘못된 거래 관행이 이유였다. 이로 인한 쓰레기 및 먼지 발생 등은 시장의 환경 문제를 야기했음은 물론 서울시 쓰레기 처리 문제를 더욱 악화시켰다.

2005년 선별비와 포장재비 일부를 지원하는 방식으로 그동안 줄기가 달린 채 유통되던 햇마늘은 줄기를 잘라 그물망이나 골판지 상자에 담아 출하하게 되었다. 2006년에는 배추가 그물망(10kg, 3포기), 무는 PE마대(18kg, 10개)로 출하하는 방식이 정착되었다. 이를 통해 쓰레기 문제가 크게 개선되었음은 물론 배추와 무의 거래에서 분쟁 거리였던 '속박이'와 '산(텀)'[①]이 사라지게 되었다. 2010년에는 양파 표준 규격망 출하 사업과 수박의 팰릿(pallet) 유통이 시작되었다.

①출하하고 남은 일정량이 중도매인들 몫으로 떨어지는 것.

도매시장에서 상품의 하차 및 상차, 중도매인 또는 위탁상점포로의 이송 등을 담당하는 주체는 하역노조이다. 하역노조는 가락시장이 개장되기 전인 1969년 용산시장에서 시작되었다. 용산시장 시절 하역노조가 사용하던 운송 수단은 지게에

초기의 배추 거래(위)와 그물망에 의한 배추 거래(아래)(출처: 서울시 농수산물공사)

서 손수레로 발전하였고, 가락시장 이전 후에도 손수레가 주로 사용되었다. 1990년대 들어 전동차가 도입되었고, 최근에는 박스 포장된 상품에 대해서는 지게차가 사용되고 있다.

손수레(위)와 지게차(아래)(출처: 서울시 농수산물공사)

가락동 도매시장에는 2021년 기준 청과 부문에 6개[1]. 수산 부문에 3개[2] 도매시장법인이 있으며, 중도매인 수는 청과 1,288명, 수산 445명 등 모두 1,733명이다. 2020년 기준 가락동 도매시장의 연간 거래물량은 237만 톤(청과 228만 톤, 수산 9만 톤), 거래금액은 5조 770억 원(청과 4조 5,333억 원, 수산 5,436억 원) 수준이다. 거래물량은 2015년 252만 톤(청과 242만 톤, 수산 10만 톤)에 비해 감소하였으나, 거래금액은 2015년 4조 4,248억 원(청과 3조 9,911억 원, 수산 4,336억 원)보다 증가하였다. 이 중 상장예외품목의 거래물량은 2015년 전체물량의 9.1%인 23만 톤(청과 22만 톤, 1만 톤)에서 2020년 전체물량의 8.4%인 20만 톤(청과 18만 톤, 수산 2만 톤)으로 감소하였으나, 거래금액은 2015년 5,900억 원(청과 5,185억 원, 수산 715억 원)에서 2020년 6,625억 원(청과 5,225억 원, 수산 1,400억 원)으로 증가하였다.

[1] 서울청과, 농협공판장, 중앙청과, 동화청과, 한국청과, 대아청과 등임.

[2] 강동수산, 수협공판장, 서울건해 등임.

　개장한 지 20년이 지날 무렵 시장 건물의 안전성 문제가 제기되기 시작하였는데, 이는 건설 당시 부실공사가 주된 이유였다. 대안 마련을 위한 위원회의 쟁점은 현 위치에서 재건축할 것인가, 아니면 다른 장소로 이전하여 신축할 것인가 하는 내용이었다. 논란 끝에 현 위치에서 재건축하는 방안이 채택되어 총예산 1조 원(국비 30%, 시비 30%, 공사(농안기금 융자 40%)을 투입하여 2031년 준공을 목표로 재건축사업이 진행되고 있다.

이와 같은 현대화사업은 순환 재건축을 통한 단계별 개발방식이 적용된다. 1단계인 업무동과 소매권역을 새로운 건물(가락몰)로 이전하는 1단계 사업은 우여곡절 끝에 2016년 완료되었다. 도매권은 4단계(채소 2동, 채소 1동, 과일 및 환경동, 공동 배송장)로 구분해 건설될 예정인데, 현재 2단계가 진행되고 있다. 하지만 도매구역 내의 거래 방식을 두고 도매시장법인에 의한 경매와 정가·수의매매만을 할 것인가 아니면 이것과 시장도매인에 의한 수의매매를 병행할 것인가를 두고 논쟁이 벌어지고 있으며, 중도매인 점포와 경매장의 위치 선정문제, 물류 시설 확충에 요구되는 추가 재원 조달방안 등으로 현대화사업이 다소 지연되고 있다.

못다 한 이야기 2

가락동 도매시장은 1986년 개장되어 20년이 채 되지도 않아 일부 시장 건물이 안전 등급에 문제가 제기되기 시작하였는데, 이는 예산 절약에 따른 부실공사가 원인이었다. 이에 따라 도매시장을 재건축해야 한다는 의견이 부상하면서 2009년 서울시 농산물도매시장관리공사(현 서울시 농수산식품공사) 내에 위원회가 설치되었다. 필자는 위원으로 참여하였고, 현 위치에서 재건축할 것인가 아니면 시장을 이전하여 신축할 것인가를 논의하게 되었다.

선진국 도매시장의 사례를 조사하는 동시에 위원들이 함께 일본을 방문하여 당시 재건축이 추진되고 있던 동경의 쯔끼지(築地) 도매시장을 방문하였다. 쯔끼지 도매시장은 건립된 지 70여 년이 되어 안전상의 문제로 인해 재건축하게 되었는데, 원래는 상인들의 요구에 따라 현 위치에서 건물 한 동씩을 헐고 새로 신축하여 이전하고 이전한 건물을 다시 신축하는 이른바 순환식 건설방식을 채택하였다.

하지만 막상 건설이 시작되자 건설에 따른 먼지, 소음 등의 문제가 발생하면서 상권이 위축되는 현상이 야기되었다. 이에 상인들은 시장을 다른 곳으로 이전, 신축하는 것을 요구하게 되었고, 결국 동경만에 연접한 오다이바 지역으로 신축 이전하게 되었다.

귀국 후 위원회의 논의가 본격화되면서 필자는 일본의 사례를 참고해야 하고, 가락동 도매시장은 대형 컨테이너 차량

저물어 가는 가락시장의 도매구역(2021. 10),
가락시장 재건축 조감도(출처: 서울시 농수산물공사)

이 마음대로 돌릴 수 없을 정도로 비좁아서 하남시, 성남시 등에서 농산물을 하차한 다음 작은 화물차에 환적하여 가락 동 도매시장으로 오기 때문에 물류비용이 증가하고 있으며, 가락동 일대는 이미 아파트가 모두 들어서서 교통체증 문제 가 심각하고, 서울시 외곽지역에 신축하는 것이 재원 부담 을 줄이고 건설 기간도 단축할 수 있다는 점 등을 들어 몇몇 후보지를 제시하면서 보다 넓은 부지로 이전할 것을 강력히 주장하였다.

하지만 위원들 대부분은 물론 농림부, 공사, 심지어 상인들 까지 현 위치에서의 재건축을 선호하는 것을 보면서 위원직 사표를 내고 조용히 연구실로 돌아왔다.

못다 한 이야기 3

2012년 봄 어느 날 새로 취임한 서울시농수산식품공사 L 사장이 필자의 연구실로 찾아왔다. 가락동 도매시장 재건축 사업을 순조롭게 추진하기 위해 '현대화사업 전략추진위원 회'를 구성할 예정인데 위원장을 맡아 달라는 것이었다.

필자는 3년 전 현 위치에서의 재건축이 아닌 이전을 주장 했다는 점과 신축되는 도매시장에서는 거래 방식으로 경매 외에 시장도매인에 의한 수의매매를 병행할 필요가 있다고 생각한다는 점을 들어 위원회 참여를 거부하였다.

L사장은 재건축사업의 1단계가 이미 건설이 시작되었으므 로 이전은 불가능하다고 하면서 다만 시장도매인제 도입은

반드시 관철시키겠다고 하였다. L사장은 고교 4년 후배이면서 북한 농업을 지원하는 NGO인 '통일농수산사업단' 활동을 6년간이나 같이한 사이여서 그의 간곡한 부탁을 거절하기 어려웠다. 그래서 이전이 필요하다는 주장을 접고 위원장을 맡게 되었는데, 3년 만에 시장을 방문하니 첫눈에 들어오는 것이 바로 신축될 시장의 조감도였다.

시장 전체를 지붕으로 덮고 그 위에 잔디와 나무를 심어 공원으로 조성하는 모습을 보면서 어안이 벙벙해졌다. 사장실에 공사 간부들을 불러 모아 이렇게 된 연유를 물었더니 전임 서울시장이 자연 친화적인 시장을 요구해 현상 공모한 것이라는 답변이 돌아왔다.

필자는 지붕으로 씌워진 시장 내에서 거래하는 엄청난 수의 상인들은 화물차로 인한 매연과 먼지로 인해 제 명을 채우지 못할 것이라고 지적하고 건설계획의 전면적인 수정을 요구하였다. 다시 돌아온 답변은 수정할 때 정해진 녹지 비율을 맞추기 어렵다는 것이었다. 해서 녹지 비율을 달성함과 동시에 부족한 부지면적 확대를 위해 출입구를 제외하고 송파대로에서 탄천까지 시장 양쪽 외곽을 따라 언덕을 쌓고 녹지를 조성하는 안을 제시하였다. 이렇게 되면 시장 밖의 아파트 주민들은 녹지를 이용할 수 있음은 물론 시장 내부가 보이지 않게 되어 민원도 줄어들 것이며, 시장 안쪽에서는 이곳을 파고 들어가 지하 2층. 지상 3층 구조를 만들어 저장, 가공 등 다양한 용도로 사용하면 부족한 부지면적을 확대하는 효과가 있을 것이라고 이들을 설득하여 결국 재설

계의 동의를 얻어냈다.

　다음으로 중요한 과제는 시장도매인제 도입을 위해 도매시장법인과 중도매인을 설득하는 일이었다. 사장의 허락을 받고 도매시장법인 및 부류별 중도매인 대표들과 개별적으로 면담을 시작하였는데, 한 군데씩 직접 전화를 해서 그들이 원하는 장소와 시각에 찾아가 만나는 방식이었다. 1개월 반 정도가 소요되었고 이를 종합하고 가능한 방안을 마련하여 사장에게 주었음은 물론 여러 차례에 걸친 위원회 회의를 거쳐 새로운 설계 및 거래제도 도입 방안을 확정한 것이 6월 말경이었고, 학교로 돌아와 그대로 진행될 것으로 믿고 있었다.

　같은 해 12월 초 L사장으로부터 연락이 와 시장 유통인들의 송년회에 참석해 달라기에 갔더니 현대화사업본부장의 가락시장 재건축 안을 설명하는데 기절하지 않은 것이 다행일 정도였다. 위원회에서 건의했던 안은 오간 데 없이 사라지고 모든 거래는 경매 방식으로 하고 경매에 맞는 건설을 하되 혹시 나중에 시장도매인제가 도입될지 모르니까 벽체는 가변형으로 한다는 것이었다.

　경매와 수의매매는 시설구조가 완전히 판이한 것이어서 가변형으로 한다는 것은 말이 되지 않는다. 후일 시장도매인제 도입을 위해서는 재건축 수준의 건설이 요구되는데 이 사람들은 시민들의 추가 비용은 안중에도 없는 것 같았다. 동시에 그토록 통사정하던 사장이, 여러 가지 어려움은 있었겠지만, 한 마디의 상의나 심지어는 단 한 통의 전화도 없이 이럴 수는 없다는 것과 함께 인간관계에서 가장 중요한 신의(信義)를 저버린 사람과는 상종할 수 없다는 생각이 들었다. 크게 소리치고 싶었으나, 차마 사장의 체면마저 모른 척할 수는 없어 그 자리에서 조용히 일어나 같은 테이블의 사장에게로 가서 귓속말로 "당신과 나의 인연은 이것으로 끝일세."라고 얘기하고 돌아와 다음 날 위원장 사직서를 제출하였다.

청량리 청과도매시장(청량리 청과물시장)

청량리지역을 재정비하여 제2 도심권으로 개발하는 계획에 따라 청량리 청과물시장의 이전이 추진되었다. 서울시 동북권 공영도매시장의 후보지로는 원래 도봉구 창동이 검토되었으나 물류의 흐름상 문제가 있어 중랑구 신내동으로 결정하였으나, 당시 육군사관학교가 교육에 지장을 준다고 반대하여 최종적으로 구리시 인창동에 구리농수산물도매시장①이 1997년 개장되었다.

①건설비용은 농림부 50%, 서울시 23%, 경기도 17%, 구리시가 10%를 부담하였음.

구리농수산물도매시장은 청과물과 수산물의 도매기능을 담당하게 되었고, 이곳으로 한약재 시장인 경동시장을 제외한 청량리 일대의 시장(동서시장, 동부청과시장, 청량리 유사시장, 농협공판장 등)이 이전하였고, 새롭게 설립된 구리시 산하 공사가 관리를 맡게 되었다.

　하지만 구리농수산물도매시장이 경매거래를 채택함에 따라 수의매매를 해오던 도매상의 일부는 시장 이전을 거부해 현재 청량리 청과도매시장으로 잔존하고 있다. 잔류한 상인들은 2004년 '청량리 청과물도매시장 진흥조합' 인가를 받았고, 2005년 골목형 인정시장으로 시장 등록되었다. 2021년 현재

청량리 청과물시장의 외부(248p) 및 내부(249p) 모습(2021. 11.)

청량리 청과물시장 옆에는 전통시장, 종합시장, 수산시장 등이
함께 있어 이 모두를 청량리시장이라고도 한다. 청량리시장에
연접하여 경동시장이 있고, 도로 건너에는 한약재 시장이 있다.
　청량리 청과물시장의 개략적인 모습을 30년간 도매상을 해오
고 있는 '대왕농산'의 윤태인 대표(1954년생)의 목소리를 통해
살펴보기로 한다.①

윤태인의 진술

저는 1971년 동대문시장에서 직원으로 시작했고, 1975년 중부시장으로 옮겨가서 중간도매를 하였으며, 이곳 청량리시장에서 1980년부터 제 장사를 하게 되었습니다.

당시 청량리 지역에는 청량리유사시장, 동서시장, 농협공판장, 길 건너에 동부청과 등이 있는 대규모 시장이었죠. 시장을 구리시로 이전한다고 해서 저를 포함한 위탁상 상당수가 구리로 갔으나, 직접 산지에서 매취 또는 위탁 판매하는 것은 금지하는 대신 경매를 통해 상품을 확보하는 것만 허용되는 바람에 산지 거래처를 모두 잃게 되는 모양이 되었죠. 해서 이곳 청량리에 점포가 있는 도매상 대부분은 다시 돌아왔고, 구리시장에는 이곳에 가게가 없던 사람들이 잔류하게 된 겁니다.

현재 청량리시장에는 '청과상인연합회' 등 2개 조직 산하에 250여 명의 청과(과일 및 채소) 상인이 있죠. 현재는 산지 농민이 판매를 위탁하는 경우는 거의 없고 상인 대부분이 매취를 하므로 위탁상이라고 할 수 없고 도매상이라고 해야 합니다. 이들 중 대규모 도매상은 저와 사과, 토마토를 취급하는 세 사람 정도이고, 대부분은 취급 물량의 일부는 매취하고, 나머지 물량은 가락시장 등에서 구입하는 소규모 도매 또는 중간 도매상이라고 보는 것이 맞을 것 같습니다.

제가 취급하는 품목은 밤을 위주로 하는 견과류와 수입 과일입니다. 밤은 예전에는 연간 6천 톤을 수매(매입)했었으나 최근에는 2천 톤 정도 하고 이 중 일부는 수출을 합니다. 이곳

시장에서 290평 정도의 땅에 건물을 지어 임대를 위한 저온 창고, 제가 운영하는 소포장 시설과 사무실 등으로 사용하고 있습니다. 제가 운영하던 점포는 현재 다른 분에게 임대를 하였고, 온양에 밤 처리 시설을 운영하고 있습니다.

40년 가까이 영업을 하면서 가장 큰 애로사항은 외상을 떼인 것인데, 찾아가 보면 생계가 어려울 정도의 사람들이 많아 그동안 거래에서 번 것으로 벌충한다고 생각하며 발길을 돌리곤 했습니다. 저도 선진국의 도매시장 여러 곳을 견학했는데, 가장 인상적인 곳은 호주 시드니에 있는 청과도매시장이었습니다. 도매시장으로 들어오는 모든 화물차량은 출하내역서

대왕농산의 소포장센터(왼쪽)와 저온 창고(오른쪽)(2021. 11)

(Invoice)를 의무적으로 제출하고, 한 장소에 모든 화물을 내린 다음 돌아갑니다. 출하내역서에 맞춰 지게차로 물품이 도매상 점포로 전달되고, 도매상과 소매상 사이에 거래가 성립된 물품은 지게차로 외곽에 있는 소매상 전용 주차장으로 가서 차량에 실어주는 시스템이죠. 현재 강서시장에 있는 시장도매인 시스템보다 더 나은 것으로 생각됩니다. 아무튼 우리나라에서도 호주 방식 또는 시장도매인 시스템을 더욱 확대할 필요가 있다고 생각합니다.

못다 한 이야기 4

1989년 이른 봄 필자는 서울시로부터 '서울시 농수산물 유통권 설정 및 농수산물도매시장 재배치 방안'이라는 제목으로 연구용역을 받았다. 서울에 가락동도매시장 외에 새로운 농수산물도매시장 몇 개를 어느 곳에 건설하는 것이 바람직하며, 동북권의 청량리 일대 도매시장을 어디로 어느 정도의 규모로 이전하는 방안을 마련해 달라는 것이었다.

먼저 유통권 파악을 위해서는 서울시로 반입되는 농수산물이 어느 지역에서 반입되어 시내 어느 시장으로 얼마만큼 가는지를 파악할 필요가 있었다. 이를 위해 고속도로를 포함 서울시로 들어오는 경로의 초입 16곳을 정하고 군과 경찰의 협조를 얻어 화물차를 정지시켜 설문조사를 하였다. 이와 같은 자료를 토대로 동남권 시장인 가락동도매시장외에 동북권, 서남권, 서북권 도매시장의 후보지로 각각 중랑구 신내동, 강서구 외발산동, 일산 신도시의 남부 지역을 추천하였다.

일산 신도시의 남부 지역을 추천한 이유는 동년 4월 주택 문제 해결을 위해 정부가 분당, 일산 등에 신도시를 개발한 다는 '주택개발계획'을 발표하였고, 일산의 경우, 물류의 흐름상 일산의 북쪽보다는 남쪽이 적절하다고 판단하였기 때문이다. 신도시 개발 추진 주체에 공문까지 보냈으나 서부권 도매시장은 일산 신도시 계획에 포함되지 않았다.

　동북권 도매시장의 후보지로 서울시는 도봉구 창동을 원하였으나, 교통량 조사를 해본 결과 출근 차량과 도매시장에서 소매시장으로 가는 화물차량의 방향이 같아 심각한 교통 체증을 유발할 가능성이 있어 중랑구 신내동으로 건의하였다. 하지만 후보지 인근의 육군사관학교가 교육에 지장을 준다는 이유로 반대하여 재검토 작업을 거쳐 중부고속도로에서 도매시장으로 바로 진입할 수 있는 구리시 인창동 지역으로 결정하게 된 것이다.

　다음 과제는 동북권 도매시장 부지의 규모를 산정하기 위해 청량리 일대 시장들의 거래물량을 파악하는 일이었다. 이들 시장에서 서울시에 보고한 거래물량이 상식적인 수준에서 판단해도 턱없이 작았다. 고심 끝에 당시 청량리시장 하역노조위원장을 설득하여 하역노조가 하역료를 받기 위해 작성한 '하역원표'를 얻어 이를 집계해보니 보고된 거래물량은 실제 거래물량의 3분의 1 수준에 불과함을 밝힐 수 있었다. 실제 거래물량을 기초로 새로운 동부권 도매시장의 면적 규모를 산정한 다음 후보지를 결정하고 부지 구입비용을 파악하야 했는데, 혹시 대상 지역에 대한 정보가 자칫 누출되어 투기꾼들이 몰려들지도 모른다는 우려에서 혼자 인창동 일대의 부동산 소개업체를 돌아다녔다.

당시 청량리 일대의 도매시장은 농협공판장을 제외하고는 위탁상에 의한 수의매매를 하고 있었다. 따라서 상권의 완벽한 이전을 위해서는 동북권 도매시장의 거래 방식으로 수의매매를 채택할 것을 건의하였다. 하지만 경매 방식만을 고집하던 농림부의 반대로 채택되지 못하고 경매 방식으로 가게 됨에 따라 위탁상의 일부가 이전을 거부함으로써 완전한 이전이 이루어지지 않았다. 이에 따라 구리도매시장의 활성화가 지연되었음은 물론 현재까지 청량리 일부 지역에 위탁상이 잔존하게 된 것이다.

강서도매시장

서남권 공영도매시장으로는 강서구 외발산동 부지 63,474평에 사업비 2,373억 원을 들여 강서 농수산물도매시장이 개장되었다. 2002년에는 경매제 시장(43,474평)이, 2004년에는 시장도매인제 시장(20,000평)이 들어섰다. 관리는 서울시 농수산물공사가 맡게 되었고, 경매제 시장에는 3개 도매시장법인[1]과 중도매인이, 시장도매인제 시장에는 52개 시장도매법인이 입주하였다. 중도매인과 시장도매법인은 영등포시장(영일시장, 조광시장, 농협공판장)의 청과 상인이 대부분을 차지했다. 중도매인 수는 입주 초기보다 감소해 2021년 현재 280명[2]이다. 수산물의 거래는 강서시장에 연접해 있는 수협중앙회의 수협공

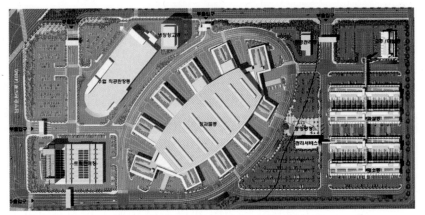

강서도매시장 조감도(출처: 서울시 농수산물공사)

판장이 담당하게 되었고, 2021년 현재 중도매인 수는 64명이
며, 수산물 소매구역에는 140명의 소매상인이 있다.

①서부청과, 농협공판장, 강서청과 등임.
②서부청과 106명, 농협공판장 110명, 강서청과 64명 등임.

못다 한 이야기 5

1998년 농산물유통 문제가 사회적 이슈가 되면서 당시 농
림부 산하에 '농산물유통개혁위원회'가 설립되어 농림부차
관과 함께 공동위원장을 맡게 되었다. 당시 공영도매시장의
거래방식인 경매가 투명성과 공정성이라는 장점에도 불구하
고 과다한 유통비용 발생, 유통속도의 지연에 따른 신선도의
하락, 가격 불안정성 심화 등 문제점을 야기하고 있었다. 이
에 선진국 도매시장의 거래방식인 수의매매를 하는 '도매상'

제도를 도입해 2가지 거래방식을 경쟁시키는 것이 바람직하다는 결론에 이르게 되었다.

'도매상' 제도 도입으로 경매거래가 위축되면 도매시장법인의 수익이 감소할 수밖에 없으므로 이들의 반발은 엄청난 수준이었다. 오랜 논쟁 끝에 도매상에 의한 수의매매 방식을 경매와 병행하는 방안이 마련되었다. 다만 위탁상에 대한 이미지가 좋지 않다는 의견에 따라 도매상이라는 명칭 대신 '시장도매인'이라는 명칭이 채택되었다. 이 제도를 중앙도매시장부터 적용하는 것이 바람직하지만, 도매시장법인의 극렬한 반대에 부딪혀 지방도매시장에 2001년부터 우선 적용하고 중앙도매시장에서는 2006년부터 적용하기로 타협할 수밖에 없었다.

이에 따라 1999년 '농안법(농산물유통 및 가격안정에 관한 법률)' 개정이 이루어졌고 2004년 강서도매시장에 시장도매인 제도가 도입되었다. 또한 정부가 성남시에 신규 도매시장을 건설하겠다고 터파기 작업을 하고 있었는데, 이곳은 가락동도매시장과 매우 가까운 거리에 있어 건설 후 시장의 활성화가 우려되었다. 해서 완고한 농림부 관리들을 어렵게 설득하여 도매시장 대신 도·소매 기능을 겸하는 '농산물종합유통센터'를 건립하게 하였다.

바로 이곳이 현재 성남시 분당구에 위치하고 있는, 일반인들이 농협의 '하나로클럽'이라 부르는 곳이다. 또한 경기도 고양시에 건설 예정이었던 공영도매시장도 '농산물종합유통센터' 건설로 변경하였다. 이는 급변하는 유통환경 변화에 대응하기 위해 농민단체인 농협이 산지와 소비지를 직접 연결해 소비지에서의 역할을 강화함과 동시에 유통 마진을 줄임으로써 농민 출하자와 소비자 모두에게 혜택이 돌아갈 수 있도록 원래의 계획을 변경한 것이다.

이후 '농산물종합유통센터'는 서울의 2곳(양재동과 창동)을 포함해 전국적으로 16곳으로 확대되었다. 그 무렵 서울시가 영등포도매시장을 강서구 외발산동으로 이전을 추진하고 있어 새로 건설될 강서도매시장에 '시장도매인' 제도를 도입하기로 하였는데, 2가지 커다란 장벽이 가로막고 있었다. 하나는 이미 외발산동에 경매거래를 전제로 하는 건설계획이 확정되어 터파기 작업이 시작되었다는 것이다. 필자는 서울시장과 의회를 여러 차례 설득해 '시장도매인' 구역을 확보하는 데는 성공하였다. 다른 하나는 '시장도매인' 구역의 면적이 좁아 영등포도매시장의 상인들이 모두 이전하기에는 역부족이었다. 최소 100개의 시장도매인 점포가 필요하다고 서울시에 추가 부지확보를 건의했으나 예산 제약으로 어렵다는 답변만 돌아왔다.

이제 방법은 영등포 상인들을 설득하는 길밖에 없었다. 상인 4명씩을 묶어 1개 '시장도매인'을 만드는 안을 제시하자 반발은 상상 이상이었다. 5차례에 걸친 설득 작업으로 일부 상인들이 필자의 제안을 받아들여 강서도매시장 내 52개 점포에 시장도매인이 입주하게 되었다. 결국 영등포도매시장의 완전한 이전은 이루지 못한 채 강서도매시장과 영등포도매시장으로 양립하게 된 것이 아직껏 아쉬움으로 남아있다.

강서도매시장에는 경매제 외에도 시장도매인제가 도입되어 기존 영등포 상인 이전이 수월할 것으로 예상되었다. 하지만 시장도매인 점포수가 52개(과일 29개, 채소 23개)에 불과해 이전을 희망한 위탁상 중 252명이 선발되어 1개 점포를 4.8명씩 공동법인을 구성하여 사용하게 되었다. 2003년 5월 서울시 조사에 의하면 영일시장에 454명, 조광시장에 340명 등 영등포시장에는 모두 794명의 위탁상이 있었다. 따라서 시장도매인 점포수의 부족으로 영등포시장의 위탁상 중 31.7%만이 강서도매시장으로 이전한 결과가 되었다.

이전 초기 3~4년간은 상권의 이전으로 시장 활성화가 더디게 진행되었다. 점차 시장이 활력을 되찾으면서 점포의 공동사용에 따른 협소한 점포면적 문제가 제기되면서 시장도매인 간의 인수·합병이 시작되었다. 2021년 5월 현재 52개 시장도매법인의 시장도매인 수는 82명으로 축소되었다. 1인 법인이 34개로 60%를 차지하고, 2인 법인 13개, 3인 법인 7개, 4인 법인 1개로 구성되어 있다. 2019년 시장도매인 점포 8개가 증축되어 시장도매인을 신규 모집한 결과 1인 법인은 7개, 2인 법인은 1개가 추가되었다.

이와 같은 강서도매시장 시장도매인 수의 변화는 추후 다른 공영도매시장에 시장도매인제가 도입될 때 중요한 시사점을 주고 있다. 넓은 점포를 공동으로 사용하게 하기보다는 점포면적이 다소 작더라도 점포수를 늘려 점포를 개별적으로 사용하게 하는 것이 바람직하다는 점이다. 2010년에는 서울시 서부권 지역 학교 급식에 친환경 농산물을 공급하기 위한 친환경유통센터가 개장되었다.

강서도매시장은 도매시장법인에 의한 경매거래와 시장도매인에 의한 수의매매를 경쟁시키는 최초 사례라 할 수 있다. 경매권역의 면적은 시장도매인 구역의 2배 정도인데, 2019년 시장도매인의 연간 거래금액(6,911억 원)이 경매권역의 연간 거래금액(3,856억 원)을 능가하고 있다. 거래물량 점유율 역시 2016년 경매거래의 비중은 46.3%에서 2019년 41.9%로 감소하였으나, 시장도매인의 수의매매 비중은 같은 기간 53.7%에서 58.1%로 증가하였음을 볼 때 출하자들이 시장도매인에 의한 수의매매를 선호한다는 것을 알 수 있다. 수의매매 시 대금 정산에서의 불투명성 문제가 있을 수 있다는 지적을 해소하기 위해 시장도매인 공동으로 정산조합을 설립하여 운영하고 있다.

강서도매시장에는 소매구역이 없어 시장도매인은 물론 중도매인들은 매잔품 처리에 어려움을 겪고 있음은 물론 시장 인근에 빽빽하게 들어선 아파트 주민들은 시장이 지척에 있음에도 멀리 떨어진 마트 등을 이용하고 있다. 지속적으로 증가하는 화물차와 승용차를 위한 주차공간도 부족하며, 지하에 있는 저장공간도 매우 비좁은 실정이다.

시장 내외의 여유 공간을 입체적으로 활용하여 소매시장, 주차 빌딩, 저장·선별·소포장 등 물류 시설의 확충이 시급한 실정이다.

강서시장의 경매 구역(260p), 시장도매인 구역(261p)

친환경유통센터 개장식(출처: 서울시 농수산물공사)

영등포시장

　강서도매시장으로 이전하기 직전에는 영등포시장에 조광시장 400개, 영일시장 555개 점포가 있었다. 2004년 강서도매시장이 개장되면서 영등포시장의 일부 위탁상과 농협공판장이 이전하였고, 이전한 점포는 2007년 철거되었다.

　하지만 강서도매시장의 시장도매인 점포수가 너무 모자라 점포 한 곳에 4명의 위탁상이 공동으로 입주하게 함으로써 일부 위탁상은 이전을 거부하거나 포기할 수밖에 없었고, 이들은 영등포시장에서 기존의 상행위를 계속하고 있다. 이에 따라 영등포시장의 규모는 축소되었고, 2016년 기준 영일시장과 조광시장의 점포수는 각각 219개, 185개였고, 2021년 현재 영일시장에 214개 점포가, 조광시장에는 160개 점포가 있다.

2007년 영등포시장 철거 장면(출처: 영일실업)

1990년대 영등포시장(출처: 영일실업)

영등포시장의 최근 모습(2021. 9.)

못다 한 이야기 6

 앞서 언급한 '농산물종합유통센터' 중 서울의 양재동과 창동 2곳은 농협중앙회의 자회사인 '농협유통'이 운영하게 되었다. 초창기에 '농협유통'의 사외이사를 맡았던 필자는 농산물종합유통센터의 건립 목적인 도·소매 복합기능을 통한 농협의 소비지에서 역할 증대, 특히 도매기능의 강화를 위해 조그마한 힘이나마 보태겠다는 생각이었고, 새벽에 소매업체로 가는 차량을 보면서 흐뭇하기까지 했다.

 이 책을 쓰기 위해 최근의 상황을 살펴보면서 깜짝 놀랄수밖에 없었다. 농협유통의 도매기능이 식자재 판매를 제외하고는 서울시 내에서 사실상 사라졌고, 다른 농산물종합유통센터의 사정 역시 마찬가지였다. 그 이유를 알아보니 산지농협 확보를 위해 각각의 농산물유통센터가 서로 경쟁하다보니 납품가격의 상승, 인력 중복 문제 등이 제기되어 경쟁력을 상실하게 되었다는 것이다.

 문제 해결을 위해 2006년 농협중앙회에 '도매사업단(현재는 '도매분사')이 설립되어 전반적인 조정 역할을 하고 있으나, 지역조합이 운영하는 '하나로마트'의 90%가 도매시장에 의존하는 등 도매기능은 되살아나지 않고 있다. 이는 농산물종합유통센터에 대한 국고 지원이 낭비되었음을 의미한다. 대형유통업체의 산지 직거래 및 인터넷 거래의 확대 등 유통 여건의 변화로 인해 전반적으로 도매기능이 축소되고 있지만, 가락동 도매시장의 청과부문 6개 도매시장법인 중 농협공판장의 거래물량이 계속 최하위에 머물러 있는 점을 고려하면, 문제의 원인은 농협 외부보다는 내부에 있다는 생각을 지울 수 없다.

양곡, 수산, 축산도매시장

양곡시장

용산시장 폐쇄와 함께 양곡도매시장은 서초구의 현 남부터미널이 있는 곳으로 이전되었고, 1988년에는 다시 서초구 양재동 9천여 평 부지로 이전하였다.

남부터미널 시절에는 양곡을 취급하는 도매상이 200여 명 정도였으나, 양재동으로 이전할 때는 왕십리 중앙시장의 양곡상 일부가 추가되어 250여 명으로 증가하였다.

처음에는 농협중앙회에 위탁관리를 맡겼으나, 1992년 8월 이후에는 서울시농수산물공사가 가락동 도매시장과 함께 양곡도매시장의 관리를 맡고 있다. 하지만 양곡도매시장은 1990년대 초에 들어서면서 산지의 미곡종합처리장(RPC)에서 포장 유통의 확대, 대형마트를 포함한 소매업체에서의 양곡 판매가 허가제에서 신고제로 전환, 인터넷을 이용한 산지-소비자 직거래의 확산 등으로 급격히 쇠퇴하기 시작하였다.

2021년 10월 필자가 확인한 바로는 35명의 도매상이 소규모 소매업체, 식당, 개별 소비자 등을 상대로 도소매 기능을 하며,

양곡도매시장의 외부(왼쪽)와 내부 모습(오른쪽)(2021. 10.)

양곡도매시장의 명맥을 힘겹게 유지하고 있는 수준이었다. 개별 도매상은 1층에 10평 정도의 매장과 2층의 3평 수준의 사무실을 운영하고 있다.

　서울시는 양곡도매시장을 2025년 서초구 양재동 농협주유소 부지①로 이전하여 '잡곡·친환경 양곡 전문 도매시장'으로 탈바꿈시키고, 기존 양곡도매시장 부지에는 '양재 인공지능·연구개발 캠퍼스'를 조성하는 계획을 추진하고 있다.

　①도봉구 창동의 농협중앙회 농산물유통센터의 서울시 지분과 양재동 농협주유소의 농협중앙회 지분을 맞교환한 것임.

　양곡도매시장의 도매상 세 분(존칭 생략)에 대한 인터뷰 내용을 통해 이 시장의 미래를 가늠해 볼 수 있을 것 같다.

이정상(1945년생)의 진술

1970년대 용산시장에서 양곡도매상을 시작해 남부터미널 시절을 거쳐 이곳 양재동까지 왔습니다. 용산시장 시절에는 양곡상이 200여 명 정도 있었고, 시장이 폐쇄됨에 따라 모두 남부터미널로 옮겼죠. 몇 년 되지 않아 다시 양재동으로 이전한다고 해서 상인들이 반대를 많이 했습니다. 왜냐하면 모두들 남부터미널은 지하철역이 있지만 양재동은 너무 외곽이라 상권 형성이 힘들 거라 생각했죠. 90년대 초반 양곡에 대한 소매가 허가제에서 신고제로 바뀌면서 양재동시장은 내리막길을 걷기 시작했고, 250여 명에 이르던 상인이 현재는 30여 명으로 줄었죠. 양곡은 마진이 적어 큰돈도 못 벌고, 겨우 식구들 하고 먹고 살았죠.

김영환(1954년생)의 진술

부친께서 용산시장에서 양곡상을 시작하셨고, 저는 남부터미널에서 시작했죠. 취급품목은 쌀, 찹쌀, 보리 세 가지였죠. 남부터미널 시절 거래단위는 80kg이었고, 소매상에게 판매했는데, 대형마트는 한양유통밖에 없어 장사할 만했죠. 이곳에 와서도 초기에는 좋았지만, 양곡 소매가 신고제로 바뀌면서 큰 타격을 받게 됐죠. 현재 이곳 사무실은 중앙난방도 끊겨 개별적으로 난로를 사용하고 있을 정도입니다.

김병철(1968년생)의 진술

대학 시절 부친이 아프셔서 제가 아르바이트를 해야만 했죠. 우연히 양재동시장의 양곡상을 알게 되어 직원으로 일하다가 1993년 자립했죠. 제 사업을 시작하자마자 양곡 소매가 신고제로 변경되면서 양곡시장의 미래가 불투명해졌죠. 해서 사업 방식을 바꾸어야만 생존할 수 있다고 판단했습니다. 소비자들이 건강을 중시하고 핵가족화 되는 트렌드에 발맞춰 충북 청주에 건강에 좋은 잡곡 및 통곡물을 소포장해서 대형유통업체는 물론 온라인으로 판매하는 '네오팜'이라는 회사를 설립해 오늘에 이르고 있습니다. 그동안 개발한 상품으로 '저당지수 혼합잡곡', '통곡물 善(선)곡', '귀리' 등이 있습니다. 공장 위치를 청주로 정한 이유는 국내 잡곡 산지와 가깝고, 수입 잡곡은 주로 평택·당진항으로 들어오기 때문입니다.

수산시장

서울의 수산물도매시장은 가락동도매시장, 노량진수산시장, 청량리수산시장, 강서수협공판장 등이 있고, 이 중 가장 큰 수산물 도매시장은 노량진수산시장인데, 이는 공영도매시장이 아니라 민영도매시장①이다. 수협중앙회에서 운영하는 곳②은 가락동도매시장의 수협공판장, 강서도매시장에 연접해 있는 수협공판장, 노량진수산시장 등 3곳이다.

①법정도매시장이며, 중앙도매시장으로 분류되어 있음.
②자회사 포함.

노량진수산시장은 경성수산시장, 히노마루수산시장, 용산수산시장, 경성어시장 등을 통합해 한국냉장(주)이 1971년 노량진으로 이전해 새로 건설한 것이다. 이전한 후 노량진수산시장에는 판매 품목의 구색을 위해 청과시장도 함께 운영하였으나 이후 수산 전문시장이 되었다. 노량진수산시장은 노량진수산(주) 등이 운영하다가 2002년 수협중앙회가 노량진수산(주)과 냉동 창고를 인수하였다. 2010년 노량진수산시장 현대화사업이 시작되었고, 2013년에는 회사 명칭이 노량진수산(주)에서 수협 노량진수산(주)으로 변경되었다. 2012년 4월 기계식(전자식) 경매가 시작되었다. 2012년 12월 현대화 사업이 시작되어 2016년 신축건물이 지상 6층 지하 2층 규모로 개장되었으나 점포 면적의 축소, 좁은 중앙통로 등의 문제로 일부 상인들이 이전을 거부하는 분쟁이 발생하였다. 4년여에 걸친 농성, 법정투쟁 등을 거쳐 2020년 7월 구(舊) 시장 건물이 철거됨으로써 일단락되었다.[1]

[1]2021년 11월 현재 40여 명의 미입주 상인이 항의 시위 중임.

신축건물 1층에는 경매장과 소매상 점포 700여 개가 자리하고 있고, 지하 1층에는 가공처리장과 활어 보관장, 지하 2층에는 냉동 창고가 있다. 2021년 11월 기준 하주(출하주)협의회에는 80여 명이 있으며, 중도매인 수는 고급 어종 58명, 대중선어 62명, 패류 45명, 냉동 15명 등 총 180명인데, 이 중 171명이 중도매인 조합원이다. 고급 어종, 대중 선어, 패류, 냉동 등으로 구분하여 경매가 이루어지고 있다. 중도매인이 산지에서

노량진수산시장 전경(위)과 활어 경매 모습(아래) (출처: ㈜수협노량진수산)

경매 후 잔품 처리장 모습(위)과 소매시장 전경(아래), 2021. 10

직접 가져오는 것은 정가·수의매매①로 거래되는데, 여기에는 40여 명의 중도매인이 참여하고 있다. 경매는 물론 정가·수의매매의 경우 모두 4.3%의 수수료가 부과되고 있는데, 이는 가락시장 수산부문의 수수료에 비해 다소 높은 수준이다. 정가·수의매매에 대해 경매와 같은 수수료를 적용하는 것에 대해 필자가 만난 중도매인들은 불만을 토로하였다. 경매장은 거래가 끝난 후 중도매인의 잔품 처리장으로 이용되고 있고, 별도의 중도매인 점포는 없었다.② 노량진수산시장의 상장 수수료가 가락동시장보다 다소 높음에도 불구하고, 서울 최대의 수산시장의 지위를 유지하고 있는 것은, 시내 중심에 위치하며 접근성이 편리한 점, 도매와 소매거래의 밀접한 연계성, 냉동 및 해수 시설 등 적절한 시설 배치 등이라고 판단된다. 2020년 기준 노량진수산시장의 도매거래 규모는 3,233억 원 수준이다.

①중도매인은 이를 '위탁상장'이라 부르고 있음.
②㈜수협노량진수산의 직원의 설명에 의하면 원래 신축 계획에는 중도매인 점포가 있었으나, 위치 문제로 의견이 통일되지 못해 결국 취소되었다고 함.

가락동 도매시장 내 수산시장(가락동 수산시장)에는 강동수산, 수협공판장, 서울건해 등 3개 도매시장법인이 있고, 중도매인은 모두 445명①이 활동하고 있다. 2020년 기준 강동수산의 거래 규모는 1,734억 원, 수협공판장은 784억 원 수준이다. 서울의 다른 수산시장과 비교해 장소가 좁아 화물차량을 점포에 직접 대는 것도 불편하고, 특히 도매시장법인이 중도매인이 산지에서 수집해 온 품목을 경매대상 품목이라는 이유로 상장 수수료를 받고 있다. 이에 따라 '형식 경매'② 또는 '기록 상장'③ 문제가 제기되고 있다. 이 같은 이유 등으로 경쟁력이 낮아 고급 수산물이 반입되지 않아 가락몰로 이전한 수산 소매상 취급 물량의 90% 정도가 가락동시장 수산 도매 부문이 아닌 경기도 하남시 수산시장으로부터 조달되는 실정이다.

가락동 도매시장의 재건축사업으로 수산시장의 소매 부문은 가락몰 1층으로 이전이 완료되었다. 도매 부문의 재건축과 관련하여 시장도매인제의 도입 여부, 점포 및 통로의 크기, 지하를 이용한 해수 저장 및 냉동시설 설치를 위한 추가 재원 확보 문제 등이 제기되고 있다.

①강동수산 184명, 수협 64명, 서울건해 197명임.

②특정 중도매인이 가져온 물품을 본인이 경매를 통해 다시 사는 행위.

③서류상으로 경매한 것으로 처리하는 행위.

강서도매시장과 연접해 있는 수협공판장(강서수협공판장)은 1999년 개장하였고, 지상 3층과 지하 2층의 연면적 10,279평의 판매장동, 3,246평의 냉동창고동, 46평의 얼음판매소로 구성되어 있으며, 하루에 30톤 정도의 해수가 공급되고 있다. 현재 64명①의 중도매인이 활동하고 있는데, 별도의 짐포는 없는 대신 경매가 끝난 후 경매장을 잔품처리장으로 이용하고 있고. 소매구역에는 140개 점포가 있다. 2020년 기준 연간 거래금액은 485억 원 수준인데, 이중 경매거래가 52%, 정가·수의거래가 48%를 차지하고 있다.

잔품처리장으로 이용되는 경매장(왼쪽), 도매시장법인의 활어 수조(오른쪽), 2021. 10.

①경매장에 판매 자리(잔품 처리장)가 없는 조건부 중도매인 6명이 포함된 숫자임.

경매는 물론 정가·수의매매의 경우에도 같은 수준의 수수료가 부과되는데. 노량진수산시장보다는 낮은 3.8%①의 수수료가 부과되고 있다. 수협중앙회에서 30년간 근무하면서 인천과 가락공판장장 등을 역임하고 현재 이곳 공판장의 책임을 맡고 있는 이성희 장장은 "산지 위판장에서 강제 상장 경매제는 1995년 임의 상장제로 변경되었고 현재는 일부 어종에 대해서만 강제 상장제를 적용하고 있습니다. 운영 주체의 애로사항은 공영도매시장이 아니라는 이유로 연간 5억 원 수준의 지방세가 부과되고 있는 점이며, 중도매인의 불만 사항은 최저거래금액 적용 시 농림축산식품부는 청과에 대해 분기별 실적을 적용하고 있지만, 해양수산부는 분기별 실적을 누적하여 적용하는 등 엄격한 잣대를 사용하고 있다는 점입니다. 계속 늘어나고 있는 수입 수산물의 효율적인 유통을 위해 생산자단체인 수협에게도 수입권을 부여하는 게 바람직할 것 같습니다."②라고 심경을 토로하였다.

①건어에 대한 수수료는 3%이며, 정부 비축물량만 경매하고 있음.
②2021. 11. 12. 인터뷰 내용.

가락동 수산시장의 낮은 경쟁력에서 벗어나기 위해 중도매인 상당수가 경기도 하남시로 이동해 하남 수산시장을 형성하게 되었는데, 현재 상당히 활기를 띠고 있다. 하남 수산시장은 초기에 망월동에 있었으나, 6년 전 풍산동으로 이전해 오늘에 이르고 있다. 하남 수산시장의 귀빈수산 대표 최영모 대표(1957년생) 인터뷰① 내용이다.

①2021년 8월 19일

최영모 대표의 진술
제가 영업을 시작한 건 1989년도 가락시장이고요, 그쪽에

강서 수협공판장의 경매장(왼쪽)과 소매매장(오른쪽)(2021. 11. 12)

있다가 하남 망월동으로 이전, 이후에 이쪽으로 온 지 5~6년
됩니다. 가락시장에 있다 보니 한계가 있더라고요. 저는 전국
산지에서 자연산 활어만 취급하고 있습니다. 패류는 취급을
안 하고 있고, 패류까지 취급을 하면 외상을 많이 깔아야 하기
때문에 어려운 부분이 있어요. 가락시장을 떠난 이유는 장사
라는 게 구색이 맞아야 하는데, 가락시장은 규모가 작다 보니

한계가 있었어요. 차를 댈 공간도 없으니까요. 법인에 수수료 내는 것도 그렇고요.

산지는 필요한 품목에 따라 다르고, 서산은 꽃게 이런 식으로 봄에는 쭈꾸미, 이건 서해안만 나와서 서천이나 군산, 제부도까지 다닙니다. 여수에 가서 우럭, 도다리 같은 경우는 바다 삼면에서 다 나오니까 거래처 여기저기 전화를 다 해 보고 가격이 좋은 데로 갑니다. 도다리는 통영이나 대천에서 많이 나오고, 여름은 민어, 가을은 전어, 활새우 이렇게 합니다. 새우가 몇 년 전에는 마진이 컸는데 지금은 경쟁이 심해져서 마진이 적어졌어요. 전에는 5톤 차가 들어가야 새우를 실어주는데, 지금은 1톤 차로도 다 실으러 가기 때문에 너도나도 다 실어주니까 시세가 잘 안 나와 버리는 거예요. 그리고 온라인 판매도 많이 하고 있어서 경쟁이 심해진 거죠.

활어를 사러 오는 사람들은 하남시장에 있는 사람들도 있고, 1톤 차로 배달 다니는 사람(야까마)들이 있는데 그 사람들한 테도 팔아요. 그리고 가락시장에서 자연산 활어가 부족하다고 하면 그쪽에도 보냅니다. 야까마들은 1톤짜리 수족관 차를 가지고 활어를 실어서 자기들 거래처 횟집에 배달해주는 사람들인데, 이 사람들이 서울로도 다니고 지방으로도 다니고 해요. 하남의 위치가 지방으로 보내는 것도 가능합니다.

하남 수산시장에서 도매를 하는 상인은 많아요. 저의 가게 라인으로는 거의 도매를 하고, 저는 도매만 하고 가운데 라인으로 소매랑 도매를 같이 하는 사람도 있고요. 노량진수산시장은 도매 원조이고, 그쪽이랑은 시스템이 조금 차이가 납니다. 지금 노량진수산시장은 도매를 하는 사람들은 소수이고 거의 다 소매를 하고 있죠.

가락동 수산시장이나 노량진수산시장보다 이곳이 지방으로 물건을 보내기가 훨씬 좋아 경쟁력이 있죠.

여기는 점포가 월세예요. 제 가게가 30평에 월세 300만 원을 내고 있어요. 가게는 다 해수 설비가 지하에 되어 있어요. 밸브가 있어서 수족관에 해수를 바로 보충할 수 있고, 관마다 계량기가 다 있어요.

그러니까 저희는 필요할 때마다 보충을 합니다. 그리고 여과 시설이랑 거품기로 해서 수족관을 관리하고 있어요. 이런 설비들이 150만 원에서 500만 원 이렇게 합니다.

영업상 애로사항은 미수금이죠. 미수를 안 놓을 수 없기 때문에 거래처별로 천만 원에서 오천만 원까지 있어요. 산지는 다 신용이기 때문에 다 현금으로 줘야 하거든요. 영업시간은 전에는 아침에 나와서 영업을 했는데, 여름이 되니까 해가 길어져서 야까마들이 도로가 막혀서 물건을 빨리 가지고 가려고 하거든요. 그래서 요즘은 새벽 4~5시에 나와서 물건을 실어줍니다. 그래야 점심 장사 시간에 맞춰서 물건을 내려줄 수 있으니까요. 그리고 퇴근은 오후 4시 정도 들어가죠. 서울 강남권에서 활어 수요가 많은데 코로나19 때문에 많이 줄었죠.

지금 자리 잡고 장사를 잘하고 있고, 최근에 도로도 새로 해줘서 하남시에 대한 건의는 크게 없습니다. 다만 상인회 쪽에서는 수족관이 가게 앞으로 나오는 것에 대해서 건의가 있었던 걸로 알아요. 전에는 수족관이 앞으로 나오면 단속하고 벌금을 내고 그랬거든요. 상인회에 가입된 사람은 원래 중앙에 있는 하남시장 내에 있어야만 가입을 할 수가 있어요. 그러니

하남 수산시장의 소매구역(왼쪽)과 도매구역(오른쪽)(2021. 8)

까 밖으로(중앙라인 외의 바깥쪽 라인) 나와서 영업하는 사람들은 가입이 안 되어 있는 사람들도 있어요. 저는 안쪽에서 장사를 하다가 이쪽으로 옮겨서 가입이 되어 있는 거고요. 상인회는 100명 정도 가입이 되어 있고, 가입이 안 된 사람들이 30군데 정도 될 겁니다.

중부건어물시장과 방산시장

중부건어물시장은 1985년 6월 가락동농수산물도매시장이 개장되면서 일부 건어물 및 해산물 도매상이 이전하여 거래 규모가 다소 축소되었다. 하지만 가락동시장의 경매 거래 강제로 산지 거래처 상실을 우려한 일부 도매상이 다시 돌아오

귀빈수산 최형모 대표와 필자(2021.8)

면서 2021년 현재 전국 최대의 건어물 시장으로 명성을 유지
하고 있다. 중부시장은 오장동·예관동·을지로4가 및 을지로5
가에 걸쳐 있고, 길 건너편에는 포장재와 인쇄로 유명한 방산
시장이 위치해 큰 상권을 형성하고 있다.

  현재 중부시장에는 400여 개 점포가 있으며, 중심부에는 도
매와 소매를 겸하는 점포가 있고, 바깥쪽에는 도매상 점포가
자리하고 있다.

중부건어물시장과 방산시장(2021. 11.)

중부건어물시장의 내부 모습(왼쪽)과 상도 7조(오른쪽)(2021. 11.)

중부건어물시장 상도 7조

1. 정보를 수집하는데 힘쓰고 빨리 대처한다.

2. 방문한 고객이 이웃에게 자랑할 수 있는 상품만을 판매한다.

3. 장사는 부지런히 준비한 사람이 성공한다.

4. 진심어린 마음을 담아 늘 친절을 베푼다.

5. 장사는 진실한 마음을 파는 것이다.

6. 눈앞의 이익보다 사람을 먼저 생각한다.

7. 거래 이후에 자신에게 떳떳하며 행복한 마음을 갖도록 장사한다.

축산시장

1970년대 들어 육류 소비 증가와 비교해 도축(屠畜)량이 부족해 밀도살이 나타나기 시작했다. 이에 서울시는 밀도살을 원천적으로 차단하기 위해 1974년 가축시장을 폐쇄하고 서울시 내에서의 가축 거래를 금지하였다. 같은 해 서울 서부지역의 육류 수요를 충당키 위해 독산동 도축장을 개장하였고, 1986년에는 성내동에 있던 축협서울공판장이 가락동 도매시장으로 이전하였다. 이로써 서울시 내 육류 도축 및 도매시장은 마장동, 독산동, 가락동의 3자 체제가 되었다.

1995년부터 산지에 현대식 축산물종합처리장(LPC) 건설이 시작되었고, 냉장 및 냉동설비를 갖춘 운송 수단의 발달로 지방에서 도축된 육류의 서울 반입이 무제한 허용되면서 서울시 내의 도축량 수요는 감소하게 되었다. 동시에 도축장에서 발생하는 소음, 폐수 등이 민원 대상이 되면서 1998년 마장동, 2002년 독산동 도축장이 폐쇄되었고, 2011년 가락동 도매시장의 축산시장과 도축장은 충북 음성으로 이전되었다.
도축장이 폐쇄되면서 축산물도매시장의 기능 역시 서서히 쇠퇴하기 시작하였고, 현재 서울의 축산물도매시장은 마장동과 독산동 두 곳으로 줄어들었다.

마장동 축산시장은 2009년 7월 성동구의 '낙후시설 현대화사업'을 통해 현대적인 시설과 구조로 된 대규모 육류 전문시장이 되었다. 외부에는 도매업체가 있고, 도·소매 상가는 3개 입구를

마장동축산시장의 외부(왼쪽)와 내부(오른쪽) 모습(2021. 10.)

통해 화물차량의 진·출입이 용이할 정도로 통로의 폭이 넓어졌
다. 모두 500여 개 점포가 있고, 이 중 60%가 도매업체라고 한
다.① 인근에는 지상 5층 규모의 마장 축산물시장 공영주차장이
건설되고 있는 등 서울에서 가장 큰 축산물 도·소매 시장임을
확인할 수 있다. 최근 마장동 시장의 고민은 정부의 연 매출액
20억 원 이상인 업체에 대한 식품안전관리인증기준(HACCP)
의무화 방침으로 도매업체의 상당수가 다른 곳으로 이전을 고

려하고 있다는 점이다. HACCP을 만족하기 위해서 점포면적이 30평 이상이 되어야 가능한데, 상당수의 업체가 이보다 규모가 작기 때문이다.

①마장축산물시장상점가 진흥사업협동조합 박성규 부장의 설명.

가락동 축산시장은 가락동 도매시장 내 소매구역인 가락몰 2층에 수산물, 건어물과 함께 자리하고 있다. 축산물 점포수는 100여 개이며, 전문 도매업체는 없고, 주로 소매 위주로 운영되고 있다. 시장 내부는 깨끗한 편이지만 화물차량이 직접 점포로 진입할 수 없다는 점과 시장의 규모 면에서 마장동 축산시장과 큰 차이가 있다.

독산동 축산시장은 2021년 10월 현재 1층과 지하에 육류 소매시장이 있고, 주위에 몇 개의 도매업체가 있다. 마장동 축산시장과 비교할 때 시장의 전체 규모는 물론 점포면적이 매우 작고, 점포 사이의 통로 역시 매우 비좁았다. 1층의 간판은 '독산동 우시장 정육 부산물센터', 지하 간판은 '협진 정육 부산물센터'였다. 지하와 1층을 모두 합해 점포수는 100여 개 정도였다.

바로 인근에 지하철 신독산역이 건설되고 있으며, 이 지역은 여의도 금융가까지 차량으로 15분 거리에 있어 주상복합건물 신축이 한창이었다. 최근 지가가 평당 6~7천만 원에 이른다는 주민의 말까지 고려하면 독산동 축산시장이 이곳에서 오래 버티지 못할 것 같다는 생각을 지울 수 없었다. 서울시에 확인해

가락몰 1층의 축산물소매시장

보니 예상대로 독산동 축산시장은 '그린 푸줏간' 조성사업이라는 이름으로 이전계획이 추진되고 있었다. 총 510억 원을 투자하여 2025년 완공 예정이다.

참고로 우리나라에는 2021년 현재 공영도매시장 33개소, 일반 법정도매시장 13개소, 민영도매시장 3개소가 있다. 33개 공

독산동축산시장의 지하(왼쪽)와 1층(오른쪽) 입구 모습(2021. 10.)

영도매시장 중 11개 시장(서울 가락, 부산 엄궁, 부산 국제수산, 대구 북부, 인천 남촌, 인천 삼산, 광주 각화, 대전 오정, 대전 노은, 울산, 서울 노량진수산)은 중앙도매시장으로, 나머지 22개 공영도매시장은 지방도매시장으로 분류되어 있다. 분류 기준은 시장의 거래 규모에 의한 것이 아니라 도매시장의 위치(특별시와 광역시 아니면 그 밖의 시)를 기준으로 사용하고 있다. 하지만 서울특별시에 있고 거래 규모도 전국 제2위인 강서도매시장

독산동 시장의 도매업체(2021. 10.)

은 지방도매시장으로 분류되고 있어. 정부의 공영도매시장 분류 기준은 자의적일 뿐만 아니라 구분의 필요성에 대한 의문마저 제기되고 있다.

제4부
도매상의 분화와 유형별 도매상의 목소리

여기서는 전통적인 객주에 뿌리를 둔 우리의 도매상(위탁상)이
어떻게 다양한 형태로 나누어지게 되었는지를 살펴본 다음,
2021년 7월부터 8월까지 이루어진
유형별 도매상 37분에 대한 인터뷰 내용을 담았다.

도매상의 분화

　도매상(위탁상)과 중도매인 간 비중의 균형추가 중도매인 쪽으로 기울기 시작한 결정적인 계기는 1985년 개장된 가락동농수산물도매시장에 경매를 주관하는 지정도매법인(현재의 도매시장법인)을 정하고, 경매를 통해 상품을 구입하는 중매인(현재의 중도매인)을 두게 된 것이었다. 지정도매법인은 청과부에 5개, 수산부에 3개, 축산부에 1개, 모두 8개가 설립되고, 중매인 수는 1,500여 명에 달하였다. 당시 정부가 도매시장의 거래방식으로 경매를 채택하게 된 것은 도매상의 위탁행위 시 발생했던 '칼질'①과 출하자에 대한 대금 정산이 지연되는 등의 문제를 막기 위함이었다. 이에 따라 위탁행위를 규제하기 시작하였으나 그다지 효과가 없었다. 왜냐하면 지정도매법인 중 오랫동안 경매를 해온 서울청과와 농협공판장을 제외하고는 산지 수집을 통한 경매 경험이 거의 없었기 때문이다. 경매와 위탁 간의 공방이 몇 년간 이어진 후 정부는 1991년부터 이른바 '전 품목 상장경매'를 선언하고 1991년 21개 품목을 시작으로 매년 중매인이 취급하는 경매대상품목을 확대해 가는 한편, 도매상의 위탁행위는 불법으로 간주하여 처벌을 강화하였다.

　①성출하기 이전에는 정상가격 이상으로 대금 정산을 해주다가 본격적인 출하

기에는 가격을 후려쳐 초과이윤을 챙기는 상행위.

　'상장 경매제'가 제대로 작동하기 위해서는 지정도매법인의 산지 수집 능력과 적정한 인원의 거래참가자가 있어야 한다는 전제조건이 필요하므로, 정부가 추진한 '전 품목 상장경매'는 현실과는 상당한 괴리가 있었다. 이에 따라 1995년부터 거래 규모가 작은 품목에 대해서는 이른바 '상장 예외품목'이라는 명칭으로 수의매매를 허용하고, 거래 규모가 큰 주요 품목에 대해서는 경매를 하는 체계가 뿌리내리게 되어 현재까지 이어지고 있다. '상장 예외품목'을 취급하는 중도매인은 위탁행위가 가능하므로 새로운 형태의 도매상이 출현하게 된 것이다. '상장 예외품목' 취급 중도매인의 출하자에 대한 대금결제의 투명성 제고를 위해 서울시 농수산물공사와 해당 중도매인들의 공동출자로 2013년 11월 '서울 농수산물도매시장정산주식회사'가 설립되었다. 2014년 초 시범운영을 거쳐, 같은 해 7월 가락시장 청과 부류에 대금 정산 업무가 시작되었고, 2016년 7월에는 수산부류에 대한 업무가 시작되었다. 강서시장에 대한 대금 정산 업무는 2017년 7월부터 시작되었다.

　1990년대 말 영등포지역을 부(副)도심권으로 개발하기 위해 영등포시장을 이전하여 새로운 서남권 도매시장을 건설한다는 서울시의 계획이 추진되면서, 도매시장의 거래제도에 대한 논란이 본격화되었다. 필자는 경매 방식이 공정성과 투명성 측면에서는 바람직한 것이 사실이지만, 유통단계의 증가와 유통속도의 지연으로 인한 농산물의 신선도 저하 등으로 늘어난 유통

마진이 소비자가격 상승으로 이어지고 있으며 다양한 통신수단이 발전함에 따라 더는 예전의 '칼질'과 같은 행위는 발생할 수 없으므로, 도매상에 의한 수의매매 방식을 다시 도입하되 대금정산이 제대로 이루어질 수 있도록 별도의 정산조직을 만들면 된다고 주장하였다.

서남권 도매시장에도 경매 제도가 도입되어야 한다는 반대편의 주장 역시 만만치 않았으나, 논란 끝에 서남권 도매시장에서는 경매와 수의매매를 병행하는 절충안이 채택됨에 따라 강서 도매시장에 2004년부터 수의매매를 하는 도매상 체계가 '시장도매인'이라는 명칭으로 도입되었다. 이로써 우리나라에서는 최초로 비(非)제도권 시장에서의 도매상이 아닌 제도권 도매시장에서의 도매상이 출발하게 되었다.

한편 가격 불안전성, 유통비용의 증가 등 경매 거래 방식의 문제를 인식한 농림수산식품부는 정가·수의매매를 확대하기 위해 강서도매시장에서의 실험 결과에는 눈 감은 채 오히려 2012년 농안법을 개정하여 도매시장법인에게 경매는 물론 정가·수의매매를 함께 담당하도록 하였다. 물론 이와 같은 결정의 바탕에는 시장도매인에 의한 거래의 투명성에 대한 우려가 있었다고 알려져 있다. 여기서 도매시장법인에 의한 정가·수의매매란 중도매인이 원하는 상품과 가격을 제시하면 도매시장법인이 산지출하자와 연결해 거래 및 가격을 주선하는 것이다. 이러한 중개행위를 해주고 도매시장법인은 3% 수준의 수수료를 받고 있다. 이것은 일본의 방식을 차용해 온 것이다. 일본의 경우에는, 도매시장법인을 제외한 나머지 중도매인은 산지 수집 능력이 없는, 도매시장의 독특한 구조로 인해 도매시장법인에게 정가·수의매매를 허용할 수밖에 없었다. 하지만 우리나라의 경우에는 객주로부터 이어져 온 산지 수집 능력이 있는 도매상의 전통이 있을 뿐만 아니라 2004년부터 서구식 도매상인 시장도매인 제도를 서울의 강서도매시장에서 시행해온 까닭에 일본의 방식을 구태여 도입할 필요가 없었다. 하지만 이를 통해 중개행위도 하게 된 도매시장법인이 도매상인 중도매인에게 판매하게 됨으로써 유통단계만 1단계 더 늘어나게 된 것이다. 또한 도매시장법인은 중도매인의 요구에 정확히 맞추어야 하는 정가·수의매매보다는 불특정 출하자의 상품에 대해 경매를 해주고 수수료를 받는 방식을 선호할 수밖에 없고, 도매시장법인의 산지 수집 능력이 완벽하지 못한 상태에서 이들에 의한 정가·수의매매는 애초에 큰 기대를 할 수 없는 것이었다.

현재 정부의 지원에도 불구하고 도매시장법인의 정가·수의매매는 부진한 상태에 있다. 결국 2012년의 농안법 개정은 정부가 거래 방식의 차이에 따라 다른 거래 주체를 선정해야 하는 점을 인식하지 못한 채 커다란 실책을 범한 것이다. 다시 말해서 정가·수의매매 확대를 위해서는 단순히 도매시장법인에게 맡기기보다는 시장도매인제의 확대를 통해 경매와 정가·수의매매 간의 경쟁을 촉진함과 동시에 출하자의 선택권 확대를 도모하는 것이 바람직하였다. 2016년 11월 강서도매시장의 시장도매인들은 공동으로 '정산조합'을 설립해 대금 정산의 투명성을 증명하고 있으나, 아직껏 농림축산식품부는 다른 도매시장에 대한 시장도매인제 도입을 주저하고 있다.

이상의 논의를 정리해 보면 객주 또는 여각에서 시작된 서울의 농산물 도매상은 우여곡절 끝에 현재 4가지 유형이 되었다. 첫 번째 유형은 청량리시장과 영등포시장 등 유사도매시장의 '위탁상', 두 번째 유형은 제도권 시장인 공영도매시장 내에서 경매를 통해 물품을 확보한 다음 도매 행위를 하는 '중도매인', 세 번째 유형은 공영도매시장에서 '상장 예외품목'을 취급하는 '중도매인'①, 네 번째 유형은 공영도매시장인 강서도매시장의 '시장도매인'인 것이다. 발전된 형태로서 선진국 제도권 도매시장의 도매상이라는 관점에서 보면, 이에 가장 근접한 형태는 시장도매인이며, 다음으로 '상장 예외품목'을 취급하는 중도매인, 유사도매시장의 위탁상, 경매를 통해 거래하는 중도매인 순이라 할 수 있다.

①상장 예외품목 중도매인은 상장 품목에 대해서는 경매에 참여해 상품을 구매할 수 있음.

2021년 9월 말 기준 서울시 내의 유형별 도매상 수를 살펴보면 다음과 같다. 시장도매인 수는 83명(법인 수는 60개)이며. 상장 예외품목을 취급하는 중도매인 수는 가락시장 청과류 326명, 수산류 246명, 강서시장 청과류 34명 등 총 606명이다. 위탁상의 경우 청과류는 영등포시장 374명, 청량리시장 250명 등 624명, 양곡류는 30여 명으로 추정된다. 수산과 축산의 경우 위탁상이라기보다는 도매를 위주로 하는 상인이라고 해야

하는데, 수산은 청량리수산시장과 중부건어물시장을 합쳐 150
여 명 수준이며. 축산은 마장동축산시장과 독산동축산시장을
합쳐 100여 명 수준인 것으로 파악된다. 경매를 통해 물품을 확
보하는 중도매인 수는 청과 부문의 경우 가락시장 962명[1], 강
서시장 246명 등 모두 1,208명이다. 수산 부문의 경우 경매를
통해 물품을 확보하는 중도매인은 가락시장 199명이며, 경매와
정가·수의매매를 통해 물품을 확보하는 중도매인은 노량진 수
산시장 180명, 강서 수협공판장 64명 등 244명이다.

[1]이중 중도매법인 수는 80% 수준임.

유형별 도매상의 목소리

도매상의 유형 중 위탁상의 목소리는 제2부에서 정리했으므로 여기서는 나머지 유형에 대한 인터뷰 내용을 담았다. 다시 말해서 경매를 통해 청과물을 확보하는 중도매인, 상장 예외품목을 취급하는 중도매인, 시장도매인, 수산 중도매인 등 모두 37분의 목소리를 통해 가락동과 강서도매시장의 모습, 애환, 고언 등을 정리하였다. 이들에 대한 인터뷰는 2021년 7월부터 8월까지 이루어졌다. 〈부록2〉

채소 경매 중도매인: 가락시장

라상기의 진술

제가 시장에 온 지는 40년, 용산시장에서 가락시장으로 왔습니다. 경매는 약 20년 정도 되었습니다. 경매하면서 가장 불리한 것은 경매사의 영향을 많이 받는다는 것인데요, 경매사들은 법인에 소속되어 있기 때문에 법인의 이익을 우선으로 생각합니다. 그래서 공정하게 소속이 없거나, 공사 소속 경매사로 바꾸는 게 필요합니다. 또 하나는 가락시장 내에 소포장을 할 수 있는 시설이 없어서 그런 시설이 도입되면 좋을 것 같습니다.

오제영의 진술

저는 1985년부터 시장에 나왔고, 2000년대 승계를 받았습니다. 아버님부터 시작해서 자녀까지 3대째 영업을 하고 있습니다. 시장에 40여 년 가까이 있다 보니, 중도매인을 위한 정책이나 제도가 부족한 게 현실입니다. 현재 가장 중요한 게 현대화 사업인데, 중도매인 의견이 많이 반영될 수 있으면 좋겠다는 바람이 있습니다.

김한진의 진술

제가 시장에 들어온 건 1986년 5월, 종업원으로 입사를 했습니다. 가락시장에 매력을 느낀 건, 생물이 움직이고 그게 매일 시간에 따라 가격이 달라진다는 것이었습니다. 입사 후 종업원으로 15년 생활했고, 제 일과시간은 15~18시간 가락시장 근무입니다. 저녁 8시에 들어와 다음날 오후가 넘어가야 퇴근을 하고 있습니다. 이런 생활을 30년 넘게 하면서 제 가정을 뒤돌아보면, 가족으로 그 역할을 제대로 못 했다는 생각이 듭니다. 가정에 충실하지 못했다는 후회가 남고, 가족과 시간을 많이 보내지 못한 아쉬움이 있습니다. 그럼에도 유통의 일선에 있다는 자부심과 기대감을 가지고 살아왔지만, 지금은 어려운 점들이 많이 생겨나고 있습니다. 예전에 비해 유통 마진이 너무 줄었고, 외상 채권 회수가 어렵습니다.

오제영의 진술

경매방식이 수지식(손을 이용하는 방식)에서 기계식(전자식이라고도 함)으로 바꾼 후 장단점이 있는데, 예전에 경매사들이 수지로 할 때는 중도매인의 취급 능력을 고려해서 물건을 배분하는 부분도 어느 정도 있었는데 이제는 그런 건 어려워졌습니다. 대신 투명성 측면에선 수지식보다 좋다고 생각합니다. 그리고 가락시장 경쟁력이 예전과 비교할 때 많이 낮아졌습니다.

정진성의 진술

저는 1979년 용산시장에서 주재원으로 시작했고, 1988년도에 가락시장에서 제 장사를 시작했습니다. 제가 중매인 조합장을 하다 보니, 이보다 나은 환경에서 후손들이 장사할 수 있게 만들어주는 게 급선무라 생각했습니다. 지금 현대화 사업이 진행 중인데, 주차장 문제가 가장 시급합니다. 지하 주차장이 반드시 필요하고요, 점포 통로가 최하 16~20m가 필요한데 공사에서는 12m로 시뮬레이션을 했을 때 충분하다고 얘기하고 있습니다. (중략) 뿐만 아니라 공사에서 과도한 행정조치가 이뤄지고 있어서 어려움이 있습니다.

이병각의 진술

저는 1986년도에 시장에 왔고요, 당시는 중도매인들의 위상이 대단했습니다. 전문적인 지식이나 상품 노하우가 많았습니다. 그런데 지금은 그런 부분이 많이 없어졌습니다.

엄주헌의 진술

대금 마감은 각 청과 법인별로 날짜가 다릅니다. 보통 이틀간 여유를 주고 있습니다. 구매자 카드도 전부터 얘기가 나왔던 부분이기도 하고요. 부실채권 문제는 아무리 영업을 잘해도 1년에

2~3천만 원은 생기고 있습니다.

구기봉의 진술

저는 1986년도 가락시장에 왔고요, 지금부터라도 후손들이 좋은 환경에서 시장 영업을 할 수 있도록 해주는 게 중요합니다. 재건축을 하는 데 중도매인 의견이 최대한 반영되면 좋겠습니다. 승계 문제와 관련해 시장 생활환경이 어렵고, 밤낮이 바뀌어 있어서 자녀가 여기에 들어오려고 하질 않습니다. 그래서 좀 더 환경이 개선되길 바라는 면이 있어요.

오제영의 진술

저의 경우는 아이들이 둘 다 시장에 들어와서 열심히 생활하고 있습니다.

엄주헌의 진술

현재 관리공사가 규제를 너무 많이 하고 있습니다. (중략) 공사에서 말하는 것은 재건축 시 건물 자체에 냉·난방 시설이 되어 있다는 것인데, 능력에 따라 개인 점포에 냉장 시설을 만들 수 있어야 한다는 게 저희 요구사항입니다. 그런데 공사는 2층에 공용 저온 창고를 놓고 쓰라고 하고 있습니다. 지금도 법인에서 별도로 저온 창고를 만들어서 쓰는데, 얼마나 복잡한지 모릅니다. 중도매인들은 전체적으로 열악한 조건이나 이런 것들 때문에 주5일제를 요구하는 것도 있어요. 법인들이 상거래 약정 갑질을 하고 있는데, 공사에서 법인에 할 수 있는 게 권고뿐입니다. 경매가 잘 이루어지고 다품목을 취급하는 사람들은 문제가 없지만, 단일 품목을 취급하는 사람들은 최소 거래금액을 채우기가 어렵습니다. 이런 부분도 코로나시기에 유예를 시켜달라고 건의를 했는데, 벌점은 그대로 나가고 있습니다.

이길수의 진술

저는 용산시장에서부터 시작해서 40년이 넘었습니다. 김덕영 사장(현재 구리시도매시장에서 영업 중)과 함께 영업을 했었고, 갈수록 영업이 어려워요. 주로 취급하는 품목은 오이, 호박, 고추입니다. 경매도 젊은 사람들에 비해 손이 늦어서 힘든 부분이 있습니다.

김한진의 진술

경매를 하려면 물건을 미리 다 체크해야 하는데, 그게 사실상 쉽지가 않습니다. 실질적으로 겉만 보고 경매를 하는 것이거든요. 생물이라는 게 매일매일 다른데, 시장도매인과 같이 위탁을 받으면 중도매인이 물건을 다 체크해서 거래처에 내용을 전달하고 하거든요. 경매는 그렇게 할 수가 없어요. 문제가 되는 부분을 중도매인도 다 알 수가 없거든요. (중략) 가락시장도 출하 성수기가 되면 경매 대기를 하는 화물차들이 7~8시간 정체를 하고 있습니다. 위탁은 그런 부분이 많이 줄어들기 때문에 물건에 하자가 덜 발생하고 복잡한 게 줄어들어요. 그래서 경매장 면적을 줄이고 중도매인들이 위탁을 받아서 팔 수 있게 면적을 충분히 주는 게 필요합니다.

채소 경매 중도매인 인터뷰 모습(2021. 8. 10)

과일 경매 중도매인: 가락시장

정석록의 진술

저는 가락시장에서 1989년도 시작했습니다. 부모님께서 염천교시장에서 하시다가 용산, 가락동으로 오셨고, 영업하시던 가게를 물려받은 겁니다. 부모님과 함께한 건 20년 정도이고, 제가 독자적으로 영업한 건 27년 정도 됩니다. 시장에 나오는 시간은… 평균적으로 과일 경매가 새벽 2시에 시작하기 때문에, 새벽 1시쯤 시장에 나옵니다. 그 시간에 나와야 경매장 가서 사야 할 물건을 살펴볼 수 있고요, 영업 끝나고 퇴근하는 시간은 다음날 오전 11시쯤 됩니다.

자녀들과 교류는 실질적으로 힘들어요. 저도 그렇게 자라왔고, 15~6년 전 일요일에도 경매를 하던 시절보다는 지금이 낫긴 합니다. 현재 과일은 채소에 비해 경매 시간이 새벽 2시에 한 번 하고, 사과 같은 품목은 아침 8시 반에 또 하니까 여건이 좋지 않습니다. 직원들 입장에서는 물건 정리를 하려면 새벽 1시에 출근해서 오전 늦게까지 일을 해야 하기 때문에 주 52시간을 넘길 수밖에 없습니다. 이런 부분들로 인해서 가락시장 내에서는 사람을 구하기가 너무 어렵습니다. 시간당 2만 원을 줘도 사람이 안 구해지고, 외국인노동자를 구하면 중국인들은 자기들끼리 노조가 있어서 일정 금액 이상을 안 주면 일을 안 하고 그렇습니다. 또, 시장이 오래된 건물이다 보니 냉난방에 한계가 있어요. 이런 부분들 때문에 빨리 시설 현대화가 되어서 여건이 좀 개선되어야 한다고 생각합니다.

현재 점포는 12~14평 사이예요. 저장시설은 가게마다 다르지만, 저희는 5평정도 됩니다. 별도의 저장시설이 마련된다면, 50평정도 시설이면 좋을 것 같습니다. 영업을 물려주는 것은 아이들이 선택하겠지만, 밤낮이 바뀌는 생활을 대물림하고 싶은 생각은 없어요. 경매 시간 같은 경우는 조금 앞당기는 것은 가능하겠지만, 주간에 일을 하고 야간에 퇴근하는 생활은 어려울 거라고 봐요.

유란규의 진술

저는 1978년도 용산에서 시작했고, 그때는 서울청과에서 경매를 받았어요. 그러다가 1985년에 가락시장으로 왔죠. 위탁은 한 번도 안 받아봤고 경매만 계속했어요. 결혼할 때 남편이 농협에서 직원 생활을 했어요. 그러다가 몇 달 뒤에 용산시장 시절 서울청과로 점포를 사서 간 거예요. 그리고 가락시장으로 오면서 다시 농협으로 옮겼어요. 영업하던 시절에는 시장에 새벽 12시 반에서 1시 정도에 들어와서 주문 들어온 물건 취합하고 경매장 물건을 체크했어요. 그리고 퇴근은 낮 12시 정도예요. 지금 영업은 아들이 이어받아서 하고 있어요. 남편이 돌아가시면서 아들들이 시장에 들어와서 제 일을 돕기 시작한 거예요. 아들들이 들어온 건 2005년이고, 앞으로는 법인으로 사업자를 내서 할 계획이에요. 거래처는 하나로마트나 개인 마트고, 전통시장에 물건이 나가는 건 없어요.

정석록의 진술

도매시장이 활성화가 되려면, 거래를 자유롭게 할 수 있게 되어야 해요. 저는 국산 과일을 주로 취급하고, 수입 과일은 일부 성수기 때 취급을 합니다. 구매는 수입 상사를 통하지 않고, 경매로만 사서 팔고 있어요. 실질적으로 중도매인 간 거래를 가장 많이 하는 게 수입 과일인데, 제가 만약 성수기에 수입 상사에 바나나를 주문한다고 하면, 상사에서 주 거래처에 물건을 보내지, 저한테 보내주질 않아요. 그래서 몇몇 사람들이 합쳐서 파레트 단위로 주문을 하면 되지 않나, 이런 생각들도 중도매인끼리 의논했었어요.

근데 중도매인 간 거래가 막혀 있어서 수급량을 실질적으로 맞춰 나가지를 못해요. (중략) 바나나 같은 경우, 메이저 수입사가 세 군데(돌, 델몬트, 자연왕국) 있는데 이 회사들이 가격 담합을 하고, 수입 과일 전문점이 아니면 가격을 흐려 버린다고 공급을 안 해주는 일도 있습니다.

유란규의 진술

저는 수입 과일은 취급 안 하고, 찾는 사람이 있으면 다른 집에 찾아가 사서 맞춰주고 있어요. 중도매인 간 거래가 20%까지는 허용되어 있으니까요.

중도매인끼리 거래를 하는 건 어쩔 수 없이 물건이 부족할 때 사서 맞춰주는 건데, 예를 들자면 경매로 만 원에 받아온 걸 천 원 더 붙여서 만 천 원에 사서 맞춰주는 거거든요. 중도매인이 자기가 직접 경매 받으면 만 원에 받아서 살 수 있는 물건이기 때문에 거래를 풀어주더라고 20%를 넘지는 않을 거라고 봐요. 직접 경매를 받으면 다른 집에서 사서 맞춰주는 것보다 싼데 뭐 하러 다른 집에 가서 사겠어요. 이건 급할 때 이렇게 사서 맞춰주는 물량으로, 20%면 충분하다고 봐요. 가장 큰 애로사항은 예전이나 지금이나 결산 문제가 가장 큰 문제예요. 외상을 못 받는 게 많아요. 장사를 크게 하는 사람들은 연간 1억 원씩 떼이는 경우도 있지요. 계획적으로 상인들을 이용하는 사람들도 많고요. 구매자 카드 같은 경우는 구매자가 안 쓰려고 해요. 저희야 카드를 갖고 와서 구매하면 좋은데, 수수료 문제나 자금 흐름 문제가 있으니까 소매하는 사람들이 기피하죠.

다른 문제라면, 장사를 하다 보면 개인적인 삶은 없고 여기 계속 매달려야 하는 거죠. 제가 1995년도에 20억 원 이상 큰 부도를 맞았어요. 그래서 살던 집 다 팔고 남편은 스트레스를 많이 받아서 병이 났어요. 그러다 빚 다 갚을 무렵에 돌아가셨지요. 남편은 사람이 참 착해서 바이어 애들 대학 등록금도 대주고 그랬거든요.

그 사람들이 우리 어려울 때 도움을 많이 줬지요. 근데 장사를 하다 보면 사람들이랑 부딪히니까 다 잊고 그랬죠.

정석록의 진술

새로 신축되는 건물 지하에 저장시설을 만들어야 하는데, 필요하면 저희가 투자할 수도 있습니다. 저는 이 시장에 주상복합까지도 만들 수 있을 거라 생각합니다. 주거공간까지 만들어서 생활을 할 수 있게 하면 시장 청결 문제까지도 해결이 될 수 있을 거라 봅니다.

그리고 저희 중도매인 점포가 꼭 1층에 있을 필요는 없을 거라고 봅니다. 중도매인 점포가 반(半)지하로 들어가게 되면, 지금보다도 냉난방시설에 비용이 훨씬 절감될 거라 생각해요. 1층에는 경매장이 들어갈 수 있고, 실질적인 지하를 파서 저온시설이 들어오면 효율적으로 운영이 가능할 거라고 봅니다.

유란규의 진술

시설 현대화와 관련해 저온 시설 2~30평 정도가 있으면 좋을 것 같아요. 장기간 저장할 목적이 아니라, 팔고 남은 물건을 잠깐씩 저장하는 용도니까 이 정도 면적이면 충분할 걸로 봐요. 저희는 시장에 물류 공간이 부족하다 보니 외부 저장창고를 쓰고 있는데, 물류비가 만만치가 않아요. 그걸 따지면 시장 내 저온 시설에 투자할 용의가 충분히 있어요. 그런데 제 생각에 반(半)지하는 반대예요. 지하에 점포가 들어가면 배송문제도 있을 수 있고요. 1층으로 해야만 데크 시설도 쉽게 할 수 있으니까요. 제가 속한 농협공판장에는 중도매인이 과일만 74명이고, 이 중 여성이 4명이예요. 어려운 건 외상 문제지요.

공사에 건의하고 싶은 게 하나 있는데, 점포 앞에 주차라인 쪽에 턱(데크)이 있어요. 그쪽으로 새벽에 승용차가 들어오지 않거든요. 그 쪽으로 물건을 잠깐 내놓고 소매 차량이 바로 실어 갈 수 있게만 해주면 좋을 것 같아요. 단속이 심해서 지금은 아예 물건을 도로 쪽에 내놓지도 못하는데, 승용차가 안 다니는 오전 8~9시 정도까지라도 단속을 안 하면 좋겠어요.

상장 예외품목 중도매인: 가락시장

정명호의 진술

저는 1989년도에 가락시장에 왔고요, 부친께서 용산시장에서 위탁상으로 시작하셨었습니다. 주로 고구마를 취급하고 있습니다. 고구마는 주로 전라도 쪽에서 많이 들어왔고, 지금은 여주나 충청도 쪽으로 산지가 많이 바뀌고 있습니다. 고구마는 처음에 경매를 하다가 상장 예외품목으로 풀렸고요, 장사하면서 힘든 건 가게가 너무 좁기 때문에 지금 지게차나 전동차 운용이 어려워 수작업으로 해야 하는 일들이 많습니다. 농산물이 몰릴 때 한꺼번에 차량이 들어오니까 통로가 막히는 일도 있고요. 점포 안에는 저장시설이 없습니다. 고구마는 서늘하기만 하면 저장이 가능하므로 한여름만 아니면 냉장 시설이 필요하지는 않습니다. 그리고 지금 같은 경우는 일주일 내에 하자가 생기면 반품이 가능하고, 산지에서 품질 관리가 잘 되어서 옵니다.

주 거래처는 외부시장에 50%, 시장 내에 중매인들 거래 50%로 하고 있습니다. 매수와 위탁의 비중도 반반 정도 됩니다. 위탁받았을 경우 시세는 서울이 좋은 편이고요, 지방으로 내려가는 물건은 거의 중저가 물건입니다. 예전에 비해 시세가 좋은 것과 아닌 것의 편차가 심해졌어요.

(공사나 정부에 바라는 점) 시장에서 대출받는 게 가락시장 내에서만 가능한 편이라 자금 융통에 어려움이 있고, 시장 내 공간이 협소한 문제점이 있기 때문에 이런 부분이 개선되었으면 합니다.

(자녀에게 이 사업을 물려줄 의향이 있는지) 저는 여기 기반이 있어 물려주고 싶은데, 힘든 일이라 본인이 희망하지 않고 있습니다.

김경수의 진술

저는 수입 과일 전반을 취급하고 있습니다. 영업한 지 13년이 되었습니다. 제가 관리공사에 제안하고 싶은 건, 불량채권에 관한 부분입니다. 사실 시장에 차량이 들어오려면 차량등록과 함께 사업자등록을 하게 되는데, 불량채권이 발생하면 어디서 나온 건지 확인을 할 수 있지 않습니까. 그러면 이걸 공유할 수 있게 해야 여러 사람 피해를 줄일 수 있을 것 같습니다.

이경우의 진술

저는 경매로 30%, 비상장품목(상장 예외품목) 70%로 취급을 하고 있습니다. 이것도 지방에 있는 가족 회사에서 가지고 와서 파는 것도 상장 수수료를 내고 있습니다. 현행법상 상장 품목이면 수수료를 내게 되어 있기 때문에 기록상장(서류상으로만 경매한 것으로 처리하는 것)을 하고 수수료를 냅니다. 현행법상 중도매인이 외국산 과일을 직접 수입하는 게 불가능하므로 편법으로 배우자 명의로 외부 법인을 설립해서 직접 수입을 하고 있습니다. 중도매인들은 시스템적으로 불안정해서 자금회전이 좋지 않은 경우가 많습니다. 어떻게 보면 회전자금 불안정성 때문에 법인에 종속될 수밖에 없는 구조입니다. 장사가 커질수록 자금 압박이 심합니다. 외상거래로 인한 피해를 줄이기 위해 구매자 카드 제도를 도입하거나 채권 확보와 같은 자금 안정성이 뒷받침될 필요가 있습니다.

김동석의 진술

제가 1997년에 이마트랑 거래를 하게 되었는데 바이어가 브로콜리를 직수입하라고 한 거예요. 그래서 중도매인 명의로 구청에 수입신고를 하고 2001년도부터 미국산 양상추, 중국산 브로콜리를 수입하고 있습니다. 그런데 제가 직접 수입한 것을 시장 내에서 판매하는 것은 문제가 없는데, 여유 물건을 판매하려고 하면 중도매인이 상장을 하는 것이 불가능하기 때문에…

(중도매인이 수입하는 것이 불법임을 설명, 이걸 합법화하는 것이 필요).

김경수의 진술

중도매인만 안전장치가 없기 때문에, 구매자 카드와 같은 장치가 마련되어야 합니다.

유세진의 진술

삶은 나물류를 취급하고 있고, 시장에 들어온 지는 6년 되었습니다. 수입업자한테 나물을 구입해서 삶아서 파는 일을 하고 있습니다.

김태영의 진술

가락시장 나온 지 15년 되었고, 나물 집을 하고 있습니다. 초반에는 나물 집이 많지 않아서 마진이 괜찮았는데 지금은 시장 내에 나물 집이 많이 생겨서 마진이 많이 줄었습니다. 특히 어려운 부분이 인건비인데, 최저임금과 야간 근무수당에 대한 비용부담이 있습니다. 그리고 미수채권에 대한 문제인데, 1년에 2~3천만 원씩은 거의 떼인다고 봐야 합니다. 공사에 이런 부분을 건의했지만, 해결되는 게 없었습니다. 앞으로의 문제는 재건축이라고 생각합니다. 현재 제 점포는 두 칸짜리 13평정도 되는데, 점포 크기는 클수록 좋겠지만, 최소한 저는 13평이 필요하고 그 정도면 점포 안에 저장시설이나 2층을 올려서 사무실도 만드는 게 가능합니다.

최윤제의 진술

저는 수입 과일을 취급하는데, 통관이 지연되거나 배가 밀려서 물량 확보가 안 되면 거래에 큰 지장이 생깁니다. 따라서 충분한 저장시설이 필요합니다. 그래서 저장시설을 만들어달라는 요청을 여러 번 했었는데 잘 안 되고 있습니다.

이하영의 진술

얘기를 들어보니, 부실 채권에 대한 내용이 많은데, 과거에 정산회사를 설립해서 회사를 통해 정산을 하면 부실채권 문제가 많이 사라질 것으로 봤습니다. 그런데 현재 이런 부분들이 미흡한 것 같습니다. 비교적 안전한 게 정산회사라고 생각하고, 중도매인들의 생각이 좀 바뀌면 좋을 것 같아요. 저는 부친께서 용산에서 도매상을 하셨고, 주 품목은 쪽파였습니다. 아버님께서 쪽파 대상이었고, 지금 저희가 그걸 따라갈 수가 없어요. 쪽파는 열이 발생하기 때문에, 경매를 한다고 시간이 걸리면 기다리다가 상해 버리는 일이 생기는 거예요. 경매 대기를 하는 중에 차에서 파가 쑥쑥 가라앉고 그랬죠. 그러다 아버님께서 출하주들을 불러 모아서 몇 달 동안 데모를 했습니다. 그래서 상장 예외품목으로 풀린 거고, 저는 2000년 안 되어서 들어왔습니다. 형님이 조미채소를 하고 저는 양채류를 취급하고 있으며, 경매 70%, 직거래(위탁) 30% 정도입니다.

이경우의 진술

또 한 가지는, 하역노조들이 지금 현대화되어 있는데, 전동차나 지게차가 자리를 굉장히 많이 차지합니다. 하역장비가 넘쳐날수록 도로가 막힐 수밖에 없는 구조인데, 획기적인 개선안이 마련되어야 합니다.

김태영의 진술

이런 문제는 경매 시간과 장사하는 시간이 겹치기 때문이고, 장사하기 전에 경매가 끝나면 해결될 일입니다.

김동석의 진술

제가 가락시장 들어온 건 1989년 7월입니다. 1990년도부터

상장 예외품목 중도매인 인터뷰 모습(2021. 8. 9.)

가락시장에 1, 3주 휴무가 시작되었는데, 쉬는 날 리어카에 과일을 싣고 가서 공사 앞에서 팔아보니 마진이 엄청나더라고요. 그래서 장사를 시작하게 된 것이고요, 1996년 1월이 되어서 대표가 되었습니다. 당시 지방 장사를 많이 했는데, 가락시장은 가격이 없더라고요. 제가 파는 가격이 전국 가격이 되고 그랬죠. 시장을 10바퀴 돌다 보면 가격이 다 다르고 물건이 많고 적고 하더라고요. 장사를 하려면 눈이 밝아야 된다는 걸 깨달았고요, 제가 취급하는 양채류는 산지를 많이 뛰어다니게 되어 있습니다. 그래서 많은 거래처를 유지하게 된 거고요, 시장 내에 저장 공간이 부족해서 외부에 물류창고를 만들었습니다. 나름대로 제가 잘한 것은, 전에는 양채류 계약 단위가 평당이었는데, 박스 단위로 거래 단위를 바꾼 겁니다. 산지를 아는 중도매인이 성공할 수 있다고 생각하며, 경매를 역으로 이용할 줄도 알아야 한다고 생각합니다. 시장도매인제가 도입되면 그쪽으로 옮길 생각입니다(다른 분들도 동의).

채소 시장도매인: 강서시장

김진광의 진술

저는 용산시장(경화청과 동업)에서 가락동시장, 영등포시장(영일시장 대흥상회)을 거쳐서 2004년부터 강서시장으로 왔습니다. 그때만 해도 마트가 돈이 1~2억 원도 없던 때예요. 지금이야 100억 원 이상 하는 마트가 많죠. 강서시장 덕분에 매출이 늘어난 마트가 많아요.

경매 같은 경우는 값을 붙여서 줘야 하니까 물건을 제대로 못 대주지만, 시장도매인제는 미리 주문을 하면 마트에 행사용으로 저가로 물건을 대주는 게 가능한 거예요. 저는 채소 180개 전품목 다합니다. 여기 와서 7~8년 동안은 계속 적자였어요. 처음 와서는 시설도 부족하고 그랬지만, 지금까지 20개 넘는 마트 거래처와 망하지 않고 잘 영업하는 게 자부심입니다. 처음엔 4명씩 묶어서 왔다가 지금은 제가 혼자 합니다.

임성찬의 진술

처음엔 마트가 외상으로 여기서 물건을 많이 가져갔어요. 물건을 가져가는 게 편하니까 계속 외상으로 가져가면서 자기네 점포를 늘린 거죠. 그때 당시에는 마트가 부도나서 떼인 점포도 많습니다. 지금까지 이렇게 만들기 위해 많은 노력을 했습니다.

김진광의 진술

지금은 마트에서 물건 가지러 오면 차에서 바로 물건을 싣고 갑니다. 경매에선 상상도 하지 못할 일이죠. 그만큼 신선한 걸 가지고 갑니다. 해외에서도 경매를 하는 곳이 많이 없고, 일본도 경매 비중이 많이 줄었습니다. 지금 강서시장 와서도 경매하는 곳 보면 중도매인이 돈 떼이고 망하는 사람들이 많이 있어요. 예전에 마트 오픈 세일을 하면 소비자를 끌기 위해 대파를 두 단에 1,000원 이렇게 한정판매를 하고 그래요. 그러면 단가를 맞추기 어려우니까 마트랑 우리랑 반반씩 적자를 부담하고 물건을 넣어주고 그랬죠. 대파는 제가 전국구로 파 장수를 알고 있어서 원하는 물량을 다 맞춰주는 겁니다.

임성찬의 진술

마트가 오픈 세일을 하면, 다른 품목을 끼워 팔기 위해서 미끼 상품으로 대파, 쪽파 이런 품목을 많이 선택합니다. 김진광 씨 같은 경우는 본인이 직접 대파 농사를 짓기도 하고 그러니까 경쟁력이 있죠.

김진광의 진술

저는 대파 농사를 행주대교 밑에서 10만 평 지었다가, 한강 개발이 시작되면서 지금은 공항 옆에서 2만 평정도 짓고 있어요. 처음에 행주대교 밑에서 파 농사를 지을 때는 개발하느라 개펄을 끌어 올려놔서 대파 농사가 엄청나게 잘 되고 그랬어요. 장마 때가 되면 파가 더 잘 되고, 바닷물하고 민물이 겹치면 대파가 잘 됩니다.

김영철의 진술

제가 하는 NH청과는 2017년 8월 설립해서 시작한 지 얼마 안 되었고, 지금은 배우는 단계입니다. 3년 동안 적자로 힘들었지만, 작년부터 흑자 전환을 했습니다. 취지는 도시농협으로서 농산물 유통을 확대해보자는 거고요. 저도 강서농협에서 34년 근무하고 그 중 15년은 소매유통을 담당했었습니다. 그때는 시장도매인이 뭔지도 몰랐지만, 직접 해보니 경매와 비교해서 안정적이고 경쟁력이 있다고 생각합니다. '대중유통'이라는 업체가 부도가 나서 제가 권리금 없이 자본금 8억 원 출자해서 오픈을 했습니다. 거래는 주로 90% 이상 하나로마트랑 하고 있는데, 그래도 어려움이 있어요.

물류의 문제나 이런 부분에 있어서 공동구매를 하는 방식도 고려가 되었으면 하고요, 가락시장에서 갖고 와야 하는 품목도 있어야 합니다. 시장도매인이 경쟁력을 좀 더 갖추려면 다품목을 취급할 수 있게 되어야 합니다. 시장도매인이 협동조합을 하거나 공동구매를 해서 분산을 하는 방식이 필요할 것 같습니다. 그리고 저희도 소포장을 하고는 있지만, 개인이 처리하기엔 제한이 있을 수밖에 없습니다. 저장시설도 마찬가지고요. 소포장 및 저장시설 등 공동시설이 들어오면 좀 더 경쟁력을 올릴 수 있을 것 같습니다.

백종률의 진술

저는 가락동시장에서 직원생활 하다가 영등포시장을 거쳐 강서시장으로 왔습니다. 처음엔 가게를 갖고 있었던 건 아니고 와서 조금씩, 조금씩 인수를 해서 지금 대표가 되었습니다. 제가 보기엔 지금 산지가 너무 어렵습니다. 너무 고령이고, 제가 28년 장사하면서 처음부터 알고 지낸 하주들이 많은데 이분들이 많이 힘들어하십니다. 저는 무, 배추 품목을 하는데 젊은 층이 많지 않습니다. 지금은 가족 수도 적으니까 소포장해서 팔아야 하고, 수요가 아주 많지가 않아요. 그래서 산지에선 갈아엎고 그런 일들도 있습니다. 생산자랑 같이 잘해봐야 하는데 금방 나아지지 않더라고요.

김순화의 진술

제가 시장에 들어온 과정을 말씀드리면, 1987년도에 결혼을 하고 단칸방에서 살다 보니 혼자서 밤을 새고 이러면서 너무 무서워서 아기를 유산하고, 혼자 있는 게 너무 무서워서 1988년도에 남편을 따라서 영등포시장으로 나왔습니다. 처음엔 시장이 뭐 하는 데인지도 모르고 바바리코트를 입고 출근을 했어요. 처음엔 신랑이 물건만 지키라고 했어요. 근데 누가 와서 물건을 집어가도 가만히 있고 그랬죠. 그러다가 장사에 눈을 뜨고 욕심이 생겨서 하다 보니, 애들을 낳는 날 아침까지 장사하다가 저녁에 병원 가서 수술해서 낳고 그랬어요. 장사가 얼마나 힘들었는지 애들이 다 작아서 인큐베이터에 들어갔었어요. 그러다 시장에 들어와서 앞자리로 장사도 하고 애들 돌잔치도 시장에서 고추 박스 깔고 할 정도였죠.

시장 생활을 참 열심히 했는데, 여기(강서시장)로 와서 보니 판로가 다 없어져 버린 거예요. 위탁을 받아도 팔 데가 없더라고요. 그러니까 외상을 엄청나게 많이 줬어요. 살길은 납품밖에 없다고 (전)남편이 외상을 주다 보니… 거래처 없어질까 봐 외상값 달라는 말도 못하고, 납품하면서 돈을 엄청 날렸습니다. 관리공사에서는 실적 올리라고 하고… 지금은 마트도 다 송금을 하지만, 당시는 현금으로 거래하고 그랬죠.

(가정사 중략) 이혼하면서 빚이 19억 원이 있었는데, 아들들이 장사를 같이 해보자고 해서 다시 시작을 하게 되었습니다. 아들들이랑 장사하면서 빚을 다 갚았습니다. 저희가 이혼할 당시 매출이 30억 원도 안 되었는데, 작년에 100억 원을 찍었습니다. (거래 품목: 오이, 호박, 고추 등 과채류) 납품을 많이 신경 써봤는데, 채소는 아무리 신선해도 유통 과정 중에 마르는 경우가 생겨요. 버섯 같은 경우 배송 중에 말라서 무게가 빠지고 그래요. 과일도 사람마다 차이가 있고요. 절임 배추도 해봤는데, 소비자들한테 맞추기가 어렵더라고요. 공동 소포장 센터가 생기면 동참을 하겠지만, 어려운 부분이 있을 수 있어요. 공동 온라인 거래도 필요한 부분이고요.

성시영의 진술

저는 1996년도 제대하고 더블백을 메고 영등포 영일시장에 왔습니다. 제가 농산물 유통에 꽂혀서 시장으로 왔습니다. 군 시절 간부 식당에서 근무할 때 들어오는 배추가 2포기 한 단에 2만 원을 한다는데, 시골에 물어보니 배추 한 포기에 1,500원이라는 거예요. 이게 중간 마진이 8,500원이 남는다는 생각밖에 없었어요. 그래서 사람을 소개받아서 시장으로 간 거죠. 거기서 가게 위 옥탑에서 생활하면서, 2004년 강서시장 와서까지도 직원생활을 했습니다. 그러다 2014년 무안청과를 인수했고, 채소전 품목을 취급하고 있습니다.

농산물 유통이라는 게, 노력하면 성공할 수 있는 기회라는 생각이 듭니다. 처음에 월급쟁이 생활하면서 가게를 인수하는 게 참 힘들었는데, 시간이 지나다 보니 시장도매인제로 오면서 대표가 된 겁니다. (온라인 몰 관련) 앞으로 온라인이 활성화되어야 한다고 생각하는데, 전국적으로 판로가 확대되려면 시장도매인 규모도 커져야 한다고 생각해요.

임성찬의 진술

지금은 온라인으로 자꾸 넘어가고 1인 가구가 40% 넘어가면서 소포장이 엄청 중요해졌어요.

여기에 소포장 시설이 들어오면 잔품 정리도 가능하고, 마트에서도 소포장을 해주는 걸 원해요. 자기들이 가지고 가서 하면 시설 투자나 인건비가 들기 때문에 우리가 해주면 좋겠죠. 우리도 '시장도매인'에서 소포장한 걸로 브랜드를 만들고 마트에서도 우리가 소포장한 걸 판매하는 거죠.

백종률의 진술

대부분의 시장도매인은 전날 밤 9시 출근해서 다음 날 오전 10~12시에 퇴근합니다. 휴일은 일요일만, 그리고 명절은 당일만 쉬고 있어요. 공휴일도 영업을 하죠.

지하철 강서시장역 5번 출구 쪽이 아직껏 녹지로 남아 있고,

화물차가 주차되어 있는 공간이 있는데 그쪽으로 소매동이 들어오면 아주 좋을 것 같아요.

임성찬의 진술

영등포시장 시절에는 사채를 많이 썼지만, 현재 사채는 거의 없고요, 친목단체는 동향, 나이로 하는 게 있죠. 최근에 생긴 8개 시장도매인과는 처음엔 이질감이 있었지만, 그런 사람들은 다 나갔고 현재는 문제가 없어요. 지금 영업하는 게 채소 29개, 과일 31개 점포입니다.

과일 시장도매인: 강서시장

임성찬의 진술

저는 장사를 한 지는 45년이 되었고요, 1980년대 용산시장 대일상회에서 시작을 했습니다. 주로 수박, 참외, 감을 취급하다가 가락동시장으로 옮겼다가 다시 영등포 조광시장으로 넘어와 독립을 했습니다. 영등포에서 2004년까지 영업을 하고 지금 강서시장으로 옮겨온 거죠. 강서시장 와서 지금까지 경방농산 대표를 하고 있습니다. 김완배 교수님과 여러 차례 이야기를 나눈 건데, 우리 시장이 발전하려면 시설 현대화가 이루어져야 하고요, 물류비 절감을 위한 공동 노력이 필요하다고 생각합니다. 가령 예를 들면, 강서시장이 김포공항, 인천공항과 지리적으로 가까운데 외국인 관광객들이 우리나라 과일에 대한 선호도가 엄청 큽니다. 그래서 우리 시장이 하나의 관광코스로 개발되면, 공항으로 가기 전에 여기 들러서 과일을 구매하는 것도 가능할 테고, 그런데 이런 게 실현되기 위해서는 앞서 말한 것처럼 소포장 시설이나 소매 판매점이 만들어지는 게 중요하죠.

우영석의 진술

저는 1976년 용산시장부터 장사를 시작했습니다. 지금까지 43년 되었고, 품목은 사과, 배, 밀감, 수박을 다루고 있습니다. 가장 기억에 남는 건 농림부에서 브랜드로 관리하는 '썬플러스'의 모체가 저희 가게에서 개발이 된 것입니다. 폐원된 과수원이 전국적으로 급증하는 그런 경험도 했죠. 이걸 개발한 사람이 예산 사람인데 김창호라고, 집에도 안 가고 가게에서 먹고 자면서 소비자들이 원하는 사과를 개발한 거죠. 그 사람 덕분에 우리나라 사과가 엄청난 성장을 한 거죠.

영등포에 온 건 1985년 가락동시장에 갔다가 일주일 만에 왔어요. 경매 거래에 적응을 못한 거죠.

그동안 장사를 하다 보니 몇 가지 애로사항이 있어요. 첫째는 강서시장 오면서 4인 점포가 되니 아주 어려움이 있어요. 4명이 뜻이 안 맞으면 사이가 아주 안 좋아지는 겁니다. 그래서 이걸 법인을 분할해주는 게 필요해요. 공동대표가 되니까 통제가 어렵습니다. 48평에 2명보다 24평에 1명씩 들어가는 게 낫죠. 장사하는 사람들 입장에서는 훨씬 의사결정이 빨라질 수 있어요.

임성찬의 진술

보충설명을 하자면, 1인 법인은 자금을 끌어올 때 혼자서 결정하기 때문에 좀 더 편하게 할 수 있는데 사람이 많으면 여러 사람을 거치니까 불만이 생길 수 있다는 겁니다. 또 하나, 공동으로 하는데 어느 한 명이 장사를 더 크게 하고 싶은 경우 옆에 다른 사람들이 있으니(공간이 부족해) 그런 부분들이 눈치가 보여서 쉽게 확장을 못하는 문제들도 있습니다. 새로 추가 건설된 F동에 새로 온 사람들도 가락동에서 장사를 잘하는 사람들이 왔지만, 상권이 다르다 보니 오래 하지 못하고 다 나가고 여기 계시던 분들이 다시 들어가서 하고 있습니다. 그래서 만약 시장도매인 점포수를 늘린다고 하면, 기존에 여기서 장사를 하시던 분들 가운데 희망하는 사람들에게 우선적으로 배정해주는 게 좋은 방안일 것 같습니다.

류걸하의 진술

저는 처음에 여기 올 때 점포 사이즈를 줄이고 한 명씩 주자고 했었어요. 유럽은 거래를… 화상을 통해 장사를 합니다. 우리도 그런 방식이 가능합니다. 가게가 커야 물건을 많이 파는 게 아닙니다. 저는 처음에 영등포 조광시장 쪽에서 수집상을 하다가 도매상을 했고요, 제가 영등포 1세대입니다. 이북 사람 1명이랑 저랑 둘이 동업을 해서 남북상회라는 이름으로 상회를 했었어요. 둘이서 20년 정도 영업을 했습니다. 제가 생각하기에 지금 우리가 제도를 바꿔서 우리가 좋은 것보다는, 우리 다음 세대를 위해 길을 잘 닦아 놓는 게 중요하다고 생각합니다.

앞으로 한국도 선진국 시스템이 도입될 수 있어요. 도매시장 자체가 규모가 커야 한다는 고정관념을 버리고, 충분히 외곽에 큰 창고를 둘 수가 있거든요. 규제도 많이 풀어져야 하는데, 중도매인과 시장도매인 간의 거래가 지금은 안 되게 되어 있는데,

그런 것들이 다 풀어져야 합니다. 또 하나 지금은 수집상이 매수해서 이익이 별로 안 남는 구조가 되어 버렸어요. 전에는 배를 한다고 하면, 생산자랑 수집상이랑 같이 해서 전부 숫자를 세고 120만 봉이면 20만 봉을 접어서(손실 나는 것) 거래를 했는데, 지금은 그렇지 않으니까 장사꾼이 돈이 안 남아요. 참고로 수집상이 수박, 감귤, 사과, 배 등에는 아직도 있습니다.

우영석의 진술

저는 수박이 전문적으로 들어오는데, 수박 순지르는 걸 할 때 열매가 골프공 만할 때 잔금까지 다 치러야 하는 겁니다. 수박이 앞으로 어떻게 될지도 모르는데 잔금을 치르는 겁니다. 농사짓는 사람들이 관리를 잘해야 하는데 관리를 제대로 못하는 경우, 수집상들이 손해를 보고 그래요. 그리고 지금은 과수 농가들이 힘든 작업을 안 하려고 하니까 그런 어려움도 있곤 합니다.

김희연의 진술

저는 군대 제대하기 전에 용산시장 서울청과에서 직원으로 잠깐 근무를 했었고, 제대하고 나서 영등포시장으로 갔습니다. 그때 친구가 앞자리 상(보증금 100만 원에 월세 15만 원)을 하고 있었는데, 저도 영등포 영일시장으로 갔었습니다. 당시는 상회들이 전문 과일을 팔았는데, 한 철씩 계절 장사를 하고 문 닫고 가고 그런 식이었습니다. 저는 영일시장에서 동양물산 반 칸을 얻어서 수입품부터 시작해서 과일 구색을 맞춰 장사를 했습니다. 그러다가 그쪽으로 도로가 생겨서 다른 쪽으로 자리를 옮겨서 직원을 두고 구색을 다 맞춰서 팔았습니다. 영등포시장 안에서는 구색 장사를 하는 데서 제가 제일 컸습니다. 그래서 마트 영업을 하는 사람들은 저희 가게를 다 거쳐 갔었습니다. 그때가 지금보다 매출도 더 컸고, 직원 수(24명)도 더 많았어요. 규모도 아주 크게 했었는데, 마트 거래를 하다 보니까 약속어음이 돌다 보니 부도나고 도망가 버리고 하는 거래처들이 있더라고요. 그래서 마트가 부도가 날 것 같으면, 직원들 10명을 데리고 가서 수금을 해오고, 돈을 안 주면 철수를 안 하고 그런 식으로 했습니다. 그리고 또 시간이 지나고 나니 2000년대 초반 계산서 파동이 났습니다. 예를 들어 세무서에 신고는 20억 원을 했는데, 발행한 계산서는 50억 원이 넘고 이런 일이 있었어요. 초반엔 이런 부분이 그냥 넘어갔는데, 어느 해에 차액 30억 원에 대한 과세를 한다고 하는 겁니다.

임성찬의 진술

당시에 납세조합이란 게 있었는데, 인정과세를 했었습니다. 그러다 마트 같은 데에서 계산서를 많이 끊어달라고 하니까 몇 천만 원씩 더 끊어주고 하다 보니 세무조사를 받게 된 거예요.

김희연의 진술

그리고 저희 같은 경우, 수집만으로는 구색을 다 갖출 수가 없어요. 어쩔 수 없이 시장 매입을 많이 하는데(다른 시장도매인에서 매입), 시장 내에서 매입하는 건 관리공사에 신고를 하라고 하더라고요. 문제는, 제가 다른 집에서 사 오면서 신고를 하고, 또 다른 집에서 우리 집 물건을 몇 개 갖고 가고 할 수 있는데 이중신고가 되어 버리는 겁니다. (중략) 시장도매인 간 거래를 풀어주는 게 필요합니다. 또 하나는 우리가 공사에 신고하는 금액이랑 세무서 금액하고는 차이가 조금 날 수밖에 없더라고요. 성주 참외 같으면 거의 다 매수인데, 화물 기사들이 운임을 받아 가면 원가+운임을 받아 가는데 저희는 화물 기사한테는 계산서를 받을 수가 없어요. 판매할 때는 운임을 합쳐서 원가로 잡는데, 운임은 계산서 자료를 받을 수가 없기 때문에(위탁으로 받는 건 계산서를 받지만, 매수는 계산서 받을 수 없음) 이런 부분에서 금액 차이가 납니다.

이운식의 진술

저는 1988년 11월 아시안게임 끝나고 영등포에서 장사를 시작했습니다. 그때 직원으로 일할 때 한 달에 월급이 12만 원이었는데, 그러다 사업을 시작하니까 하루에 10만 원을 더 벌더라고요. 그때는 온라인 송금 시스템이 잘 안 될 때라서, 화물차 편에 돈을 보내고 했었습니다. 하루는 저희 화물차 기사가 돈을 갖고 가다가 수원 톨 게이트에서 사고가 났다고 뉴스에 나왔었습니다. 추석 뒤라 6,500만 원을 갖고 가다가 빗길에 사고가 나서 기사는 사망하고, 고속도로 지구대에 갔더니 경찰들이 돈을 한 무더기 모아놨더라고요. 근데 그걸 세어보니 700만 원밖에 없는 거예요. 당시에 영등포 32평 아파트가 5,000만 원 할 때였는데, 의욕이 없어졌죠. 여기저기 뒤져서 산지에 돈을 보내고 장사를 접으려고 했는데, 다음 해에 산지에서 저를 도와주려고 40여 농가에서 거봉을 하루에 7~8천 짝, 만 짝씩 보내는 거예요. 당시 많이 받는 집들이 2~3천 짝이었는데, 몇 배를 저한테 보낸 거죠. 그때 수수료가 8%니까, 하루에 800만 원씩 버니

까 그해에 손실이 다 복구가 된 거죠. 농가에서 저를 살려 준거죠. (중략)

저희는 업무가 새벽 12시에 시작하면 다음날 오후 12시~1시가 되죠. 집에 들어가면 저는 자야 되고, 낮에 맨날 집에서 잠만 자고 새벽에 나가고 하니까 사람들이 저희 집사람을 불러서 저런 건달이랑 살지 말고 이혼하라고 할 정도였죠. 그뿐만 아니라, 저희는 밤낮이 바뀐 생활을 하니까 사회와 단절이 될 수밖에 없더라고요. 친구들을 만나기도 어렵고, 가족들과 함께 보내는 시간들도 많이 없었죠. 게다가 지금 이런 부분에 대한 보상은 점점 줄어드는 게 참 안타까워요. 우리 일이라는 게 야간에만 할 수 있는 건데, 야간에 일을 시키면 최저임금의 1.5배를 줘야 하고… 이런 어려움들이 많이 있습니다. 저는 지금은 단독법인으로 영업을 하면서 영등포에 있을 때보다 매출액이 30억 원에서 150억 원으로 많이 늘어서 성장을 했지만, 지금은 한계점에 와 있습니다. (중략)

재래시장을 살린다면서 도매시장을 죽이는 게 온누리 상품권 문제입니다. 재래시장 주변에선 마트나 이런 데에서 온누리 상품권을 다 받습니다.

임성찬의 진술

재래시장 주변에서는 온누리 상품권을 다 받고, 다른 마트들도 경쟁에서 뒤처지니까 일단 상품권을 받는 거예요. 그리고 그걸 가지고 저희한테 옵니다. 근데 저희가 우리는 못 받는다고 하니까, 마트들이 영등포시장으로 가버립니다.

온누리 상품권이 재래시장 활성화를 위해서 만든 건데, 은행에 90만 원을 갖고 가면 상품권 100만 원을 줍니다. 그러니까 마트가 오히려 그걸 이용하는 거예요. 저희는 상품권을 안 받으면 거래처를 뺏기니까 그걸 받아서 재래시장 주변 상인들한테 가서 깡을 해야 합니다.

이운직의 진술

우리가 온누리 상품권 입출금이 자유로우면 그런 부분이 문제가 없는데, 받을 수 없는 걸 자꾸 받아야 하는 상황이 생겨 버리니까 자금 압박이 오는 겁니다.

정희정(시장도매인협회 사무총장)의 진술

온누리 상품권이 강서시장에 들어오는 게 연간 20억 원 정도인데 저희는 환전을 할 수가 없어요.

정부에 건의해서 환전하는 것을 건의해주거나 또는 도매시장에서 유통이 될 수 있게 해주거나, 이렇게 두 가지를 중소기업벤처부에 건의를 했습니다. 근데 중기부 의견은 이 상품권은 재래시장 활성화를 위해 만든 건데, 이걸 도매시장에 풀어주면 대형마트나 많은 유통 주체들이 풀어주길 요구할 것이기 때문에 어렵다, 방법은 상품권을 들고 오는 사람들을 신고하라는 건데, 거래처를 신고하는 게 쉽지가 않아요.

이운직의 진술

제가 또 하나 말씀드리고 싶은 건, 소매나 저온 창고도 필요하지만, 임시 하역 및 적치장이 제일 급합니다. 홍수 출하가 되는 때에 물건을 쌓아둘 수 있는 공간이 필요해요. 일정 부분 수수료를 내더라도 하루이틀 사용할 수 있는 장소가 마련되지 않으면, 시장이 2~3년 내에 마비가 될 수 있습니다. 매장에 공간이 부족하니 도로로 나오고, 그것도 안 되니 인도까지 나옵니다. 제가 새벽에 이런 것을 단속하는데 상인들도 별 수가 없다는 겁니다. 가능하다면, 현재 지하 주차장과 냉동 창고가 오래되어서 노후화되어 화재 위험도 있고, 원래의 기능이 주차장이기 때문에 그 공간을 주차장으로 다시 환원한 다음 지상으로 옮기면 좋을 것 같습니다. (지하 2층 지상 3층으로 건물을 지어 물류 공간 마련하는 방안 설명)

우영석의 진술

옛날이야기를 좀 하면, 제가 용산시장에 처음 들어가서 보니 왕겨로 사과를 포장해 오는 걸 봤는데, 그 안에 돌멩이를 그대로 넣어서 끈으로 묶어서 팔더라고요. 어쨌든 남을 속여야 내가 돈을 버는 시대였고, 모든 농산물이 용산으로 올라와서 가격이 결정이 된 다음에 다시 지방으로 내려가고 그랬어요. 제가 3년 만에 논 15마지기를 팔아먹고, 이렇게 장사해서는 망하겠다 싶었죠. 착실하게 장사하는 사람만 바보였던 거예요. 그래도 고품질 농산물을 팔려고 노력을 많이 했고, 생산원가도 보장하고 소비자한테도 적정하게 공급을 해야겠다는 생각을 했죠. 제가 평생을 시장도매인제 하면서 옳게 장사했다는 보람이 있습니다.

임성찬의 진술

옛날엔 '네다방(네다바이: 지능적으로 사람을 속여 금품을 빼앗는 것)'이 상당히 많았습니다. 딸기가 오면 수금하는 아줌마가 돈 가방을 들고 따라왔어요. 그럼 몇 천만 원을 들고 기차를 타고 가는 거예요. 엄청 위험한 거죠. 그리고 또 하나 기억나는 건, 감을 싣고 차가 왔는데, 돈 가방을 기사한테 주면 기사가 차 안에 돈 가방을 던지고 출발을 해요. 근데 '네다바이'가 와서 차에 펑크를 내놓는 거예요. 어느 정도 가다 보면 차가 주저앉게 되는데, 그때 타이어 교환하는 사이에 도와주는 척하면서 돈 가방을 들고 도망가는 거예요. 처음엔 기사를 의심했는데, 알고 보니 사기를 맞은 거였어요.

이운직의 진술

영등포시장 시절 김안과 앞에서 차다이로 4~50차 수박이 들어오면 저희는 안 익은 건 귀신같이 알죠. 사는 입장이면 안 익은 걸 깨고, 파는 입장이면 제일 좋은 걸 깨는 거죠. 그렇게 하면 생산자도 난감해지는 거예요. 좋은 거라고 들고 왔는데 속이 하얀 것만 나오니까, 300만 원짜리 한 차가 50만 원이 되어 버리고 그랬어요. 다시 갖고 가려면 운임이 드니까요. 그리고 자두를 작업해오면 내용물보다 짚이 훨씬 많았죠. 15kg에 자두는 5kg밖에 안 되고 그랬죠.

류걸하의 진술

제가 처음 거래할 때는 경상도가 고향이라 거래처가 없었어요. 그래서 기사들한테 부탁을 많이 하고 했죠. 우리 집에 좋은 물건을 가지고 오라고 돈도 쥐어 주고 그랬죠.

김희연의 진술

저는 고향이 전라도인데, 간판을 '전라도상회'라고 달수가 없는 거예요. 거의 과일이 경상도에서 나기 때문에 저한테 물건을 안 줄까 봐. 그리고 거래처가 오면 전라도 사람이라고 말을 꺼내지도 못했습니다.

수산, 활어 및 선어: 가락시장

김흥진의 진술

저는 활어를 취급하고요, 도매시장이 30년 전의 법을 지금도 사용하고 있는 것 같아요. 그러니까 젊은 친구들이 참 어려워합니다. 특히 도매시장법인에게 수수료 4%를 주고 경매를 또 봐야 하니까 하남이나 인천수산시장에 밀립니다. 여기 가락시장에 들어오는 활어는 A급이 10%도 안 됩니다. 나머지는 다 B급이에요. 하물며 지방에서도 가락시장에 보내면 값이 안 나오니까 잘 안 보내려고 합니다. 그리고 장소가 너무 좁아요. 전에 비해서 활어가 품목이 많이 늘어나다 보니까 공간이 많이 필요해요. 심지어 전에는 강동수산에 해수조차 없었어요. 그래서 물에 소금을 타서 쓰고 그랬는데, 그러다 보니 일식집이나 호텔 이런데 활어를 납품하면 고기가 다 죽어버리는 거예요. 염도가 다르니까. 지금도 고급 업소들은 노량진이나 인천, 하남으로 갑니다. 우리가 여기서 좀 더 성장하려면, 법인에 내는 수수료를 풀어주고, 시장도매인제를 도입해서 거래를 자유롭게 하는 게 필요해요. 그리고 해수를 바로 받을 수 있는 자리(1톤 차를 이용해서 활어를 바로 이동시킬 수 있는 공간)가 필요하고, 수족관이나 장소도 지금보다 넓어져야 젊은 친구들이 여기 들어와 장사를 하려고 할 겁니다.

김재돈의 진술
지금은 나까마(중간 도매상)가 와서 차를 대는 데만 해도 3~40분이 걸려요. 그러니까 이 사람들이 여기 안 오고 다른 데로 가려고 하죠.

박갑순의 진술
저는 1985년도 초창기 멤버입니다. 저는 처음엔 직판상으로 와서 장사를 했고, 중도매인을 한 건 15년이 됐습니다. 제가 처음엔 해파리랑 이런 것들을 직접 수입해서 팔았어요. 근데 도매시장법인에서 수수료를 달라고 해서 며칠을 싸웠습니다. 창고비도 제가 내고 물건도 제가 다 까는데 수수료를 떼는 게 말이 안 되잖아요. 그래서 그때 당시에 샘플이라고 하고, 샘플도 수수료받을 거냐고 그렇게 싸우고 했습니다. 초기에 해파리 하나 깔아놓고 6개월 장사하니까 전국구가 되더라고요. 그만큼 가락시장이 장사가 잘 될 때입니다. 제주도까지 제 물건이 갈 정도였고, 가락시영아파트가 350만~500만 원이던 시절이거든요. 그때는 집 팔아서 가게 산다는 말이 있을 정도였어요. 강동수산의 홍준표 전 회장이랑 20년을 싸웠습니다. 불공정한 부분들을 여러 번 얘기했어요. 제가 조합장으로 올라와서 수족관에 대한 건의를 여러 번 했어요.

현대화 사업을 하면서 활어에 대한 고려가 매우 미흡합니다. 공사에서는 3층을 얘기하는데, 3층에 해수를 올리는 건 말이 안 되는 겁니다(해수가 새게 되면 건물 수명에 큰 문제가 생김. 노량진수산시장에서도 1층에 매장을 배치하고 위층에 식당, 주차장 등을 배치하였음). 그래서 지하를 파서 해수는 저장해야 한다고 여러 번 얘기를 했어요. 또 저희 조합에도 시장도매인으로 갈 사람이 적어도 15명은 될 겁니다. 지금 법인들 눈치 보느라 얘기는 못 하고 있지만요(법인들 횡포로 어려움 토로). 현재 저는 경매만 받아서 팔고 있습니다. 출하주들이 강동수산에 물건 내는 걸 제가 경매 받아서 팔고 있어요. 수수료 4%는 출하주가 내는 거고, 저는 수수료는 안 내죠. 대신에 그만큼 물건 값이 하남이나 인천에 비해 비싸질 수밖에 없으니까, 소비자들도 비싸게 사는 거고, 경쟁력이 떨어진다고 봐야죠.

이영기의 진술

(선어) 저는 여기서 37년 생활했습니다. 영업은 저녁 8시 나와서 다음날 12시까지 하고 있습니다. 가락시장은 중앙도매시장인데, 지금 그 유통 흐름을 따라가지 못하는 것 같아요. 물류는 현대화되고 있는데 여긴 그걸 못 따라가요. 그리고 해수부는 수협만 지원하고, 농림부에 가면 수산시장은 해수부로 가라고 해요. 이런 부분도 시정이 되었으면 좋겠습니다.

김윤환의 진술

선어의 경우 수입산을 안 받고는 영업이 안 됩니다. 지금 수산물의 60%가 수입산입니다. 저는 여기서 영업한 지가 13년이 되었고요, 그 전에는 밖에서 유통을 했었습니다. 중도매인 허가권을 받은 게 13년 전이고요, 중도매인은 직접 수출입 업무를 하면 안 되게 되어 있더라고요. 저는 대중 선어인 고등어를 주로 취급해서 중국산을 2~30 컨테이너 했었습니다. 당시 수출입 허가가 없다 보니 부산에 있는 업체를 통해서 수입을 했었습니다. 그래서 직접 수입해보려고 송파구청에 허가를 내러 갔는데, 중도매인은 수출입을 할 수가 없다는 거예요.

이마트가 대형 소매상인데, 거기는 송이 철이 되면 중국 등에 직접 가서 송이를 가져오고, 연어 철이면 노르웨이에 가서 연어를 수입해 옵니다. 이마트는 소매상이니까 되는 거예요. 소매상은 전 세계에서 물건을 구해오는데, 가락시장의 중도매인(도매상)은 오직 법인을 통해서만 물건을 살 수 있다는 게 말이 안 되는 거예요. 경쟁 자체가 안 되는 거고, 낡은 법이라고 생각합니다. 제가 자연 송이를 말씀드렸지만, 지금 우리나라에서 나는 것만으로는 부족하잖아요. 유통 단계를 줄이고 소비자에게 조금 더 싸게 공급하려면 이런 부분이 개선되어야 해요.

이영기의 진술

재건축할 때 선어 같은 경우 2.7평을 준다고 하는데, 이 면적으로는 영업을 할 수가 없어요. 물건을 깔고 장사를 할 수가 없는 면적입니다. 2.7평을 줄 거면 거래구역을 별도로 줘야 한다고 얘기했어요. 라인을 그어주면 거기서 거래를 할 수 있으면 좋잖아요.

최영현의 진술

저는 시장 들어온 지 30년이 됐습니다. 처음 시장 들어와서 참 이상했어요. 내 물건 내가 사다가 파는데 왜 법인한테 수수료를 줘야 하나, 그런 의문점이 있었습니다. 도매법인에 가서 얘기를 해도 법이 그렇다고만 했습니다.

제가 이걸 바꿔보려도 42살에 조합장 되고 나서 관리공사에 찾아가기 시작했습니다. 그때부터 상장 예외품목을 만들어달라고 얘기를 했었고, 그러면서 상장 예외품목들이 하나둘 늘어나고 있는 겁니다. 실제로 저희 조합에서 상장 예외품목을 풀다보니까, 심지어 조합을 탈퇴하는 사람들까지 생겼습니다. 귀찮게 왜 푸느냐고. 상인들도 인식이 이렇습니다. 도대체 농안법이 뭔데 계속 중도매인들은 수가 줄어들고 법인들은 앉아서 돈을 버는 건지, 중도매인이 뭉쳐서 수수료를 안 주겠다는 의지를 강하게 표출해야 한다고 생각합니다. 재건축과 관련해 한 말씀 드리면, 중도매인이 페이퍼머니로 145억 원을 모았습니다. 중도매인과 관리공사가 공동 출자해서 주식회사를 만들고 냉동 창고를 공동 운영하자고 얘기까지 했었습니다. 근데 이것도 실현이 안 된 거죠. 공사는 의지가 없습니다.

김윤환의 진술

검역을 가락시장에서 하는 방안에 대해 저는 상당히 비관적입니다. 컨테이너는 항공기로 오는 게 아니라 배로 옵니다. 부산이나 인천으로 들어오게 되는데, 컨테이너로 해서 보세창고까지 하려면 창고도 커야 하고, 인프라가 다 갖춰줘야 합니다. 만약에 가락시장에 컨테이너로 들어온다고 하면 갈 때 공차(빈차)로 가야 됩니다. 근데 이게 냉동차보다 컨테이너 운임이 더 비쌉니다. 제가 창고업을 같이 하고 있기 때문에 이런 의견을 드립니다. 그리고 창고를 짓는 공간 외에 트레일러가 움직일 수 있는 공간이 많이 필요합니다(적어도 수산동 짓는 면적의 절반은 나와야 트레일러 공간을 지을 수 있음).

박갑순의 진술

(부당한 대우 경험담) 경매를 할 때 제가 만약에 만 오천 원을 써서 들어가면, 경매사들이 자기들끼리 시나리오를 줘요. 그러면 만 육천 원에서 20분 동안을 불러요. 그러면 거기서 백 원, 이백 원 더 쓴 사람이 갖고 가는 식이예요. 보통 경매를 5분 안에 끝낼 걸 제가 들어가면 빨리 안 끝내고 계속 부르고 있다가 다른 사람한테 주는 거예요. 그래서 물건을 비싸게 사게 하고, 못 사게 하고 그러는 거예요. 자기네 법인에 협조하는 사람들한테는 경매를 잘 주고 저같이 법인들 말을 안 듣는 사람은 괴롭히는 겁니다.

최영현의 진술

저희 같은 경우 실질적으로 공사 통제받고, 법인 통제받는 시장은 여기 가락시장밖에 없어요. 지금 농안법상의 법대로 가면 세 가지가 있잖아요. 상장을 하든, 시장도매인제를 하든 그렇게 해야 하는데, 수산은 상인들 간에도 시장도매인제에 대해 의견이 엇갈립니다. 그리고 상당히 영세하고 열악해서 한계가 있어요. 활어나 선어 쪽이 가장 경쟁력이 있는데 그런 토론들이 조합장들끼리 이뤄지지가 않아요. 제가 시장도매인제로 가는 걸 설명하고 조합원들을 모아달라고 얘기를 하면, 호응이 없어요. 여기 나오는 사람들이 저녁 8시에 나와서 다음날 늦으면 6시까지 영업을 하는데, 쉬는 시간이 고작 6시간 남짓이예요. 일요일은 쉬지만, 내내 일만 합니다. 상인들이 스스로 나서서 이런 것들을 듣고 실천할 의지가 없는 게 현실이에요.

김홍진의 진술

사실 수산하는 사람들이 시장도매인제가 뭔지 모르는 사람들이 훨씬 많아요. 조합에서 법인에 흡수가 되어 버려서 중도매인들한테 이런 정보를 주지를 않았어요. 그러니까 이런 내용을 알게 된 게 2~3년밖에 되지를 않아요. 물론 앞을 내다보면 시장도매인제로 가는 게 맞는 거 같고, 또 하나 말씀드리면 '김영란법'에 수산은 적용이 잘 안 됩니다. 수산물이 선물 세트가 5만 원짜리가 없지 않습니까. 그 전에는 전복이나 킹크랩, 꽃게 선물 세트가 잘 팔렸는데 지금은 찾아볼 수가 없어요.

김윤환의 진술

저는 재건축하기 전에 지금이라도, 워밍업으로 시장도매인제를 시도해 봐야 한다고 생각해요. 점포면적이 얼마나 필요하고 어떤 시설이 필요한지를 찾아서 재건축에 반영해 달라고 요구하는 것도 필요합니다.

김홍진의 진술

지금은 사채는 거의 없고, 돌려막기를 하는 사람들은 많이 있어요. 근데 돌려막기 하는 사람들 때문에 피해를 보는 중도매인들이 많이 있어요. 이 사람들이 대금 결제를 못 해주는 법인에 12%씩 이자를 내야 하니까(수협은 13%).

최영현의 진술

법인 자금을 쓰다 보면, 처음 15일은 이자가 없고 30일까지는 6%, 한 달이 넘어가면 12%를 받아요. 근데 중도매인들은 외상을 깔아야 하니까 이자를 주면서도 어쩔 수 없이 쓰는 경우가 생겨 버립니다. 그러다 보면 법인에 코를 꿴다고 해야 하죠. 지금 와서야 중도매인들이 이자가 너무 비싸다고 따지기 시작하니까 조금씩 낮춰주고 그래요.

김흥진의 진술

지금도 외상거래가 문제인데. 보통 3~4천만 원 외상하고 파산선고를 해버리면 방법이 없어요.

최영현의 진술

시장에도 악성 거래처가 있잖아요. 이게 업체 이름을 공개하면 불법이라 적어도 상인들끼리는 공유를 하자는 얘기도 나왔었어요. 근데 이런 것도 영업하다 보니 잘 안 되는 거예요.

이영기의 진술

수산에는 중도매인 점포가 없는 특수품목 중도매인이 있는데. 특수품목이 전체의 5~60%를 팔고 있죠(중도매인 수는 수협, 강동 합쳐서 98명). 재건축 관련해서 2.7평을 준다고 하니까… 여기서 시장도매인제 갈 사람들이 15~20명이 될 건데 거래구역을 달라는 겁니다.

김윤환의 진술

아까도 말씀드렸지만, 대중 선어라는 게 가격은 싸지만 가장 많이 먹는 생선이에요. 오징어, 갈치, 명태 이런 게 특수품목이고, 금액은 싼데 부피를 많이 차지해요. 적어도 물건을 움직일 수 있는 공간이 필요해요. 현재 경매장이 너무 구역이 넓어요. 근데 이게 공간이 있으니까 무허가 상인들 앞혀서 장사하게 되고 그러는 겁니다.

박갑순의 진술
선어는 정가 수의매매로 하니까 경매가 형식적이고, 활어는 일단 깔고 경매를 하는 거죠. 2층에 수족관을 주겠다고 하는데 지하실을 안 파주니까 이거라도 받아야죠.

김홍진의 진술
경매장 가보면 허가가 없는 상인들이 있어요. 잡상인들이 멍게, 수입 낙지, 전복 이런 걸 팔아요. 법인들이 자기네 경매장이 있으니까 이런 사람들한테 위력을 행사하는 거예요. 그러니까 법인들한테 공간을 많이 주면 중도매인 점포만 줄어드는 거죠.

수산, 패류: 가락시장

박창옥의 진술
저는 중부시장에 있다가 가락시장으로 왔습니다. 저는 현 위치에서의 가락시장 현대화를 반대했었습니다. 다른 곳으로 이전하는 것을 주장했는데, 그게 잘 되지 않았던 거고요. 지금 여기는 물류 기능이 약해 살아남기가 힘듭니다. 또 중매인 상장(직접 거래)이 가능하게 되었으면 합니다. 저희 법인에서는 100% 경매를 해요. 수수료 안 내고 받아온 걸 팔려고 하면 법인의 관여로 시세 형성이 잘 되지 않습니다.

심문섭의 진술

저는 용산에 있다가 가락시장으로 이사를 왔습니다. 다른 품목도 마찬가지겠지만, 패류는 위탁을 받을 때는 큰 문제가 없었는데, 경매를 시작하면서 문제가 생겼습니다. 패류는 거의 산지에서 단가가 정해져서 올라옵니다. 그러니까 정해진 가격으로 받아와서 일정 부분 마진을 붙여서 팔고 그랬습니다. 농안법이 개정되어 출하주 선택권이 주어지면 좋을 것 같습니다. 지금은 전부 경매장에서 사고 있는데, 시장도매인제가 도입되면 그쪽으로 가고 싶습니다. 전체 면적도 10평 정도는 되어야 수조와 냉장창고를 넣을 수 있어요. 지금 얘기 나오는 게 4.8평 정도인데 그 면적으로는 너무 좁아서 장사가 어렵습니다.

최영철의 진술

저는 부안에서 하주 생활을 하다가 1983년도 용산시장으로 갔다가 가락시장 개장하면서 옮겼습니다. 패류도 산지에서 이미 가격이 결정되어서 들어오고 있기 때문에 다시 도매시장에서 경매를 하라고 하고 수수료를 떼는 것은 맞지 않는 얘기입니다. 여기에 주재 출하주라는 사람들이 있어요. 이 사람들이 또 수수료를 2~3% 떼므로 결국 물가만 상승시키는 겁니다. 그런 부분 때문에 출하주 판매권을 주장하고 있습니다. 그리고 시장도매인

수산 중도매인 인터뷰 모습(2021. 8. 11.)

제로 가려고 하면, 현재 법인에 갚아야 할 돈이 많게는 3억 원에서 보통 1억 원 정도가 됩니다. 그럼 이걸 갚아야 시장도매인 제로 넘어갈 수가 있고, 또 자본금도 만들어야 하기 때문에 자금 측면에서 어려운 부분도 있습니다.

손승국의 진술

저는 1987년도 가락시장에 왔습니다. 여기 시장이 잘 되려면 우선 물류 시설이 제대로 갖추어져야 합니다. 실질적으로 가락시장에 물류 시설이 갖춰져 있으면 물류비가 절감될 수 있고, 물류 거점이 되어야 합니다.

심문섭의 진술

　노량진수산시장과의 경쟁력을 비교해 말하면 패류의 경우 전에는 노량진 2, 가락시장 8이었다면 현재는 반반 정도로 경쟁력이 줄어들었다고 봅니다. 그 이유는 제재가 많다 보니 중도매인이 자유롭게 거래하는 게 어렵기 때문입니다. 패류 중도매인이 수협, 강동 합쳐서 60명 정도 됩니다. 사람이 많이 줄었습니다. 근데 자본이 문제예요. 시장도매인제 가려면 초기 자본금이 많이 드니까, 못 가는 사람들도 있고 그래요. 가락몰(소매구역)은 전부 활어뿐이에요. 선어나 패류는 거의 없어져 버렸어요. 전에는 몇 집 있었는데 지금은 활어로 다 바꿔버렸어요. 그래서 가락몰이 더 죽은 거예요. 그러니까 수산동이 새로 건설된 후에는 점포 앞으로 해서 패류와 선어는 소매를 할 수 있게 만들어줘야 해요. 중매인 가게 앞쪽으로 소포장해서 소매를 하게 해줘야 시장이 활성화될 수 있어요. 그리고 지하에 소포장 시설도 들어오면 좋을 것 같아요. 건어랑 활어는 가락몰에 잘 되어 있으니까… 선어랑 패류는 소매시설이 꼭 만들어져야 합니다.

마무리하며

700여 년의 역사를 가진 서울의 시장, 특히 도매시장과 도매상의 변화를 조감해 봄으로써 세계적인 대도시로 발돋움한 서울의 변모를 어렴풋하게 그려볼 수 있었다.

또한 100여 분이 넘는 과거 및 현재 도매상의 목소리를 통해서는 그들의 삶의 터전인 도매시장의 변화와 민낯을 엿볼 수 있었음은 물론 그들의 애환을 가슴으로 느낄 수 있었다.

특히 현재 활동 중인 도매상들은, 유형에 따라 다소 차이는 있지만, 도매시장의 미래에 대해 낙관적이지 않다는 사실도 간파할 수 있었다. 대형 유통업체의 산지 직거래와 온라인 거래의 확대 등 외부적인 요인은 물론 공영도매시장에 대한 지나친 규제①와 같은 내부적인 요인이 도매시장 발전의 발목을 잡고 있음을 확인할 수 있었다.

①예를 들어 중도매인 간, 중도매인과 시장도매인 간의 거래를 제한 또는 금지하는 규정 등과 소매상인 대형 유통업체는 수입을 허용하고 있으면서 도매상의 수입은 금지하는 것 등임.

외부적인 요인 변화가 우리와 다를 바 없는 선진국의 경험은 우리나라 도매시장 문제의 해결은 물론 도매상의 짙게 패인 주름살을 펴게 하는 실마리가 될 것이다.

이들 국가의 도매시장이 아직껏 활력을 유지하고 있는 비결은 효율화, 정보화, 규모화, 경쟁의 촉진, 새로운 물류 기능의 확충 등으로 압축할 수 있다.

우리의 도매시장에 새로운 활력을 불어넣기 위해 지나친 규제와 불필요한 수수료 부과 등을 제거해 유통비용을 감소시키고, 도매시장법인은 물론 도매상에 대한 엄정한 평가 시스템을 도입하고 상호 간 경쟁을 촉진해 규모화를 유도해야 한다. 기계식 경매 외에 온라인(전자식) 경매와 시장도매인제를 도입하여 출하자의 선택권 확대와 유통비용의 절감을 도모해야 한다.

동시에 저온·냉동·소포장 등 물류 시설을 충분히 확충하고, 출하자 등록과 송품장 제출 의무화 등을 통한 실시간 거래정보의 수집 및 분산체계 구축, 온라인 거래업체에 대한 물류 공간의 제공 등이 시급한 과제라 판단된다.

매년 농산물 유통학을 강의할 때마다 학생들에게 현장 감각을 심어주기 위해 산지 유통시설과 도매시장을 방문했다. 도매시장 견학 시에는 저녁 식사를 시작으로 경매 모습, 도매상과 하역노조의 활동 등 도매시장의 이모조모를 설명하면서 구석구석 다니다 보면 새벽이 되어 허기진 배를 한 그릇의 해장국으로 때우고 해산하곤 했다.

불야성을 이룬 생생한 삶의 현장을 떠나기 직전 학생들에게 "삶이 어렵거나 힘들다고 생각될 때 도매시장을 찾아라."라고 했고, 필자 자신에게는 "언젠가 이들의 모습을 기록으로 남겨야 하겠다."고 다짐을 하곤 했다. 자칫 역사의 뒤안길로 사라질 수 있었던 도매상의 모습을 기록으로 남기게 되어 자신과의 약속을 지킨 것에 안도의 한숨을 쉬며, 정년퇴임 후 마음에 두었던 숙제 하나를 부족하나마 마무리하게 되었음을 감사하게 생각한다.

〈부록 1〉 2015년 도매상 인터뷰 인명부

[강서시장]

대상자	활동시기	초기 활동지역	은퇴여부	생년
1. 조돈희	1967년 이후	염천교	O	1945
2. 김종수	1970년대 이후	영일시장	X	1948
3. 임완상	1970년대 이후	청량리/영일시장	X	1953
4. 배말석	1983년 이후	청량리/구리시장	X	1952
5. 백인기	1980년대 이후	영일시장(2대째)	X	1954
6. 한필수	1970년대 이후	염천교/조광시장	O	1951
7. 박금식	1960년대 이후	염천교	X	1943
8. 김양묵	1980년대 이후	영등포/강서시장	X	–
9. 정홍기	1960년대 이후	염천교	X	1950
10. 정규신	1980년대 이후	영등포/강서시장	X	–
11. 김병남	1970년대 이후	용산시장	X	1943
12. 정광은	1978년 이후	영등포시장	X	1954
13. 권창순	1967년 이후	염천교	X	1949
14. 박세근	1960년대 이후	용산 중앙시장	X	1952
15. 이구복	1960년대 이후	용산시장	X	1956

[영등포시장]

대상자	활동시기	초기 활동지역	은퇴여부	생년
1. 김용달	1950년대 이후	영등포시장	X	1934
2. 이영순	1980년대 이후	염천교	X	1938
3. 최형일	1980년대 이후	조광시장	X	1957
4. 이금우	現 영일실업주식회사 대표		X	1950
5. 김홍기	1960년대 이후	영일시장	O	1935

[가락시장]

대상자	활동시기	초기 활동지역	은퇴여부	생년
1. 허 상	1960년대 이후	염천교	O	1938
2. 송재일	1960년대 이후	염천교	O	84세(1932)
3. 이영규	1960년대 이후	염천교	O	81세(1935)
4. 정용섭	1960년대 이후	염천교	O	83세(1933)
5. 김광수	1980년대 이후	가락시장	X	1948
6. 김용길	1961년 이후	남대문/염천교	X	1944
7. 문석홍	1970년대 이후	용산시장	X	1938
8. 박만현	1980년대 이후	가락시장	X	1948

9. 양희출	1980년대 이후	가락시장	X	1950
10. 이창수	주재원 활동(벌교, 구례 / 품목 : 오이)		X	1943
11. 전주승	1978년 이후	용산시장	X	1945
12. 정찬복	1960년대 이후	염천교/용산	X	1944
13. 강효운	1964년 이후	염천교/용산시장	O	1938
14. 이증규	1972년 이후	용산시장	X	1948
15. 이효구	1980년대 이후	용산시장	X	1939
16. 정상균	1976년 이후	용산시장	X	–
17. 조석규	1980년대 이후	가락시장	O	1942
18. 김영철	1960년대 이후	염천교	O	1932
19. 설병진	1980년대 이후	용산시장	O	1938
20. 손삼열	1980년대 이후	용산시장	X	1952
21. 성상정	1970년대 이후	용산시장	O	1939
22. 하호용	1970년대 이후	용산시장	O	1937
23. 최영수	1970년대 이후	용산시장	O	1931
24. 최매환	1970년대 이후	용산시장	O	1932
25. 우익석	1970년대 이후	용산시장	O	1931
26. 김정규	1970년대 이후	용산시장	O	1928
27. 이병윤	1960년대 이후	염천교	O	1922
28. 정동원	1970년대 이후	용산시장	X	1932

29. 설동운	1968년 이후	청량리 경동시장	X	1950
30. 한상희	1990년대 이후	가락시장	X	1958
31. 강현권	1960년대 이후	염천교시장	O	1937
32. 최규택	1960년대 이후	남대문시장	O	1928
33. 양승천	1970년대 이후	용산시장	X	1946
34. 이달우	1978년 이후	용산시장	X	1942
35. 유희섭	1950년대 이후	염천교	O	1936
36. 김기용	1950년대 이후	염천교	O	1932
37. 이종일	1980년대 이후	가락시장	X	1959

[구리시장]

대상자	활동시기	초기 활동지역	은퇴여부	생년
1. 김덕영	1970년대 이후	염천교/청량리	X	1949
2. 김도국	1973년 이후	용산시장	X	1954
3. 김병연	現 상대유통(주) 총무이사		X	1957
4. 유인화	1981년 이후	경동시장	X	1944
5. 조주석	1990년 이후	가락시장	X	1957

※ 기타 연락처

이름	비고
윤 기 홍	강현권 선생님 소개 (남대문시장에서 시작)

〈부록 2〉 2021년 도매상 인터뷰 인명부

채소 경매 중도매인 인터뷰 대상자 인적사항

대상자	활동시기	상호	소속	취급품목	생년
라상기	1982 ~	(주)샘물농산	한국청과	파	1955
구기봉	1986 ~	(주)포천유통	중앙청과	고추, 홍고추	1955
이길수	1980년대	(주)영일농산	중앙청과	오이, 호박	1956
오제영	1985 ~	일육사	농협	채소	1963
김한진	1986 ~	(주)대야농산	농협	오이, 호박, 고추	1964
이병각	1986 ~	(주)신명지후레쉬	서울청과	채소	1964
정진성	1979 ~	㈜회민농산	한국청과	오이, 호박, 고추	1953

과일 경매 중도매인 인터뷰 대상자 인적 사항

대상자	활동시기	상호 및 직책	생년
정석록	1989 ~	진성농산(주)	1968
유란규	1978 ~	봉화상회	1950

상장 예외품목 중도매인 인터뷰 대상자 인적 사항

대상자	활동시기	상호	소속	취급품목	생년
김동석	1989 ～	(주)명일농산	중앙	양채류 등	1967
이경우	1990년대	(주)북일농산	중앙과일	수입과일	1971
김태영	2006 ～	신영농산(주)	동화	삶은나물류 등	1979
유세진	2016 ～	백암농산(주)	동화	삶은나물류 등	1978
정명호	1989 ～	고려청과(주)	동화	고구마	1965
이하영	1990년대	청솔농산(주)	농협	양채류 등	1961
김경수	2008 ～	(주)천풍농산	농협과일	수입과일	1968
최윤제	1990년대	(주)보광유통	동화과일	수입과일	1961

시장도매인(채소) 인터뷰 대상자 인적 사항

대상자	활동시기	상호명	생년
김진광	1980년대 ～	우림웰빙청과	1958
백종률	1994 ～	(주)섬광유통	1969
김영철	2017 ～	서울NH청과(주)	1961
김순화	1988 ～	(주)경창유통	1962
성시영	1996 ～	무안청과(주)	1974
임성찬	1980년대 ～	(주)경방농산/시장도매인협회장	1958

시장도매인(과일) 인터뷰 대상자 인적 사항

대상자	활동시기	상호명	생년
임성찬	1980년대 ~	(주)경방농산/시장도매인협회장	1958
우영석	1976 ~	(주)썬후르츠	1951
류걸하	1970년대 ~	일광상회(주)	1950
김희연	1980년대 ~	(주)한국청과	1963
이운직	1988 ~	삼팔중앙(주)	1964

수산(활어 및 선어) 중도매인 인터뷰 대상자 인적 사항

대상자	활동시기	상호명	생년
김흥진	1990년대 ~	(주)대흥수산	1970
김윤환	2009 ~	(주)대양수산유통	1963
김재돈	1990 ~	해남물산	1960
박갑순	1985 ~	(유)주은수산	1952
이영기	1985 ~	노국수산	1959
최영현	1992 ~	대오수산	1961

수산(패류) 중도매인 인터뷰 대상자 인적 사항

대상자	활동시기	상호명	생년
박창옥	1980년대 ~	주은물산	1957
최영철	1980년대 ~	남매수산	1953
심문섭	1980년대 ~	갑동수산	1948
손승국	1987 ~	(주)해보수산	1963

바쁘신 틈을 내어 인터뷰에 기꺼이 응해주신 모든 분들께 진심으로 감사의 말씀을 전합니다.

참고문헌

고동환, 『조선후기 서울 상업발달사 연구』, 지식산업사, 1997.

국립민속박물관, 『한국의 상거래』 1994.

김윤미. "20세기 서울 도축장의 역사", Naver, 2018. 6.

김태경, "고기의 또 다른 시작! 도축의 역사", Naver, 2017. 6.

문정창, 『조선의 시장』, 조선총독부, 1924.

박원선, 『객주』, 연세대학교 출판부, 1968.

박은숙, 『시장의 역사』, 역사비평사, 2008.

서울시 농수산물공사, 『화보로 보는 가락시장 25년』, 2011. 4.

서울청과(주), 『서울청과 75년의 발자취』, 2014.

서울특별시사편찬위원회, 『서울의 시장』, 2007.

서울학연구소, 『서울 상업사 연구』, 1998.

이재학, 『한국 농수산물 유통과 도매시장사』, 한국농어민신문사, 1999.

이헌창, "1882~1910년간 서울시장의 변동", 『서울 상업사 연구』, 1998.

정승모, 『시장의 사회사』, 웅진출판사, 1993.

조병찬, 『한국 시장사』, 동국대학교 출판부, 2004.

조선총독부, 『경성의 상공업 조사』, 1913.

조선총독부, 『조선의 시장경제』, 민속원, 1929.

조재곤, 『한국 근대사회와 보부상』, 혜안, 2001.

최은숙, 『서울의 시장』, 도서출판 공간, 1991.

허영란, "1920~30년대 경성의 도·소매 상업",
        『서울 상업사 연구』, 1998.

**모두출판
협동조합**

책을 집필하고, 만들고, 읽는 사람들이 함께 모여 협동조합을 만들었습니다. 부지런히 한마음 한 뜻이 되기 위해 노력하면서 새로운 책 문화를 만들어 나갈 수 있도록 해보겠습니다. 한 번 조합 원으로 가입하시면 가입 이후 modoobooks(모두북스)에서 출간하는 모든 책을 평생 동안 무료 로 받아 볼 수 있습니다.

***조합가입비** (1구좌) 500,000원
***조 합 계 좌** 농협 355-0048-9797-13 모두출판협동조합
***조합연락처** 전화 02)2237-3316 팩스 02)2237-3389
　　　　　이메일 ssbooks@chol.com

조합원

강석주 강성진 강제원 고수향 권　유 김완배 김욱환 김원배 김정응 김종탁 김철주 김헌식
김효태 도경재 문　웅 박성득 박정래 박주현 박지홍 박진호 박평렬 서용기 성낙준 성효은
신광영 심인보 양영심 오대환 오신환 오원선 옥치도 원진연 유별님 유영래 이승재 이영훈
이재욱 이정윤 이지행 임민수 임병선 전경무 정병길 정은상 조현세 채성숙 채한일 최중태
허정균 홍성기 황우상